资源匮乏型村庄振兴路径与模式

REVITALIZATION OF
RESOURCE-SCARCE VILLAGES
PATHWAYS AND MODES

周滔　王晨曦　任茂辉　著

社会科学文献出版社
SOCIAL SCIENCES ACADEMIC PRESS (CHINA)

前　言

村庄作为人类的主要聚居形式之一，承载着乡村居民的生产、生活和社会活动，兼具社会、经济、自然、文化等多重属性。在乡村振兴的实践中，本底条件较好的村庄能够立足资源禀赋和特色优势，盘活村庄生态、产业、文化等存量资源，推动一二三产业融合发展，实现农民增收。然而，对于人口"过疏化"、经济"空心化"、建筑"荒废化"、治理"边缘化"的资源匮乏型村庄而言，劳动力、土地、资本等生产要素长期单向净流失，村民"利益在场"而"身体不在场"，房屋"存量不减"且"空房蔓延"，经济"低限度维持"却要"大力发展特色产业"，这些现状很难吸引外部发展要素的输入，导致利益非对称的局面，制约了村庄的全面振兴。资源匮乏型村庄的自然演进过程缓慢，存在较大的隐患，部分村庄因外力冲击或内部构成要素的离散作用，整体难以实现良性发展，进而出现发展停滞，甚至衰退的趋势。如何盘活资源匮乏型村庄的存量资源，改善发展状态，激发发展潜力，目前尚缺乏系统性研究。

2018年3月8日，习近平总书记在参加第十三届全国人民代表大会第一次会议山东代表团审议时指出："要科学把握各地差异和特点，精准施策、分类推进，不搞一刀切，不搞统一模式，注重地域特色，体现乡土风情，特别要保护好传统村落、民族村寨、传统建筑，以多样化为美，打造各具特色的现代版富春山居图。"[①] 这一重要论述为我们探索适合资源匮乏

---

① 《【每日一习话】打造各具特色的现代版富春山居图》，央广网，https://news.cnr.cn/dj/sz/20220628/t20220628_525885796.shtml，2022年6月28日。

型村庄振兴的路径与模式提供了行动指南。本书的主要目的在于充分考虑资源匮乏型村庄的基底异质性，遵循其发展与分化的规律性及其内在机理，探究适合资源匮乏型村庄发展的多样化路径。通过对资源匮乏型村庄的资源禀赋、经济基础和社会基础等发展条件的激发整合，协调配置人口、土地、产业等关键要素，更新村庄原有发展要素及其交互作用方式，干预村庄发展的演化方向，实现村庄由非良性发展状态向良性发展状态的质的转变；或者推进村庄发展进程，通过量的积累实现村庄发展的提质升级。

近年来，我们在国家社会科学基金（项目编号：17BGL128）的资助下，较为系统地开展了资源匮乏型村庄振兴的路径与模式研究，初步形成了本书稿。本书围绕"构建理论模型—认识现状问题—揭示宏观关系—识别微观差异—匹配发展路径—总结发展模式—提出政策建议"的研究路径展开。资源匮乏型村庄的"衰落"状态是其发展生命周期中的一个阶段，本书首先在理论阐释的基础上，分析了资源匮乏型村庄的发展规律与成因机制，从"态—势"二维视角构建了干预资源匮乏型村庄发展的理论模型。其次，在全国范围内遴选出5省市29个典型资源匮乏型村庄，基于村庄的调研数据识别了这些村庄在发展中存在的主要问题，并进行了异质性分析。再次，根据村庄分化的影响因素、村庄分类的政策要求和村庄资源匮乏的特征，对资源匮乏型村庄进行分类，并以贵州省贵定县为例，检验了资源匮乏型村庄类型识别及其干预方向设置的可行性。又次，运用案例推理技术构建出资源匮乏型村庄发展路径的经验挖掘系统，实现了不同资源匮乏型村庄发展路径的智能匹配，并通过梳理村庄振兴的典型案例归纳出了"土地整治+"模式、"一村一品"模式、农文旅融合模式、"卫星村"互动模式、生态搬迁模式资源匮乏型村庄的五种典型发展模式。最后，根据"现状—问题—优化"的逻辑思路对资源匮乏型村庄发展保障政策的内容、优化目标、优化策略展开研究。

本书的研究尚处于起步阶段，许多方面有待进一步深入，敬请同行和读者批评指正。

目 录

第一章 导论 ··· 1
  第一节 研究背景 ·· 1
  第二节 研究意义 ·· 6
  第三节 主要内容 ·· 7

第二章 资源匮乏型村庄振兴的内涵与学术史梳理 ······· 11
  第一节 资源匮乏型村庄的概念界定 ················· 11
  第二节 村庄振兴的内涵 ······························ 13
  第三节 学术史梳理 ···································· 15
  第四节 本章小结 ······································ 21

第三章 资源匮乏型村庄发展系统及其演化机制的理论构建
  ·· 23
  第一节 系统论视角下的村庄发展系统 ············· 23
  第二节 村庄发展系统演化的动力学机制 ·········· 31
  第三节 内生—外生综合式发展理论视角下的资源匮乏型
     村庄发展系统 ·································· 34
  第四节 资源匮乏型村庄发展系统的优化重组干预模型 ······ 38
  第五节 本章小结 ······································ 45

第四章 资源匮乏型村庄的现状认知与问题识别
——基于5省市29个村庄的调研数据 ………………… 46
- 第一节 样点村调研概况及描述性统计 ………………… 46
- 第二节 资源匮乏型村庄发展状态评价 ………………… 63
- 第三节 基于IPA的资源匮乏型村庄发展问题识别 ……… 72
- 第四节 基于样点村所在地区的异质性分析 …………… 87
- 第五节 本章小结 …………………………………………… 97

第五章 资源匮乏型村庄的类型识别及干预方向
——以贵州省贵定县为例 ………………………………… 99
- 第一节 资源匮乏型村庄的类型划定 …………………… 99
- 第二节 资源匮乏型村庄发展的干预方向 ……………… 113
- 第三节 资源匮乏型村庄识别的指标体系构建 ………… 114
- 第四节 贵州省贵定县资源匮乏型村庄的类型识别 …… 131
- 第五节 本章小结 …………………………………………… 151

第六章 资源匮乏型村庄发展路径的经验挖掘及发展路径匹配 ……………………………………………… 154
- 第一节 村庄发展路径的经验挖掘模型构建 …………… 154
- 第二节 案例来源与案例表示 …………………………… 160
- 第三节 基于主客观综合赋权的案例相似度计算 ……… 165
- 第四节 基于妥协策略的案例检索与匹配 ……………… 167
- 第五节 检索结果的经验借鉴方法 ……………………… 168
- 第六节 算例分析 ………………………………………… 170
- 第七节 资源匮乏型村庄发展路径的决策系统设计 …… 179
- 第八节 本章小结 ………………………………………… 181

第七章　基于动态干预机理的资源匮乏型村庄发展模式 …… 183

- 第一节　理论基础 …… 183
- 第二节　村庄发展模式的典型案例梳理 …… 185
- 第三节　基于典型案例归纳资源匮乏型村庄的发展模式 …… 195
- 第四节　资源匮乏型村庄发展模式的应用与优化 …… 210
- 第五节　本章小结 …… 218

第八章　资源匮乏型村庄发展的保障政策及其优化 …… 220

- 第一节　资源匮乏型村庄发展保障政策的分析思路与框架 …… 220
- 第二节　资源匮乏型村庄发展保障政策的内容分析 …… 225
- 第三节　基于村庄发展动态干预机理的政策优化目标 …… 235
- 第四节　资源匮乏型村庄发展保障政策的优化策略 …… 237
- 第五节　本章小结 …… 253

参考文献 …… 254

第一章　导论

第一节　研究背景

一　乡村振兴与共同富裕

随着中国城市化和工业化进程的推进，城乡二元结构问题日益凸显，制约了中国经济社会的高质量发展。自 21 世纪以来，党和国家一直高度重视城乡关系，不断缩小城乡差距，向共同富裕的目标迈进。2017 年 10 月，党的十九大报告中明确指出，我国社会主要矛盾发生了转变，并首次提出"乡村振兴战略"。2018 年 1 月，《中共中央、国务院关于实施乡村振兴战略的意见》（中发〔2018〕1 号）发布；2018 年 9 月，中共中央、国务院颁布了《乡村振兴战略规划（2018～2022 年）》；2020 年 7 月，农业农村部出台了《全国乡村产业发展规划（2020～2025 年）》，以期解决乡村产业链条较短、融合层次较浅、要素活力不足等问题；2021 年 2 月，中共中央、国务院发布的《关于全面推进乡村振兴加快农业农村现代化的意见》（中央一号文件）指出，要把全面推进乡村振兴作为实现中华民族伟大复兴的重大任务之一；2022 年 2 月，中共中央、国务院发布的《关于做好 2022 年全面推进乡村振兴重点工作的意见》（中央一号文件）立足新发展阶段，贯彻新发展理念，构建新发展格局，从乡村的发展、建设和治理等方面指出全面推进乡村振兴的重要性。总的来说，实施乡村振兴战略是党中央立足党和国家全局事业、顺应亿万农民对美好生活的向往，是解决新时代我国社会主要矛盾、实现第二个百年奋斗目标和中华民族伟大复兴中国梦的必然要求。进入21世纪，我国的村庄数量从2000年的353.75万个下降至2020年的236.30万个（见图1-1）。2016年行政村普查抽样数据显示，中国村庄人口净流出1268.18万人，人口整体空心化率为11.02%。其中，深度空心村占全部空心村的37.95%，占全部行政村的29.98%。此外，2021年我国常住人口城镇化率为64.72%，根据《中国城市发展报告No.12：大国治业之城市经济转型》，预计2030年我国常住人口城镇化率将达到70%。这意味着未来仍然会有大量的农村居民迁入城市，村庄空心化的现象在未来一段时间内仍将持续。资源匮乏型村庄处于内在要素逐渐流出的状态：人口流出、人口老龄化、耕地闲置、住房空置、社会投资减少等，其内在发展逻辑不同于其他村庄。乡村振兴不仅要关注基础条件好的村庄，更要关注发展条件匮乏的村庄。深入探究资源匮乏型村庄的内在演进规律，对推动城乡发展一体化，巩固脱贫攻坚成果，实现乡村振兴具有重要意义。

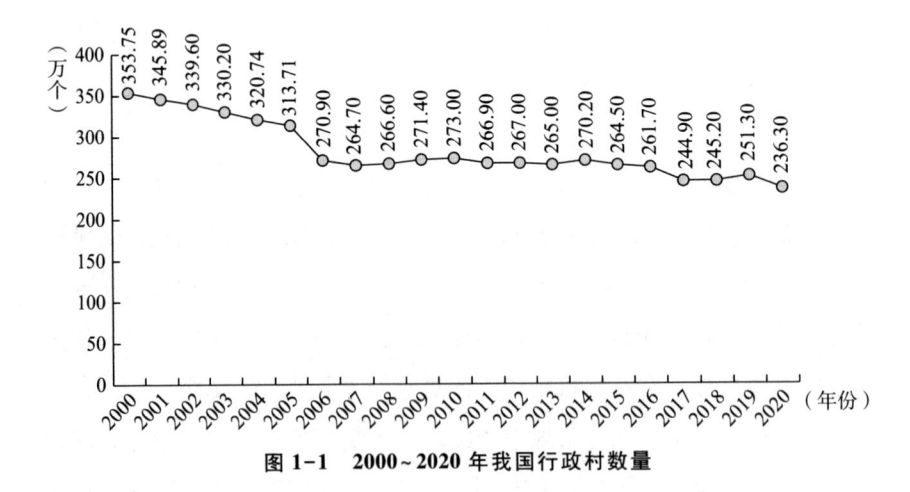

图1-1 2000~2020年我国行政村数量

二 空间非均衡和利益非对称

中国幅员辽阔，不同地区在经济、社会和文化等方面存在较大差异,这些差异导致村庄发展也呈现空间非均衡性。村庄发展呈现"两端分化,中间趋同"的分布特征。具体而言,村庄在经济发展水平、信息化水平、现代化水平等方面具有显著的空间非均衡特征。在经济发展水平方面,根据2021年国家统计年鉴数据,全国农村居民人均可支配收入为17131.5元。然而,大部分省域的农村居民人均可支配收入低于全国平均水平,且东西部地区的发展水平存在较大的差异(见图1-2)。在信息化水平方面,农业农村部信息中心有关统计数据显示,2019年,东部地区、中部地区和西部地区的县域数字农业农村发展水平分别为41.3%、36.8%和31.0%。由此可以看出,农业农村信息化虽然取得了一定的成就,但是发展不平衡不充分的问题仍然较为突出。在现代化水平方面,呈现自东向西逐步降低、极值锁定的特征。西部地区农业资源相对匮乏,是农业农村现代化发展的薄弱区域。村庄发展水平与村庄的资源匮乏程度紧密相连,非均衡的发展水平导致不同区域内村庄资源匮乏程度存在一定的差异。

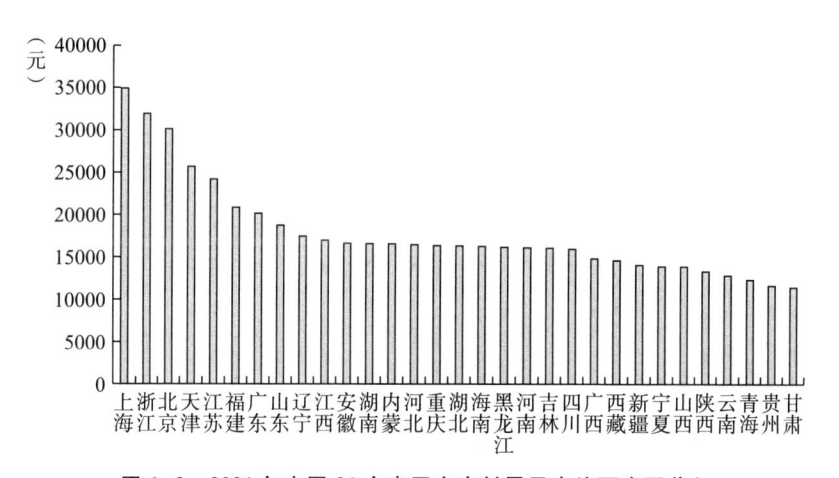

图1-2 2021年中国31个省区市农村居民人均可支配收入
资料来源:各省区市统计年鉴。

如表1-1所示,西部地区和东北地区的人口流失情况较为严重,其中黑龙江、内蒙古、重庆的空心村占比达80%以上。

现代化和工业化的推进同样也给发展水平较高的城市周边村庄的发

展带来了一定的影响。即使在经济发展水平相对较好的地区，也存在许多资源匮乏型村庄。其中，江苏淮安市盱眙县的越里村、浙江省天台县平桥镇的迭石村、广州市增城区的鹅兜村都是典型的资源匮乏型村庄。这些村庄虽然有优越的自然条件和丰富的历史文化资源，但是由于距离地区经济中心较近，大城市、都市圈对周边的人力、资本等要素具有极强的吸引力，周边的村庄逐渐沦为城市化发展下的边缘地带。李玉红、王皓（2020）基于2016年第三次全国农业普查中行政村普查抽样数据，根据行政村层面人口流动数据识别并估算出中国人口空心村与实心村空间分布状况。如表1-1所示，即使是经济发达地区也存在大量资源匮乏型村庄。例如，北京和上海的空心村占比分别达46.22%和29.02%，空心化率分别为26.36%和32.27%。此外，同一都市圈或城市组团内部的农村居民流失程度也存在差异。例如，在上海都市圈范围内部，浙江省的空心村占比和空心化率均高于江苏省和上海市。

表1-1 2016年我国各地区空心村人口净流出、空心村占比、空心化率及家庭迁移率

序号	区域	抽样数量（个）	人口净流出（人）	空心村占比（%）	空心村空心化率（%）	家庭迁移率（%）
1	北京	463	48115	46.22	26.36	19.09
2	天津	473	12843	20.08	12.42	38.28
3	河北	6274	827791	54.02	20.00	19.58
4	山西	3609	407244	59.43	26.66	40.17
5	内蒙古	1139	418241	80.86	32.65	61.12
6	辽宁	1290	202280	49.77	16.13	44.58
7	吉林	1205	311699	77.59	20.24	51.63
8	黑龙江	966	477254	82.09	28.65	58.35
9	上海	193	39897	29.02	32.27	48.02
10	江苏	1692	465190	47.58	18.13	21.95
11	浙江	3480	610078	49.97	33.25	31.37
12	安徽	1739	916889	64.92	22.00	24.87
13	福建	1809	708070	71.86	31.35	25.10

续表

序号	区域	抽样数量（个）	人口净流出（人）	空心村比例（%）	空心村空心化率（%）	家庭迁移率（%）
14	江西	2174	606756	61.91	20.73	19.93
15	山东	9479	698755	40.16	16.38	25.83
16	河南	5793	1331929	52.37	21.52	20.53
17	湖北	3155	827222	68.30	23.55	21.65
18	湖南	2913	982654	68.76	22.55	21.00
19	广东	2363	1338849	70.80	27.89	28.66
20	广西	1721	722201	63.34	20.55	23.02
21	海南	343	50214	44.61	14.61	33.00
22	重庆	1069	842049	89.80	35.46	22.86
23	四川	5615	1795045	71.83	31.18	21.07
24	贵州	1931	933234	77.52	27.99	17.33
25	云南	1339	263383	38.16	14.17	23.97
26	西藏	405	8847	24.94	16.72	32.03
27	陕西	2628	444623	54.19	23.44	33.02
28	甘肃	2015	222726	46.35	16.40	32.66
29	青海	443	45627	45.37	23.68	59.08
30	宁夏	275	95578	72.00	25.38	46.65
31	新疆	913	102221	37.13	20.87	44.14
	全国	68906	16757504	57.50	23.98	26.88

注：①人口空心村占比=空心村数÷全部行政村数×100%；②空心化率=净流出人口÷户籍人口×100%；③家庭迁移率=全家外出 3 年及以上人口÷人口净流出×100%。

资料来源：李玉红、王皓（2020）。

三 基底异质性与路径多样性

随着乡村振兴战略的提出，学者纷纷从乡村振兴背景下乡村治理、乡村文化重塑、脱贫攻坚、城乡统筹的角度展开讨论，力求寻求一条促进乡村可持续发展的道路。《乡村振兴战略规划（2018~2022 年）》将我国的乡村划分为四类：集聚提升类、城郊融合类、特色保护类和搬迁撤并类，并且明确了不同乡村的重点发展路径。地理环境和文化特征的不同导致村庄在发展现状与资源禀赋方面存在较大差异。因此，在实施乡村振兴的过程中，不能"一刀切"，不能简单"复制粘贴"，而要坚持因地制宜、循序渐进，遵循乡村发展的内在演变规律，结合村庄自身的地理区位、文化特征、经济基础等因素找到适合村庄自身的发展模式，从而推动全面乡村振兴。

资源匮乏型村庄是中国社会发展的一个缩影，具有较强的基底异质性。一方面，村庄资源匮乏的影响机理十分复杂，城市化水平、地理位置、资源禀赋等都是村庄资源匮乏的主要原因，但不同资源匮乏型村庄的主导影响因素存在差异。另一方面，资源匮乏型村庄具有村庄人口不断流失、土地利用粗放、传统文化逐渐消失、房屋大量空置、公共服务水平较低等特征。然而，不同维度的资源匮乏现象之间存在着紧密的联系和复杂的作用机理，在村庄资源匮乏这一渐进的历史演变过程中，各类要素的存续和异化状态不同。因此，资源匮乏型村庄的整治重点和整治内容要充分考虑其基底异质性，从而找到适合资源匮乏型村庄发展的多样化路径。

第二节 研究意义

本书的研究意义主要体现在理论意义与实践意义两个层面。

一 理论意义

第一，构建了村庄发展系统的演化机理与干预模型，对于深入理解村庄发展系统的内部构成、演化规律与外部干预的方向提供了理论支撑。

第二，分析了资源匮乏型村庄的发展现状、分化过程与特征，根据村庄分化的影响因素、村庄分类的政策要求和村庄资源匮乏的特征，对资源匮乏型村庄进行分类，具有一定的理论价值。

第三，在系统认知村庄发展动态干预机制的基础上，运用案例推理方法构建了资源匮乏型村庄发展路径的经验挖掘系统，为后续构建乡村发展经验的智能推荐系统奠定了理论基础。

第四，构建了基于政策工具、政策目标和政策时间三维视角的村庄发展政策分析框架，对现有政策进行了量化分析，为进一步完善村庄发展的政策措施提供一定的理论支撑。

二　实践意义

第一，通过设计资源匮乏型村庄的发展路径和模式，利用村庄存量资源，有效整合各类要素，形成内生化的发展动力，在缺少外界物质能量输入的情况下获得一定发展，这对于中西部地区大量缺少外部协助且自身欠缺发展动力的资源匮乏型村庄的发展具有一定的实践意义。

第二，基于本书所构建的资源匮乏型村庄发展路径的决策系统（经验智能推荐系统），可以为相关缺乏外部智力资源支持的村庄获取发展经验提供一定的支持。

第三节　主要内容

本书共包含八章，按照"构建理论模型—认识现状问题—揭示宏观关系—识别微观差异—匹配发展路径—总结发展模式—提出政策建议"的研究路径展开。各章的主要内容如下。

第一章为导论。首先，详细阐述了本书的研究背景，即长期置于"城市目标导向"逻辑框架下的中国乡村，由于城乡二元体制的约束，常常处于弱质化发展的通道中，促进资源匮乏型村庄的复兴与发展也一直是各级党委和政府的重要工作，资源匮乏型村庄的整治重点需要充分考虑其基底异质性，探究适合其发展的多样化路径。其次，介绍了探究资源匮乏型村庄振兴的路径与模式的理论意义与实践意义。

第二章为资源匮乏型村庄振兴的内涵与学术史梳理。本章分析了

"资源匮乏型村庄"和"村庄振兴"的内涵,并对其进行了基本概念的界定。资源匮乏型村庄存在人口大量流失、自然条件恶劣、资源匮乏、文化底蕴不足、产业基础薄弱等问题。村庄振兴是指村庄实体范围内人与人、人与自然统筹发展,通过要素和资本逐步积累,从而满足自身发展需要的过程与状态。此外,从时间演进的角度,系统梳理了国内外学者对资源匮乏型村庄发展的学术研究,总结了关于资源匮乏型村庄发展研究的主要理论、研究阶段和主流观点。

第三章为资源匮乏型村庄发展系统及其演化机制的理论构建。资源匮乏型村庄的"衰落"状态是乡村发展生命周期中的一个阶段,在理论层面认知资源匮乏型村庄的发展规律并识别干预其发展的动力机制是本书的主要目的之一。本章在系统论的视角下探讨了村庄发展系统与乡村地域系统、人地关系地域系统的关系,探究了村庄发展系统演化的动力学机制,并基于内生—外生综合式发展理论分析了资源匮乏型村庄的形成机制。通过系统把握村庄发展系统在不同发展阶段的要素、结构及功能特征,从扭转村庄发展状态与挖掘村庄发展潜力二维评价视角,构建出资源匮乏型村庄发展系统的优化重组干预模型。

第四章为资源匮乏型村庄的现状认知与问题识别——基于5省市29个村庄的调研数据。村庄是规模较小的地域单元,其分布之广、差异显著,通过田野调查认知典型资源匮乏型村庄的发展状态并识别其发展过程中面临的主要问题是本书的主要目的之一。本章在全国范围内遴选5省市29个典型资源匮乏型村庄,通过访谈、问卷调查以及资料统计等方式,对这些村庄的发展状态和发展中存在的问题进行识别和评价,并基于村庄分布的不同地区进行异质性分析。

第五章为资源匮乏型村庄的类型识别及干预方向——以贵州省贵定县为例。资源匮乏型村庄由于所处外部环境与自身特征等方面的差异,其在"衰落"过程中会产生分化,识别资源匮乏型村庄的分化特征对于制定差异化的发展策略具有重要意义。本章通过系统梳理村庄分化的动力,结合村庄分类的政策依据,明确资源匮乏型村庄类型的划定依据，根据村庄分化的影响因素、村庄分类的政策要求和村庄资源匮乏的特征，探索了资源匮乏型村庄的识别类型及其干预方向。

第六章为资源匮乏型村庄发展路径的经验挖掘及发展路径匹配。正是由于资源匮乏型村庄的异质性，其发展路径也应"因村而异"，可以借助一定手段为不同的资源匮乏型村庄匹配相应的发展路径。本章通过构建基于案例推理的村庄发展路径经验挖掘系统，以实现村庄发展的分类推进和精准施策。对处于"衰退期"的村庄，村庄发展系统演化的驱动力在于完善生活功能，通过扭转村庄发展状态实现村庄发展方向的转变；对处于"停滞期"与"增长期"的村庄，村庄发展系统的驱动力在于强化生产功能，通过挖掘村庄发展潜力，实现村庄发展系统功能性的量级积累。

第七章为基于动态干预机理的资源匮乏型村庄发展模式。不同资源匮乏型村庄适合不同的发展模式，村庄的发展演化受到内核推动力、外缘拉动力/外缘阻碍力和系统突变力的"三力"共同驱动。实现资源匮乏型村庄的发展与振兴，首先应扭转"态"，从满足村民的基本生活需求出发，使村庄发展系统向良性演化方向转变；其次再挖掘"势"，探索可持续的产业发展模式。基于村庄发展系统演化的动力机制和"态—势"二维视角下的动态干预机理，通过梳理村庄发展的典型案例，归纳总结出"土地整治+"模式、"一村一品"模式、农文旅融合模式、"卫星村"互动模式、生态搬迁模式资源匮乏型村庄的五种典型发展模式。

第八章为资源匮乏型村庄发展的保障政策及其优化。按照"现状—问题—优化"的逻辑思路对资源匮乏型村庄保障政策的现状、优化目标、政策体系设计、具体政策设计展开研究。首先，构建政策文本的分析框架，对村庄发展政策进行多维度的编码，从而了解政策文本特征。其次，基于村庄发展动态干预机理，从"态—势"二维视角梳理资源匮乏型村庄发展政策的优化目标。最后，根据政策文本编码结果，从政策工具、政策目标应用均衡性及最大化发挥政策合力的角度，提出政策体系设计的优化策略，并基于本书提出的村庄发展政策分析框架、党的二十大的最新指导思想，结合资源匮乏型村庄发展政策的优化目标以及现有政策运用存在的问题，从"供给端—需求端—环境端"提出资源匮乏型村庄发展的保障政策优化策略。

第二章 资源匮乏型村庄振兴的内涵与学术史梳理

第一节 资源匮乏型村庄的概念界定

村庄是人类最基本的聚居活动地之一，是农村地区最基本的微观构成单元。《美国传统词典》中对村庄的定义为：乡村中的小群居住体，规模介于村落和市镇之间。《词源》中将村庄定义为：比城镇小的聚居地。《现代汉语词典》（第7版）中对村庄的定义为：村庄是农民聚居的地方。费孝通先生在《江村经济：中国农民的生活》中指出，村庄是农户集聚、有着多样化的社会生活、与其他单位隔开一定距离的社会单元。此外，我国相关的法律条文也对村庄做出了较为明确的解释。《村庄和集镇规划建设管理条例》（中华人民共和国国务院令第116号）中将村庄定义为：农村村民居住和从事各种生产的聚居点。本书中，村庄是指农村居民生活和生产的聚居地，也承载着政治、文化、社会等其他功能。目前，学术界尚未对资源匮乏型村庄做出明确的定义。资源匮乏型村庄并不是我国独有的现象。国外学者通常用"decline""decay"等词来形容村庄的人口减少、土地空置、农村经济衰退等现象。近年来，国内学者通常用"空心村""衰败型村庄""消失的村庄"等词来描述村庄人口减少、空间衰败的特征。资源匮乏型村庄的内涵不仅体现在人口的流失，也体现在经济、空间、文化的资源匮乏，是由人民日益增长的美好生活需要和不平衡不充分的发展之间的矛盾导致的村庄发展形态的改变。

资源匮乏型村庄是城乡关系演化过程的产物，有必要从时代背景中理解其概念。1978年我国实行"分田到户""大包干"后，逐步推行家庭联产承包责任制，农民生产积极性的激发伴随着农村劳动力的解放，为农村和城市发展第二、第三产业提供了剩余劳动力，村庄开始走向分化。21世纪后，城乡逐步融合发展，农村土地股份合作制、土地经营权流转制度等土地制度为资源禀赋较好的村庄的迅速发展创造了条件，在区位交通、历史文化、自然景观和产业基础等方面有一定优势的村庄各尽所能，演化为农业主导村、手工业主导村、旅游观光村、矿产资源富集村等类型不同、发展途径各异的村庄，而剩下的资源禀赋不佳的村庄则不断被城市吸收劳动力，逐步走向衰落。马克思主义哲学指出，"发展"的实质是新事物的产生和旧事物的灭亡，在村庄发展和分化的过程中，村庄资源禀赋异质性决定了部分村庄最终走向衰落。

引发村庄演化为资源匮乏型村庄的因素包括人口大量流失、自然条件恶劣、资源匮乏、文化底蕴不足、产业基础薄弱等，而政策规划中的"搬迁撤并类""搬迁撤并衰退类"村庄即是资源匮乏型村庄。基于相关文献和政策规划，资源匮乏型村庄的主要特征如下。（1）劳动力大量迁离，村庄呈现空巢化，人口结构失衡。传统的村居具有较强的稳定性，村民内部有独具特色的民俗习惯、宗教信仰、节日庆典和本土方言等精神纽带，具有较强的认同感和归属感。随着工业化的发展和城市化进程的推进，大量农村富余劳动力向城市单向流动，劳动力转移导致大多数村庄存在人户分离和房屋闲置的情况。（2）村庄公共服务设施滞后并不断被破坏，基础设施不断衰败。城镇化产生的城市与农村生活条件的巨大差异使年轻村民不愿继续在村庄生活，导致村镇居民自发建设投入不足，人口流失进一步推高人均基础设施建设和运营成本，加之村庄规划建设财政资金投入不足，最终导致交通、教育、医疗相关基础设施严重落后于城市。(3)村庄产业和经济发展停滞,农业生产效率低下。土地资源是农业最基本的生产要素,农业是村庄的基本产业,传统的小农经济系统中,农民依靠土地就能实现自给自足。然而,随着农业生产效率的提高和城乡收入差距的加大,大量青壮年农村剩余劳动力选择进城务工,导致村庄产业和经济发展停滞。(4)村庄房屋闲置,人居环境进一步恶化。随着村庄人口的流失,留守人口以老人和小孩为主,剩余资源不足以维持山环水抱、山清水秀的村居环境,村庄无力承担排污设施修建费用及污水处理站的运营成本,垃圾清运设施不全,人居环境恶化现象突出。(5)村庄基层组织去功能化、边缘化,村级治理陷入困境。由于村庄在基础设施方面的全面落后,青壮年劳动力及受过教育的原生村民更倾向于在城市安家,因此,村庄缺少高素质的管理人员,村庄基层的基本功能难以实现。(6)乡村地域文化逐步消失、传承中断。村庄产业发展停滞和人口流失,导致一些村庄的特色技艺、民俗传统、历史故事难以传承给下一代,宝贵的文化遗产逐步消失。

第二节 村庄振兴的内涵

唯物辩证法的观点认为,发展的本质是事物从低级到高级、从简单到复杂的演变过程。基于生物学的生命周期理论,随着城市化进程的推进,不同村庄向不同的方向演进,形成了"产生—成长""成长—成熟""成熟—衰落"等多种发展路径,从而向着特色村庄、现代小城镇、资源匮乏型村庄等不同方向发展。村庄发展规律和演变趋势受内在本底条件和外在干预因素的影响,内在本底条件包括地理因素、资源禀赋、人文历史等,外在干预因素包括政策支持、社会投资等。

《乡村振兴战略规划(2018~2022年)》中将村庄划分为四种类型,并提出分类推进乡村发展,具体如下。第一种:集聚提升类村庄,指现有规模较大的中心村和其他仍将存续的一般村庄,占乡村类型的大多数,是乡村振兴的重点。科学确定村庄发展方向,在原有规模基础上有序推进改造提升,激活产业、优化环境、提振人气、增添活力,保护保留乡村风貌,建设宜居宜业的美丽村庄。鼓励发挥自身比较优势,强化主导产业支撑,支持农业、工贸、休闲服务等专业化村庄发展。加强海岛村庄、国有农场及林场规划建设,改善生产生活条件。第二种:城郊融合类村庄,指城市近郊区以及县城城关镇所在地的村庄,具备成为城市后花园的优势,也具有向城市转型的条件。综合考虑工业化、城镇化和村庄自身发展需要,加快城乡产业融合发展、基础设施互联互通、公共服务共建共享,在形态上保留乡村风貌,在治理上体现城市水平,逐步强化服务城市发展、承接城市功能外溢、满足城市消费需求能力,为城乡融合发展提供实践经验。第三种:特色保护类村庄,指历史文化名村、传统村落、少数民族特色村寨、特色景观旅游名村等自然历史文化特色资源丰富的村庄,是彰显和传承中华优秀传统文化的重要载体。统筹保护、利用与发展的关系,努力保持村庄的完整性、真实性和延续性。切实保护村庄的传统选址、格局、风貌以及自然和田园景观等整体空间形态与环境,全面保护文物古迹、历史建筑、传统民居等传统建筑。尊重原住居民生活形态和传统习惯,加快改善村庄基础设施和公共环境,合理利用村庄特色资源,发展乡村旅游和特色产业,形成特色资源保护与村庄发展的良性互促机制。第四种:搬迁撤并类村庄,对位于生存条件恶劣、生态环境脆弱、自然灾害频发等地区的村庄,因重大项目建设需要搬迁的村庄,以及人口流失特别严重的村庄,可通过易地扶贫搬迁、生态宜居搬迁、农村集聚发展搬迁等方式,实施村庄搬迁撤并,统筹解决村民生计、生态保护等问题。拟搬迁撤并的村庄,严格限制新建、扩建活动,统筹考虑拟迁入或新建村庄的基础设施和公共服务设施建设。坚持村庄搬迁撤并与新型城镇化、农业现代化相结合,依托适宜区域进行安置,避免新建孤立的村落式移民社区。搬迁撤并后的村庄原址,因地制宜复垦或还绿,增加乡村生产生态空间。农村居民点迁建和村庄撤并,必须尊重农民意愿并经村民会议同意,不得强制农民搬迁和集中上楼。

作为人类聚居形式之一，村庄也可以被视为内在不断生长、变化和成熟的有机体。本书中，村庄振兴是指村庄实体范围内人与人、人与自然统筹发展，通过要素和资本逐步积累，从而满足自身发展需要的过程与状态。

第三节 学术史梳理

发展中国家城市化进程的推进速度较快，随之而来的村庄衰退问题日益严重；发达国家也同样面临村庄人口减少和村落凋敝的发展问题。20世纪50年代，欧洲国家开始出现农村持续衰落现象。为应对工业化和城市化带来的人口急剧减少、基础设施供给不足等农村问题，自20世纪70年代起，以芬兰和瑞典为代表的北欧国家，以英国为代表的西欧国家，以德国、斯洛伐克、匈牙利为代表的中欧国家，以及以爱沙尼亚为代表的东欧国家，其农村地区逐渐兴起"自上而下"和"自下而上"的农村运动，以振兴村庄地区的发展。20世纪60年代，日本经济"高速发展，在创造奇迹"后也出现了村庄过疏化现象，初期表现为人口过疏化，后期表现为农村空心化。20世纪70年代，韩国在经历城区经济飞速发展后，城市产业经济迅速壮大，就业环境大幅改善，但农村地区开始出现衰退现象：务农环境极不稳定、农户负债增加、劳动力大量向城市迁移。20世纪80年代，中国台湾地区在经济高速发展后，也逐渐出现了经济发展滞后、劳动力大量减少等村庄衰落问题。20世纪90年代，印度也出现了农业发展低迷、农村经济衰退、村庄萧条衰败的现象。在东亚国家中，日本的村庄衰落最为典型，1991年，日本学者大野晃提出了"临界村落"的概念，即当村庄65岁以上人口所占比重超过50%时，便进入了"临界村落"的阶段。

（1）早期学术界关于"人口迁移""劳动力转移"的相关研究构成了资源匮乏型村庄发展的研究基础。19世纪末，在工业化与城镇化的背景下，人口流动问题受到学界的广泛关注。英国学者 Ravenstein（1885）最早对人口迁移理论进行了研究，其认为，经济因素是导致人们迁移的最主要动机，即追寻生活质量的提高和工作生产效益的提升是迁移者最关注的条件。Zelinsky（1971）提出了著名的人口迁移转变假说，其将社会发展分为 5 个阶段，且每个阶段的人口迁移具有不同的特征和规律。

（2）同一时期，村庄资源匮乏现象开始受到关注，初期学者将其理解为一定地域内人口减少、经济收入降低的现象。1967 年，法国学者孟德拉斯（Henri Mendras）在《农民的终结》一书中首次指出，进入工业文明之后，农村面临人口萎缩的问题。20 世纪中后期，学界开始意识到资源匮乏型村庄发展的复杂性，研究领域从人口学方面向地理学、社会学等方面扩展。国外许多发达国家从实践方面积累了治理村庄资源匮乏的经验，以日本的造村运动、韩国的新村运动为代表的东亚村庄治理模式，致力于缩小城乡差距、振兴村庄的发展；以荷兰的农地整理、德国的村庄更新、瑞士的村庄建设和法国的农村改革为主的西欧村庄治理模式，更多关注村庄的生态环境、景观保护以及文化条件等方面的建设；以美国的村庄建设、加拿大的农村协作伙伴为代表的北美村庄治理模式，提倡推动城乡一体化，追求农村经济、政治的平衡发展。实践经验表明，这些国家的村庄治理模式对于缩小城乡差距、提高农民生活质量、促进农村现代化发展具有显著成效。

（3）20 世纪 90 年代以来，国内学者逐渐关注到农村空心化的研究。20 世纪末，费孝通首次提出"村庄终结"这一概念，并指出中国许多农村因人口外流正面临着过疏化的挑战，其中，面临"终结"的村庄也不在少数。此后，农村空心化研究逐渐达到了高潮。折晓叶（1997）对中国村落城市化全景开展了丰富的散点式考察，并指出，工业化后的村庄社区是一种新型的带有城乡中间特征的非农社会经济结构。李培林（2002）使用"村落的终结"来描述中国农村定居点的消亡，并指出，这一过程包括传统组织形态的失落和非农活动的出现。王成新等（2005）根据住宅布局、农房更新率、农房闲置率等，按照村落空心化发展发育的程度，将北公村空心化的进程划分为初期、中期和晚期三个阶段。

（4）2011年以后，农村空心化的研究步入新时期，学者们结合城乡发展一体化、城乡发展均衡化的政策背景对农村"空心化"问题开展研究。刘彦随（Liu Y. S.）等（2013）探讨了2020年完全城市化、半城市化、分批城市化和城市化4种城市化情景下农村土地整治的潜力。郑殿元等（2019）提出了村庄重构策略，提倡"以人为本"的城乡融合发展理念（见表2-1）。

表2-1 国内外学者关于资源匮乏型村庄发展的研究

时间	作者	名称	内容	阶段	趋势
1885年	Ravenstein	人口迁移理论	从人口学的角度全面研究了人口迁移原因，并利用大量的数据总结"人口迁移规律"	早期"人口迁移""劳动力转移"等的相关研究构成了资源匮乏型村庄发展的研究基础	总体呈现由单一视角向全面剖析、由定性描述到定量分析、由宏观尺度到中观县域尺度或结合地域特色的微观尺度层面转变的发展过程
1954年	刘易斯	刘易斯模型	在具有二元经济结构特征的社会中，劳动力供给具有完全弹性		
20世纪60年代	Bague	推拉理论	人口流动是两种不同方向的力作用的结果，一种是促使人口流动的力量，另一种则是阻碍人口流动的力量		
1966年	Lee		建立了一个完整的分析框架，试图解释从迁出地到迁入地的过程中所遇到的吸力和阻力以及不同人群对此的反应		
1971年	Zelinsky	人口迁移转变假说	将社会发展分为5个阶段，并指出每个阶段的人口迁移具有不同的特征和规律		

续表

时间	作者	名称	内容	阶段	趋势
1967年	孟德拉斯（Henri Mendras）	《农民的终结》	首次指出进入工业文明之后，农民人口占比将极大缩小，农村面临人口萎缩的问题	村庄资源匮乏现象开始受到关注	
20世纪中后期	各国学者	农村资源匮乏的现实应对	发达国家开始出现农村资源匮乏，陆续出现"自上而下"和"自下而上"的农村运动，以振兴村庄发展		
20世纪90年代	折晓叶、周大鸣、陆学艺等	对中国村落城市化的散点式考察	对中国村落城市化全景开展了丰富的散点式考察，研究对象涵盖被动城镇化的城郊村、主动工业化的远郊村落、欠发达地区人口流出的传统农村等	国内农村"空心化"研究的初始时期，便迅速达到了研究高潮时期	总体呈现由单一视角向全面剖析，由定性描述到定量分析，由宏观尺度到中观县域尺度或结合地域特色的微观尺度层面转变的发展过程
2002年	李培林	村落的终结	用"村落的终结"来描述中国农村定居点的消亡，这一过程包括传统组织形态的失落和非农活动的出现		
2005年	王成新等	划分空心化进程	根据住宅布局、农房更新率、农房闲置率等，按照村落空心化发展发育的程度，划分空心化进程		
2009年	龙花楼等	空心化村庄发展阶段及其演化	基于农村宅基地用地特征，构建了空心化村庄发展阶段及其演化的概念模型		
2009年	刘彦随等	农村空心化特征和分类识别	分析了农村空心化代际演替空间形式，在中心扩展形式下大致形成外实内空的"荷包蛋"圈层格局		

续表

时间	作者	名称	内容	阶段	趋势
2011年	郧文聚等	中国农村社会经济发展的主导方向	城镇化、工业化、农业现代化、城乡一体化发展已成为中国农村社会经济发展的主导方向	国内主要结合城乡发展一体化、城乡发展均衡化政策背景对农村"空心化"问题进行研究	总体呈现由单一视角向全面剖析，由定性描述到定量分析，由宏观尺度到中观县域尺度或结合地域特色的微观尺度层面转变的发展过程
2013年	刘彦随等		探讨了2020年完全城市化、半城市化、分批城市化和城市化4种城市化情景下农村土地整治的潜力，并指出，各省农村土地整治潜力存在明显差异		
2016年	胡学东等	土地整治潜力	引入生态安全和社会经济双重制约条件，结合层次分析法和约束条件评价模型对研究区域生态安全和社会经济约束下的土地整治综合潜力开展定量评价		
2018年	王旭熙		构建评价指标体系的方法，测算县域空心村土地整治潜力并揭示了分布规律		
2019年	郑殿元	村庄重构策略	提倡"以人为本"的城乡融合发展理念		

随着工业化与城市化的快速推进，资源匮乏型村庄的发展问题受到学者越来越多的关注。目前，关于资源匮乏型村庄发展的研究内容主要包括资源匮乏型村庄发展的理论内涵、表现特征、影响因素及原因、动力机制与演化方式、负面影响及整治潜力和治理对策等。例如，王亚华、苏毅清（2017）认为，村庄资源匮乏是在社会发展过程中出现的一种难以避免的现象，冉逸萧等（2017）综述了前人的相关研究，从功能角度对村庄资源匮乏进行定义；张志敏（2019）认为，农村空心化是由于农村人口向外流动引发的农村社会经济功能退化的过程；王国刚等（2015）指出农村空心化是自然、经济、政策等多种因素与行为主体相互作用的结果。杨永芳等（2007）通过实地调研的方式，总结分析出农村空心化的成因有三大因素：制度因素、经济因素及观念因

素；刘彦随等（2009）基于推拉理论解释了人口迁移的成因，并揭示了农村人口向城市迁移的动力机制；刘永飞、徐孝昶（2016）指出，农村空心化的持续蔓延使农村的产业结构无法进行调整，许多产业出现空洞化现象，农村经济发展乏力甚至趋于停滞。陈玉福等（2010）从文化领域分析了村庄资源匮乏的消极影响，包括引发村庄文化的日益衰落，村庄组织机构更加松散，甚至危及血缘宗族关系。在治理对策方面，刘彦随等（2009）提出"三整合"理论；祁全明（2015）从宅基地治理，刘锐、阳云云（2013）从精准扶贫，冯健、叶竹（2017）从空间规划等特定视角提出治理对策。

本书立足于资源匮乏型村庄的发展问题，选取中国知网（CNKI）期刊全文数据库、Web of Science 作为目标数据库，包括科学引文索引（SCI）、中文社会科学引文索引（CSSCI）、工程索引（EI）、核心期刊、中国科学引文数据库（CSCD），在排除了非正式期刊文献后，不限学科与时间检索相关文献。截至 2022 年 5 月 7 日，共检索得到 35 篇文献，均来自 CSSCI 核心期刊。如图 2-1 所示，关于国内资源匮乏型村庄发展的研究文献最早出现于 1995 年，是对近代村庄文化衰落的探讨，分析了近代村庄文化遭受破坏的影响因素。总体来看，发表于 2018 年后的文献数量显著增多，呈现爆发式增长的现象。

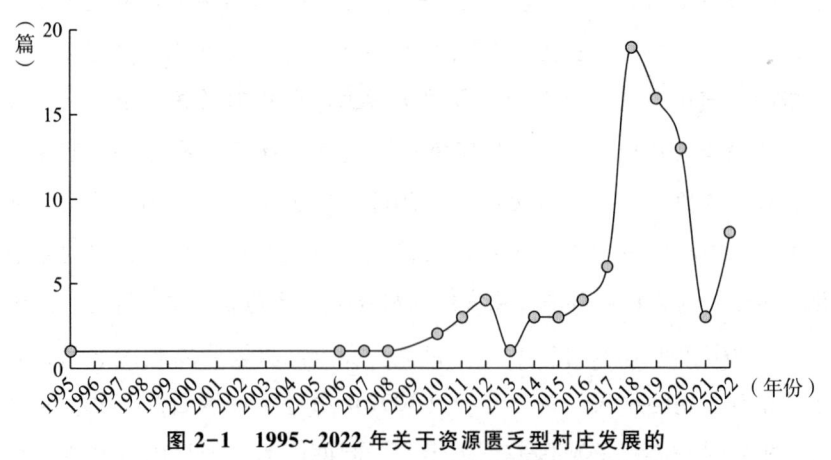

图 2-1　1995~2022 年关于资源匮乏型村庄发展的文献数量（基于 CNKI 数据库）

根据文献统计分析结果，从数量来看，以"空心村""村庄空心化"为关键词的研究成果较为丰富，成为近年来研究的热点问题（见图2-2）。从内容来看，关于农村空心化的研究主要围绕其表现及分异特征、发展演化规律、影响因素、作用机理与机制、整治理论与模式等问题进行了一系列研究，在理论与实践方面取得了诸多创新性研究成果，总体呈现由单一视角向多维视角、由定性描述到定量分析、由宏观省域尺度到中观县域尺度或结合地域特色的微观村域尺度层面的转变过程。本书通过梳理相关文献，以期为村庄资源匮乏现象的研究提供参考。

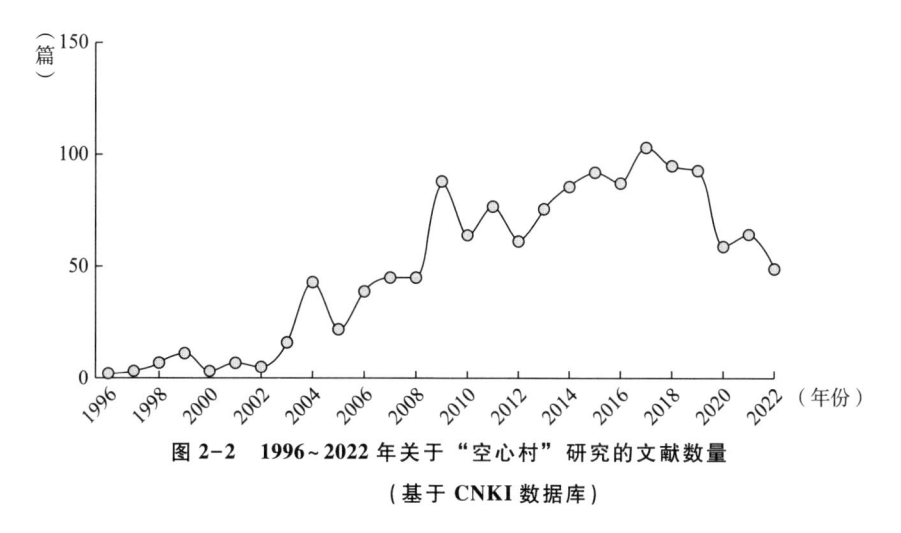

图2-2　1996~2022年关于"空心村"研究的文献数量
（基于CNKI数据库）

第四节　本章小结

本章首先分析了"资源匮乏型村庄""村庄振兴"的内涵，并对其进行了基本概念的界定。资源匮乏型村庄是存在以下现象的村庄：劳动力大量迁离，导致村庄空巢化和人口结构失衡；公共服务设施滞后并持续恶化，基础设施不断衰败；村庄产业和经济发展停滞，农业生产效率低下；房屋闲置，人居环境进一步恶化；基层组织功能退化、边缘化，村级治理陷入困境；乡村地域文化逐渐消失、传承中断等。村庄振兴是指在村庄实体范围内人与人、人与自然统筹发展，通过要素和资本的逐步积累,从而满足自身发展需要的过程与状态。其次,从时间演进的角度,系统梳理了国内外学者对资源匮乏型村庄发展问题的认知、理论发展和研究进程的学术发展史,总结了关于资源匮乏型村庄发展研究的主要理论、研究阶段和主流观点。

第三章 资源匮乏型村庄发展系统及其演化机制的理论构建

第一节 系统论视角下的村庄发展系统

一 村庄发展问题的研究视角

村庄是城乡人居系统的重要组成部分，它与乡村既存在区别也存在联系，乡村包含村庄和集镇，其中，村庄是以农业生产为主的聚落，而集镇是介于城市和村庄之间的以工商业生产为主的聚落。村庄的形成是一个长期的综合性过程，其表现形式为农村聚落，承载着农民的生产、生活和社会活动，是城市、社区、乡村等人类居住聚集形式的原始来源，兼具社会、经济、自然、文化等多重属性。村庄主要是从事农业生产的农民生产和生活的地方，所以又称为农村。中国的农民大部分还聚焦在村庄单元内部，农业主要发生在村庄所属的土地内，村庄的文化对农民起着纽带作用。一般意义来说，农村、农业、农民的发展和变迁首先体现为村庄的发展和变迁。在发展社会学中，发展是指国家或社会由落后的发展状态向先进的发展状态过渡的过程。结合人地关系地域系统理论，村庄发展是在一定地域空间范围内，居住在村庄中的人类主动认识、利用并改造地理环境，通过有序开发利用村域资源，实现经济稳定增长、社会和谐进步、文化接续传承的良性演进过程。村庄的发展状况直接影响着农村建设水平、农民生活品质和农业发展质量。

不同学者借鉴社会学、经济学、生物学、地理学等多学科领域研究成果，从多元化的研究视角对村庄的发展问题展开研究（见表3-1）。以生命周期理论为基础的时序演进视角认为，村庄发展受不同区域和发展阶段的生产要素流动及外部环境作用的影响，会经历产生、发展、成熟、衰退到消亡等阶段。例如，周扬等（2020）认为，村庄的发展和演化会经历形成、发展、稳定、衰退、振兴或衰亡的"生命周期"过程。空间演进规律视角侧重于探讨村庄空间形态的演变趋向和速度，主要呈现资源趋向和区位趋向的特征。例如，海贝贝等（2013）运用GIS技术和景观分析方法，综合分析了河南省巩义市1990~2010年的村庄居民点空间分布及形态结构的演变特征，从而揭示了村庄发展过程中空间格局演变的一般规律。部分学者侧重于剖析村庄发展格局演变的成因机制或机理。例如，许进龙等（2022）基于推拉发展理论，利用人口动态监测调查数据，分析了西部地区农村流动人口土地流转行为的影响因素及机制，探讨了影响土地流转的离心力与向心力。还有学者以新农村建设为契机，从村庄发展的优化调控策略视角出发，探索村庄整治优化的路径。例如，程叶青等（2022）基于行动者网络视角，运用田野调查和半结构化访谈的方法，探索海南中部山区大边村乡村振兴的优化调控路径，旨在为类似村庄提供实践参考。村庄的发展涉及人口、土地、经济、文化等要素的相互作用与相互联系，以及这些要素在乡村地域系统中的动态演替。部分学者引入系统论的概念，将村庄视为一个系统来研究村庄发展问题。例如，张富刚、刘彦随（2008）基于系统论的视角分析了村庄系统的要素组成、结构特征与动力机制。

表3-1 村庄发展问题的研究视角

研究视角	代表理论	主要内容
时序演进过程	生命周期理论	按照村庄发展的程度将村庄发展过程划分为不同的"生命周期"阶段，受政策、技术环境等外力因素影响，不同阶段，时间长短不一，还可能出现一些波动起伏

第三章　资源匮乏型村庄发展系统及其演化机制的理论构建

续表

研究视角	代表理论	主要内容
空间演进规律	代际演替模式	村庄区位条件、交通便捷度等因素对村庄空间演变的趋向、速度和规模具有显著影响，在村庄发展过程中呈现不同的空间分布格局
成因机制或机理	推拉理论	村庄发展既受到全球化、信息化等离心力的影响，也受到村域内资源禀赋、社会文化因素等向心力的影响，离心力与向心力共同构成了村庄演化结果的成因机制或机理
优化调控策略	"三整合"理论	通过空间重构、组织重建、产业重塑实现村庄发展要素的优化配置
要素结构功能	系统论	村庄是一个自成体系的组织，具有系统的基本特征，可视为村庄系统，系统内部各种要素相互联系、相互作用，系统结构与地域环境相互制约，发挥不同的村庄功能

美国生物学家 Bertalanffy 于 20 世纪 40 年代提出系统论。该理论以客观现实系统作为研究对象，从整体出发研究系统的组成及其内部要素的相互作用关系，从本质上说明系统的结构、功能、行为和规律。系统论的核心理念是将系统视为具有一定秩序的有机组合体。表 3-1 总结了当前有关村庄发展的主要研究视角，时序演进过程、空间演进规律、成因机制或机理、优化调控策略等视角均属于从单一视角分析村庄发展的一般规律，因而忽视了村庄是一个具有复杂、开放和动态特征的巨系统，由自然、经济、社会等子系统组成，系统内部各种要素相互作用，在地域空间范围内动态演替，同时具有时序特征和空间演化特征，存在一定的运行机理与演化机制，可以通过人为干预手段实现系统的优化。因此，本书从系统论的角度，沿着村庄发展系统的"要素—结构—功能"主线，分析村庄发展与演化的过程以及村庄发展系统与外界发展环境的交互作用模式，揭示村庄的演化规律与机制，增强系统抵御外界冲击扰动作用的弹性，提升自我发展能力。

二　村庄发展系统的"要素—结构—功能"

本书将村庄发展系统定义为：在特定地域范围内，由自然要素、经济要素、社会要素等物质要素及文化理念、人际联系等非物质要素交互作用构成的具有一定结构和功能的村庄发展体系。

（一）要素

从多要素的视角解析村庄发展系统的特征，其构成要素主要包括自然要素、经济要素、社会要素等物质要素，以及人际联系、文化理念等非物质要素。自然资源、地形地貌、区位条件等自然要素是村庄发展的自然本底与空间载体，为村庄发展提供物质和环境的承载支撑；产业结构、产业发展基础等经济要素在一定程度上体现了村庄当前的经济发展水平，以及可以为村庄经济发展提供的物质资本；人口结构、从业结构等社会要素体现了行为主体的发展状态，有助于推动技术进步，增加社会资本，对村庄发展系统的演化发挥主观能动性的作用；而在村庄发展的历史进程中，长期积淀形成的特色文化、人际联系等非物质要素则深刻影响着村庄的文化传承与社会经济发展。

村庄发展系统内部不同要素之间相互耦合、协调作用，推动着系统的发展与演化。其中，人口、土地、产业是影响村庄发展的三大核心要素。人口是村庄发展系统中最具能动性的要素，在系统中扮演着组织者、协调者和参与者的角色，对村庄资源调配、治理水平的提升起着关键作用；土地是农民生活、农业生产、农村建设的空间载体，是系统生产、生活和生态功能的基本保障，推进土地整治、规模化流转与合理有效配置，有助于实现农村发展的现代化；产业为村庄人口提供了就业机会，推动了农村资源的集约利用，为村庄发展提供了重要的经济保障。

（二）结构

在系统论中，结构和功能的辩证关系是最重要的问题之一。系统结构是要素之间通过耦合协调形成的一种相对稳定的作用方式和组织秩序。村庄发展系统的结构是指在地球表层一定地域空间范围内交错构成的一种动态结构。从结构上来看，村庄发展系统包括内核系统与外缘系统两个部分（见图3-1）。

其中，内核系统由主体系统与客体系统耦合而成，主体系统包括农

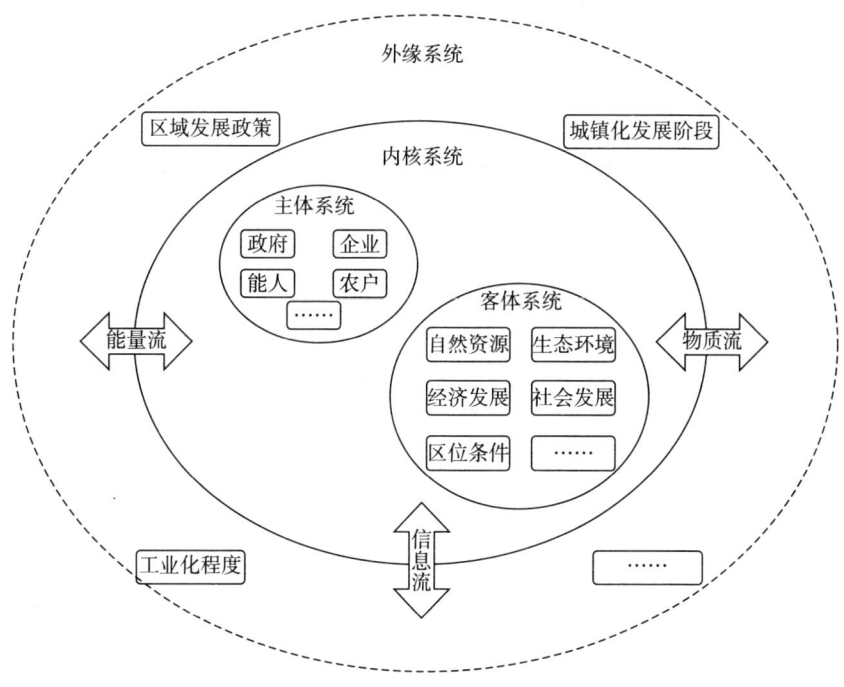

图 3-1 村庄发展系统的结构

户、能人、企业、政府等行为主体,客体系统包括自然资源、生态环境、经济发展、社会发展、区位条件等客观因素。村庄行为主体通过对客体系统中发展要素的整合与利用,提升村庄内核系统的发展能力。外缘系统主要由村庄所处区域的城镇化发展阶段、工业化程度、区域发展政策等外部因素构成。村庄内核系统与外缘系统之间不断进行物质流、能量流和信息流的交换,形成村庄发展系统的耗散结构。内核系统与外缘系统共同作用,引起村庄产业结构、社会结构、消费结构、土地利用结构和就业结构不断重新塑造,形成了村庄发展演化的驱动力。

（三）功能

系统功能是系统与外部环境相互作用表现出来的属性和效能。村庄发展系统的功能是指在一定发展阶段的村庄地域系统在更大的地域空间范围内,通过发挥自身属性及与其他系统共同作用所产生的对自然界与人类发展有益的综合特性,既包括村庄自身发展需求的功能保障,也包括对城乡系统的支撑作用及对其他地域中的村庄发展系统的协同作用。

从功能上来看，村庄发展系统具有城市系统、乡镇系统无法替代的生活功能、生产功能、生态功能和文化功能。村庄发展系统的要素组合与结构形态相互作用，共同决定了村庄的功能类型与强度，影响着系统功能演化的方向和程度。村庄发展系统承载着一定数量的人口，通过聚落空间响应，为人类提供生活空间，并通过种植、养殖等农业生产活动满足村民生存的基本需求。因此，村庄的生活功能和生产功能是村庄发展系统的基本职能。随着城镇化和工业化的推进，农村地区廉价且丰富的劳动力、土地资源以及靠近原材料的区位条件，为乡镇企业的发展、城市工业生产基地的选址带来了优势，由此拓展了村庄的生产功能内涵。随着经济的快速增长，不合理的生产方式加重了工业废水、废气的污染，人口城镇化也为城镇地区带来了生活污染物的处理压力，农村地区人口密度低、植被覆盖率高，具有比城镇地区更强的有害物质降解、污染物容纳和消解能力，村庄的生态空间为城市生态系统提供了环境负熵流，村庄逐渐承担起了越来越重要的生态功能。在全球化和信息化的背景下，城镇地区文化异质性逐渐削弱，而受制于城乡二元体制和"重城轻乡"的发展理念，部分农村地区仍存在经济社会发展落后的问题，而与外界信息沟通的频率相对较低，特色地域文化、历史文化风貌、特色民风民俗则在部分村庄得到了较好的保留与传承，因此村庄的文化功能得以凸显。

三 村庄发展系统与乡村地域系统、人地关系地域系统的关系

1991年，吴传钧院士提出了人地关系地域系统理论。他指出，人地关系地域系统是以地球表层一定地域空间为基础，由地理环境和人类活动两个子系统交互作用构成的复杂开放的巨系统，也是人与地在一定地域空间中通过耦合作用构成的动态结构。人地关系是人类社会活动与自然地理环境之间相互作用，随着人类发展演化而产生的一对基本关系。在人地关系中，人具有主观能动性，能够主动认识、利用并改造地

理环境；而地理环境则是人赖以生存的物质基础和空间载体，同时其也制约了人类发展的深度、广度和速度。人地关系地域系统研究的目标是探索系统内各要素的作用关系，以及系统的行为特征与调控机理，需要从空间结构、时间进程、组织序变、整体效应和协同互补等方面去探索人地关系系统的优化、平衡和调控的机理。从人地协调论的视角来看，人地关系会随着科学技术和生产力水平的提高而逐渐密切，也会随着自然、经济、社会等环境的改变而改变，使人地关系处于"协调—失衡—再协调"的动态演变过程中。

  城市与乡村是一个有机体与命运共同体。乡村孕育了城市，而城镇化则影响并推动着乡村的转型和发展，进而形成了不同类型的乡村发展模式和乡村地域类型。城乡融合发展是城乡要素有效配置、空间有机重构、功能有序提升的过程。根据系统论的原理，城乡融合是城市系统与乡村系统相互交叉、融合、渗透形成的特定城乡融合系统，它们由城乡基础网联通，逐渐形成城乡一体化的发展格局。根据城乡关系、人地关系，地域系统可以划分为城市地域系统、城乡融合系统和乡村地域系统（见图3-2），还可以进一步细分为集镇、村庄、中小城市、大城市、城郊社区等子系统。这些子系统相互作用、相互依存，构成了特定的人地关系、主客体关系或生物与环境的关系。

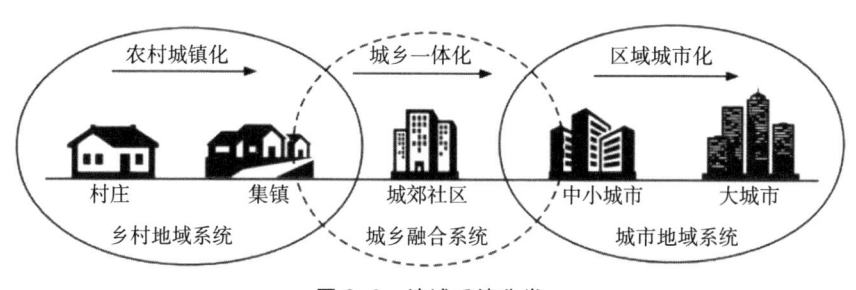

图3-2 地域系统分类

  人类的社会经济活动在营造空间景观、改变城市风貌的同时，也在不断改变着乡村地区的自然景观和社会环境，推动了乡村地域系统的形成。乡村地域系统是人地关系地域系统的重要组成部分，在特定地域范围内包括自然资源、经济基础、基础设施等物质要素及人际联系、文化与价值观等非物质要素，是不同要素之间相互作用构成的具有特定结构和生产、生活、生态等功能的开放系统，为乡村地域系统的演化提供了自然资本、社会资本和人力资本。乡村地域系统是人地关系地域系统在乡村地理学研究中的理论拓展，它包含了城市建成区以外的广大乡村地域空间，是一个非孤立的系统，其演化会受到全球化、信息化、工业化和城镇化等外部环境的综合影响。乡村地域系统是一个由城乡融合体、乡村综合体、村镇有机体、居业协同体所组成的乡村地域多体系统。其中，构建城乡融合体、打造城乡基础网是乡村振兴的前提，有利于城乡间发展要素的自由流动；在城乡融合的背景下，构建乡村综合体，因地制宜地发展不同类型的乡村发展区是振兴乡村的基础条件；基于不同类型的乡村发展区，优化村镇空间格局，培育村镇有机体，形成村镇空间场，是乡村振兴战略实施的重要载体；基于村镇有机体，在发展条件较好的村镇建设居业协同体，是振兴乡村的重要支点。

村庄发展系统之间存在着相互作用，主要包括拮抗作用、协同作用和兼容作用。拮抗作用影响着村庄的发展，甚至制约着村庄功能的良性发挥，主要体现在村庄不同行为主体为争夺有限资源而产生的利益冲突，这是多样化的社会需求在村域空间产生的利益重叠，其根源是系统资源要素利用机制紊乱、行为主体存在竞争关系、解决主体利益冲突的管理制度缺失等造成的。协同作用是指村庄功能之间彼此协调、相互促进，共同推进村庄发展系统多重功能的良性互动。近年来，乡村旅游产业在农村地区得到迅猛发展，成为农村地区第三产业的重要支撑，而旅游产业的发展便是依托村庄的自然生态景观与特色文化发展起来的，是村庄发展系统生态功能和文化功能发挥协同作用的综合体现。在拮抗作用与协同作用循环往复的演化过程中，存在一种系统功能之间彼此保持动态平衡的状态，即兼容作用。系统功能沿着"兼容作用—拮抗作用—兼容作用—协同作用—兼容作用"的路径循环往复地动态演化，共同应对系统外部的扰动冲击作用，维持系统的相对稳定状态。

随着工业化和城镇化的推进，农村社会主体过快老弱化、村庄建设用地逐渐空废化等在村庄发展建设过程中由于人地关系失调引起的问题频发。对人地关系地域系统理论、乡村地域系统、城乡融合系统与村庄发展系统之间关系的理解，有助于从人地关系的视角分析村庄发展的机理及演化规律，明晰如何通过干预要素配置，实现人地关系系统结构和功能的优化。

第二节 村庄发展系统演化的动力学机制

对于一般系统而言，主要有两种演化方向：一是通过优化系统内部要素的组合与作用形式，积极应对系统内外部环境的变化，提高系统有机组合的秩序和状态；二是消极应对系统内外部环境的变化，通过降低系统有序性要求达到暂时性的稳定状态，即系统退化。村庄发展系统是一个远离平衡态的非线性的开放系统，内核系统与外缘系统不断进行物质流、能量流、信息流等"流"的交换，从而推动系统的演化，形成耗散结构。村庄发展演化的结果是系统内外部要素流动及系统内部要素结构演变的综合反映，不同影响因素对村庄发展演化的作用力大小与方向均不同，主要来源于三类驱动力：内核推动力、外缘拉动力/外缘阻碍力和系统突变力，如图3-3所示。在村庄内核系统中，村域行为主体通过对客体系统中发展条件的研判，整合、协调并配置资源环境、人力资本、社会资本、经济基础等发展要素，形成系统演化的"推力"，即内源性动力，是村庄自我发展能力的体现；村庄发展系统作为一个开放的系统，外缘系统中市场需求、政策环境、技术背景等外源性动力助推或阻碍着村庄发展系统的演化，外缘拉动力/外缘阻碍力主要体现在区域工业化和城市化的进程与方向，不同发展阶段与区位条件决定了外源性动力的正负向影响。内源性动力和外源性动力的合力构成了村庄发展系统演化的驱动力，推动着系统要素、结构和功能的演化，演化后的结果又将作为村庄自然、经济、社会等子系统的组成部分，通过反作用驱动系统的进一步演化。在村庄发展系统演化的过程中，自然灾害、突发公共事件等不可预见的事件属于系统突变力，导致村庄发展系统偏离原有的演进轨道。通常情况下，三类驱动力对村庄发展系统演化的作用方式也有所区别。由于系统具有一定的抗干扰和维持系统稳定性的学习与适应能力，内核推动力对系统的作用方式表现为自发性的有序扩张，对系统演化路径的推动作用呈现缓慢且平稳上升的特征；外缘驱动因素具有时效性和不稳定性，外缘拉动力/外缘阻碍力对系统的驱动力呈现快速波动的变化特征，具有一定的波动性和反复性；而系统突变力由于其具有不可预测性和偶然性，对系统演化的作用方式呈现偶发突变的特征。

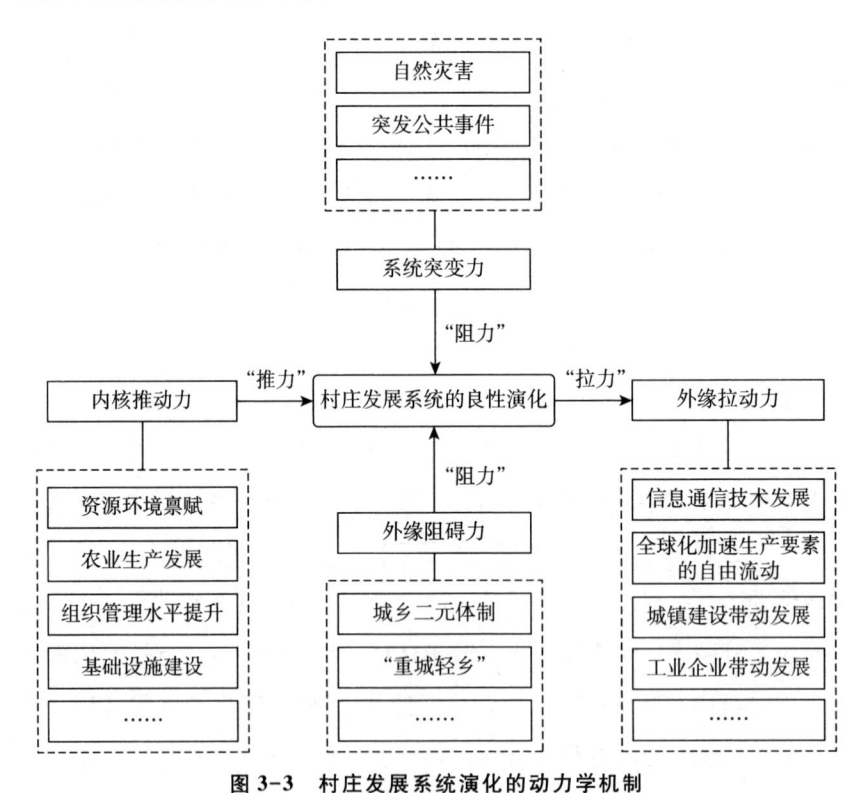

图 3-3 村庄发展系统演化的动力学机制

由图 3-3 可知，在不考虑系统突变力的影响下，内源性动力与外源性动力的合力决定了转型期系统演化的方向和速度。村庄发展的行为主体与发展要素之间的相互作用可视为"伸展的村庄发展网络"。行为主体通过对村庄内外部资源要素的有序开发、合理利用，实现物质流、能量流、信息流的良性互动（见图3-4），这些"流"驱动着村庄发展网络关键节点及其相互作用的完善和强化，网络的密度和质量也决定了村庄发展的轨迹与水平。当转型期的村庄发展系统受到外界环境的扰动冲击作用时，系统在自组织过程中吸收、重组并更新系统原有的要素及其交互作用方式，引发村庄发展系统演化由量变跃迁至质变，导致不同的演化分异格局。

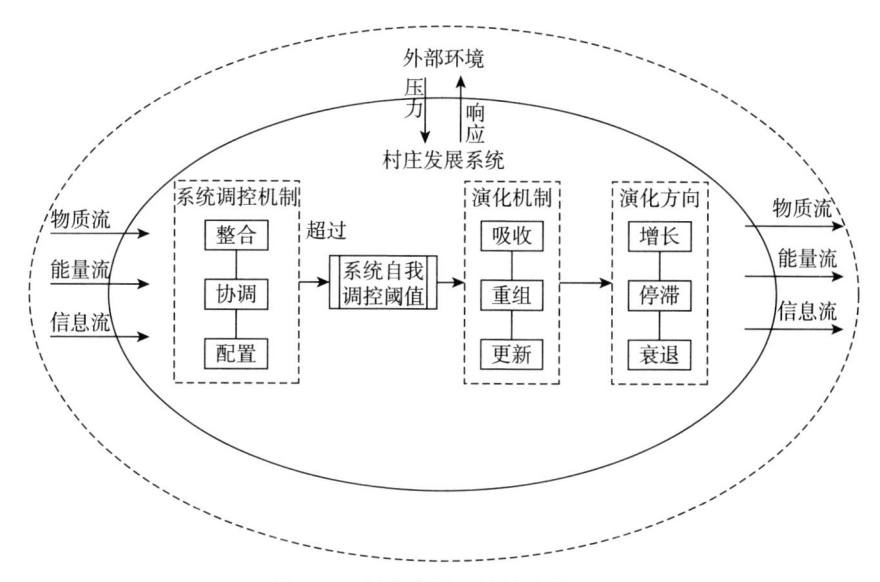

图3-4 村庄发展系统的演化机制

当内源性动力与外源性动力的合力表现为正向时，村庄发展系统积极应对外界因素的冲击作用，趋向于增长期的演化态势；当内源性动力与外源性动力的合力表现为负向时，村庄发展系统消极应对外界因素的冲击作用，降低系统稳定性的要求，呈现系统衰退的趋势，资源匮乏型村庄出现的实质即是村庄未能对外界冲击做出及时的适应性响应；当内源性动力与外源性动力的合力趋近于零时，系统在一定波动范围内处于停滞期状态。转型期作为村庄发展系统演化生命周期中的一个特殊阶段，是村庄内核系统与外缘系统综合作用下的演化分异结果。

在村庄转型发展时期，村庄发展主体尤其是村域能人通过对村庄产业基础、资源禀赋等发展条件进行观察评估、激发整合、统筹规划和联合行动，以功能定位为导向，通过整合和配置村庄发展系统的物质要素和非物质要素，实现系统的自组织与网络化过程，最终推进转型期村庄的发展阶段，实现从衰退期向停滞期、从停滞期向增长期或从衰退期向增长期的跃迁。

第三节　内生—外生综合式发展理论视角下的资源匮乏型村庄发展系统

一　村庄发展理论

从村庄发展理论来看，20世纪中期以来，学者对村庄发展的探讨逐渐形成了外生式发展理论、内生式发展理论，以及内生—外生综合式发展理论。外生式发展理论认为，村庄发展的关键在于通过外部信息、技术、资金的支持引导农业的发展，其发展特色在于持续的工业化和现代化，是一种"自上而下"的发展模式。例如，通过在村庄设立工厂，为农民提供就业机会，然而随着农业现代化的推进，农村剩余劳动力问题愈加突出，城市的生产企业也难以因政策优惠放弃城市的配套和市场优势，较难实现农村地区的普遍工业化，且村庄吸引了大量外来投资，极易受到经济波动的影响。实践证明，外生式发展模式只能对村庄发展起到辅助作用，并不能有效解决村庄的可持续发展问题。

外生式发展理论由于依赖持续性的政府支持和外部投资、忽视农村生活的非经济层面、破坏农村地区的文化差异等弊端受到诸多学者的批评。在此背景下，内生式发展理论应运而生。其最早可追溯至20世纪70年代，到20世纪90年代后期进入了成型阶段，内生式发展理论不断丰富和完善。内生式发展理论强调不依赖国际金融机构、外部企业等流动资本的嵌入式发展，而是通过合理利用地方资源、地方参与和互动，构建地方认同，振兴村庄经济，实现"自我导向型"的发展过程，是一种"自下而上"的发展模式。内生式发展理论强调不仅要提升农业、工业、服务业等村庄生产性层面的发展水平，还应该重视村域内的社会价值和文化价值。值得注意的是，内生式发展并不是"封闭的"，它与外部环境存在一定的联系，其主要强调村庄发展的自主性与不受外部因素的控制。随着内生式发展理论实践的不断深入，部分学者逐渐意识到在全球化、政府干预等外部因素的影响下，大多数村庄的发展形势都涉及内外部资源的综合利用，追求村庄社会经济的自主性发展成为一种理想化的理念，内生式发展理论和外生式发展理论的"二分"格局不符合村庄的实际发展情况。

村庄发展系统作为一个非孤立的系统，其演化受到资源禀赋、区位条件、自然环境、经济社会基础、文化与政策等多种因素的影响，其中全球化、信息化、工业化和城镇化等是来源于外部环境对村庄发展系统的主要驱动力，在村庄发展系统与外界发展环境间要素的交互作用下，村庄发展系统的经济社会结构得以重新塑造，地域功能不断更新。1995年，Amin 和 Thrift 进一步提出了内生—外生综合式发展理论，该理论强调村庄发展过程的内外部综合影响，将村庄的发展与信息化、全球化等外部影响因素结合起来，将村庄的发展视为复杂的网络编织过程，且网络中的资源具有流动性特征。在该发展理念下，村庄发展的关键问题在于内外部发展条件的良性互动，以及地方发展与更广泛的政策、技术、贸易发展环境的动态博弈，强调既能调动村庄内部的资源禀赋，又能合理利用作用于村庄的外部力量。随着中国经济进入买方市场，"短边原则"和需求决定了农产品的市场与价格，村庄的发展水平受到市场信息和生产技术的深刻影响。部分村庄通过技术、设备的创新实现农业的产业化，利用村庄生态景观、民俗文化等资源发展生态型、观光型的休闲旅游产业，农村与外界的联系愈加密切，村庄的发展也越来越受到外部信息和技术的影响。Terluin（2003）通过对欧盟农村地区发展情况的深入分析后指出，内生—外生综合式发展模式获得了广泛的经验和证据支持。在全球化和信息化的背景下，村庄的发展格局是内外部力量综合作用的结果，内生—外生综合式发展理论更符合新农村建设的基本理念。因此，本书基于内生—外生综合式发展理论，分析资源匮乏型村庄发展系统。

二 资源匮乏型村庄的形成机制

随着工业化、城镇化的推进，乡村地区人口外流、经济衰退、农业发展速度放缓、城乡差距不断扩大，乡村地区的资源匮乏问题成为全球共同面临的挑战，乡村自我发展能力的下降，严重制约了乡村地区的可持续发展进程。村庄作为乡村地域系统的基本单元，在乡村资源匮乏问题日渐严峻的现实背景下，村庄内青壮年人口大量外迁、公共服务设施落后、房屋空置率提高、文化传承理念匮乏等现象普遍，资源匮乏型村庄亟待治理。资源匮乏型村庄的成因主要包括社会经济因素、政策与制度因素、区位因素以及技术因素等。在内生—外生综合式发展理论的指导下，资源匮乏型村庄发展系统的形成是一个复杂的动态过程，既受到内部因素的"推力"作用，也受到外部因素的"拉力"作用。快速工业化、城镇化、全球化和信息化的"拉力"与农村剩余劳动力、"重城轻乡"、城乡二元体制的"推力"综合作用，加速了人口及生产要素从农村向城乡地域间的流动，导致不同程度和类型的资源匮乏型村庄的出现（见图3-5）。从"推力"作用来看，农村青壮年人口流失是资源匮乏型村庄面临的一大挑战。随着城市化进程的加快，越来越多的农村青壮年人口被城市的工作机会和更高的生活水平吸引，导致农村劳动力的短缺和老龄化加剧。这种人口流失不仅削弱了农业生产的基础，也影响了村庄的经济活力和社会发展。同时，"重城轻乡"的传统理念和政策导向加剧了城乡发展的不平衡，使农村在资源分配和公共服务上处于不利地位。城乡二元体制的限制也阻碍了城乡间的要素流动和资源共享，进一步加剧了农村发展的困境。此外，农村家庭结构与经济结构的改变也对村庄发展产生了深刻影响，如家庭规模缩小、农业生产的转型等，这些变化既带来了机遇也带来了挑战。与此同时，"拉力"作用也在影响着资源匮乏型村庄的发展。尽管快速工业化和快速城镇化带来了资金和技术的流入，但这些资源往往更倾向于流向已经具备发展优势的地区。这种"拉力"进一步拉大了资源匮乏型村庄与其他优势发展地区的差距。另外，信息通信技术的发展虽然为农村提供了更多获取信息和市场的机会，但基础设施完善、人才资源丰富的地区更能充分利用这一优势，实现快速发展。而全球化加速了生产要素的自由流动，但资源匮乏型村庄往往难以吸引和留住这些资源，导致其发展受限。

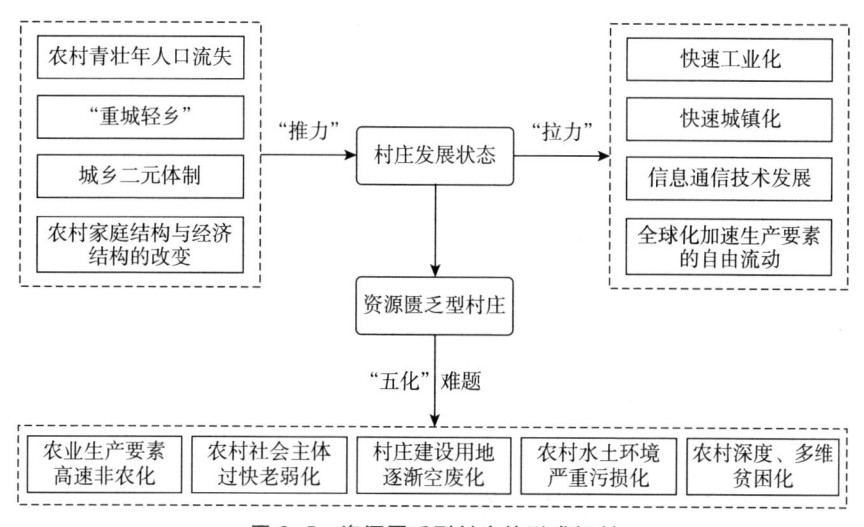

图 3-5 资源匮乏型村庄的形成机制

三 资源匮乏型村庄存在的难题及对策

在内外部综合因素的影响下，资源匮乏型村庄出现了不同程度的"五化"难题。农业生产要素高速非农化，潜在威胁着国家粮食安全与农村耕地红线的坚守；农村社会主体过快老弱化，大量青壮年劳动力向城乡迁移，村域内留守儿童、留守老人、留守妇女的数量快速增长，农村剩余人口难以支撑其实现高质量发展；伴随人口的大量迁移，改变了农村的家庭结构与经济结构，农村住房要求提高，建房能力提升，但受制于城乡二元户籍、社会保障制度，进城务工的农民市民化进程缓慢，宅基地退出意愿不强，导致村庄建设用地逐渐空废化，不利于农村土地的集约化管理与利用；随着农业生产中化肥、农药的过多使用，城区工业生产基地的建设、乡镇企业的发展，以及生活垃圾处理不当，引发农村生产污染、生活污染增加，导致农村水土环境严重污损化，破坏了生态系统的稳定性；贫困区农民收入水平不高，贫困区农村基础设施落后，教育、医疗条件较差，呈现深度、多维的贫困化。

在内生—外生综合式发展理论的框架下，资源匮乏型村庄的发展需要实现内外部发展条件的良性互动。一方面，要深入挖掘和利用村庄内部的资源禀赋，如土地、劳动力、传统知识等，激发内生发展动力；另一方面，要积极利用外部因素提供的机遇和挑战，如政策环境、市场环境、技术环境等，促进村庄与外部环境的互动和融合。同时，村庄还需要不断适应外部环境的变化，调整自身的发展方式和方向，以实现与更广泛的政策、技术、贸易发展环境的动态博弈。

第四节 资源匮乏型村庄发展系统的优化重组干预模型

一 村庄发展系统演化的生命周期

生命周期理论源于生物学领域，用以描述生命体从出生、成长、成熟、衰老到死亡的过程。随后，生命周期概念逐渐被引入社会学、经济学、管理学等领域，广泛用于从形成到消亡类似过程的描述。在乡村发展研究领域，部分学者逐渐认识到农村发展也具有生命周期的规律性，例如，刘彦随等（2009）着眼于乡村地域系统的动态性，总结提炼出农村空心化的生命周期规律。村庄发展系统是由一系列要素以一种特定方式联系在一起的综合体，每一种要素都有与系统发展目标相联系的特定位置和功能。村庄发展系统的构成要素伴随人地关系的演化而不断更新，要素与要素之间某种"流"的联系也愈加复杂多变，人地关系特征也由此从以自然环境约束为主到强调人的主观能动性，再到人与自然和谐共生的发展理念。这是村庄行为主体（人）抗争自然（地）的修正与演化结果，要素与要素之间的联系也会在某些时间节点上发生变化，系统演化则表现为某些时间节点上要素变化结果的累积效应。村庄发展系统的演化是一个复杂的非线性过程，具有动态变化性和时序演进性，一个完整的村庄发展与演化过程通常包括形成期、发展期、稳定期和转型期，其中，转型期根据系统演化方向的不同，又可分为增长期、停滞期和衰退期（见图3-6）。由于系统内外部因素的作用，不同发展阶段的长短不一，存在一定的波动和起伏。

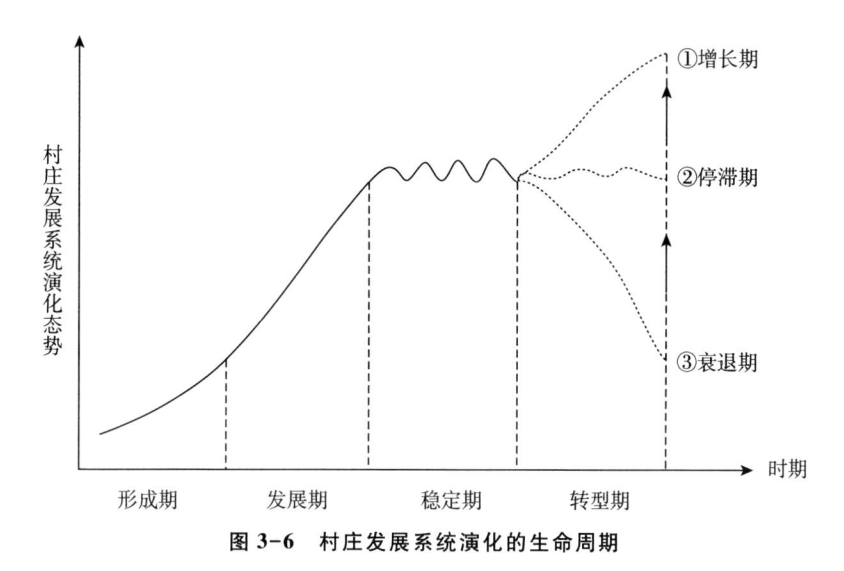

图 3-6　村庄发展系统演化的生命周期

（一）形成期

由于人类聚居的本性与生存需求，村庄形成期通常呈现人口聚居的特征，具体表现为村庄中心的人口数量、宅基地面积持续增长，村庄边缘的人口数量与宅基地面积持续减少，生活在村庄的人口利用集体力量开展互助合作，共同开展农业生产、社会生活等活动。

（二）发展期

村民通过利用村域内的自然资源，总结生产经验，借鉴先进的生产技术，推动种植业和畜牧业的发展，农业生产水平、农村建设水平、农民生活水平均不断提高，村庄进入发展时期。

（三）稳定期

村庄是由自然、经济、社会、资源等物质要素与文化、人际联系等非物质要素交互作用构成的具有一定结构和功能的巨系统。随着村庄的发展，系统内的要素相互促进、相互制约，要素之间耦合协调形成了一种相对稳定的作用方式和组织秩序。当外界环境对村庄发展系统的扰动冲击作用未超过系统自我调控的阈值时，村庄处于相对稳定时期。

（四）转型期

人类社会经历了以土地资源为基础的农业经济社会、以城市—工业为主导的资本经济社会，并正在向以科技、信息、创新为特征的知识经济社会转型。在不同的发展阶段，村庄发展系统演化所面临的外部环境、经济增长方式、生产要素组织方式等都具有显著的差异性特征。随着人类社会的发展，村庄发展系统作为一个非孤立的系统，不断与外界环境发生交互作用，当外源性动力通过一定途径进入系统内部后，扰动冲击作用于内核系统，超过系统自我调控的阈值后，就会在一定程度上干扰、制约或推动着内核系统的要素、结构和功能发生震荡和变化，村庄发展系统因此步入转型期，可能发生突变即非平衡相变，影响系统的相对稳定性。在村庄发展系统与外界发展主导作用力交互作用的影响下，村庄抵御外界发展扰动冲击的能力得到提升或出现下降，进而影响村庄发展系统内部构成要素的耦合作用方式及系统结构，最终导致村庄发展系统演化出现分异，即呈现衰退、停滞或增长三类不同的演化分异格局。

二 资源匮乏型村庄发展系统的动态干预机理

对资源匮乏型村庄而言，其往往处于村庄发展系统演化生命周期中的转型期，村庄的自然演进过程进程缓慢，存在较强的负面隐患，部分村庄因外力冲击或内部构成要素的离散作用，导致系统构成要素难以正常运行或系统整体难以实现良性发展，进而出现村庄发展停滞，甚至衰退的趋势。通过科学、系统地把握村庄发展系统演化的动力学机制，深入分析村庄发展系统的演化机制，揭示转型期村庄发展阶段的跃迁过程，对系统的要素及其作用方式加以人为干预，有助于实现系统要素重组、结构优化和功能演进的目标。具体而言，为实现村庄良性发展，村庄发展的行为主体在市场需求、政策制度、技术条件等外部发展环境的影响下，通过对资源禀赋、经济基础和社会基础等发展条件的观察评估、激发整合、统筹规划和联合行动，整合、协调并配置人口、土地、产业等关键要素，吸收、重组并更新系统原有要素及其交互作用方式，从而对村庄社会经济形态及地域空间施加影响，干预转型期村庄发展系统的演化方向，完成村庄发展系统由非良性发展状态向良性发展状态的质的转变，或者通过量的积累实现村庄发展系统的提质升级。

在村庄转型期的不同发展阶段中，村庄发展系统的主导功能各有差异，不同功能之间的相互作用也各有其典型特征与作用机理。其中，生活功能和生产功能是村庄的基本职能。在衰退期，常常出现村民收入水平降低、人口老龄化程度提高、资源集约利用程度降低、基础设施落后等一系列村庄发展问题，系统受到的扰动冲击作用超过了自我调控的阈值，便会引发村庄发展状态的衰退与系统功能的退化，该阶段村域人地关系矛盾加剧，不同功能之间表现出更多的拮抗作用，满足村民生活需求成为村庄发展的主要驱动力，如何提升村庄发展系统的生活功能也成为扭转人地矛盾的重要突破点。在停滞期，不同功能之间的作用方式以兼容作用为主，社会生产提供的剩余产品有限，村民生活维持自给自足的状态，村庄发展系统呈现自然主导、相对稳定的趋势，该阶段人地关系相对稳定，突破村庄发展系统演化的临界值重点在于强化生产功能的带动作用，通过生产功能的提升刺激系统内部的功能冲突，进而提升系统整体功能值，推动系统的良性演化。在增长期，不同功能之间的主导作用方式为协同作用，该阶段系统要素处于优化调整期，人地关系较为和谐，系统发展呈现良性发展趋势，但该阶段容易忽视人类社会生产活动对村庄自然环境本底造成的潜在威胁。因此，该阶段的工作重点一方面在于进一步优化生产功能，提升系统自我发展能力，实现功能值的量级积累；另一方面规范产业发展模式，有助于实现系统的可持续发展。

基于村庄发展系统演化的动力学机制与转型期的演化方向及特征，以人为干预系统运行的方式，达到系统要素、结构和功能的均衡发展状态，实现转型期村庄发展演化全过程的可持续发展。在此过程中，系统通过要素重组、结构优化和功能演进，不断提升自我发展能力及抵御外界发展环境变化的能力。基于此，为甄别村庄发展的地域性、阶段性和差异性，实现分类施策、动态干预的目标，本章从"态"和"势"二维视角梳理转型期村庄在不同发展阶段的动态干预机理。其中，"态"是指村庄发展系统过去自身发展变化与外界发展环境综合作用的累积结果；"势"是指村庄发展系统实现良性演化的基础条件与发展能力。"态"是"势"发展变化的基础，"势"是促使"态"发生演化和变迁的能力。

具体来说，村庄发展系统的动态干预机理如图3-7所示。首先，根据村庄发展系统的特征识别转型期村庄所处的发展阶段，判断村庄发展系统是处于衰退期、停滞期还是增长期。其次，对不同发展阶段的村庄实行分类施策。对处于"衰退期"发展阶段的村庄，通过对村庄发展的目标、实施主体、实现路径和作用机制的系统分析，判断其是否具备安居乐业的能力和基础，对发展基础较好且暂未形成一定规模和集聚效应的村庄，重点在于完善生活功能，扭转村庄发展状态，通过人为干预系统的要素流动，重塑村庄治理体系，满足村民的基本生活需求，以生活功能驱动转型期村庄发展系统的演化与发展阶段的良性跃迁，实现发展状态由非良性发展状态向良性发展状态的质的转变，体现为村庄发展的阶段显性特征；对发展基础较差且规模较小的村庄，积极探索迁村并居的模式，优化村庄建设的地域空间格局。对处于"停滞期"或"增长期"发展阶段的村庄，重点在于强化生产功能，挖掘"势"的发展空间，实现系统的健康和可持续发展，通过对外部发展环境的把控，以及对内部发展要素的整合，梳理村庄发展的本底，遵循村庄发展的客观规律，把握系统要素的地域分异特征，充分挖掘村庄发展的潜力空间，实现村庄发展系统内源性动力与外源性动力的合力最大化，以生产功能的提升激发其他功能的耦合协调作用，通过量的积累实现村庄发展的提质升级，以此确定村庄发展的可能性隐性空间。不同类型的村庄实现发展阶段的跃迁后，人为干预的工作重点也会伴随系统主导功能的转变而调整。

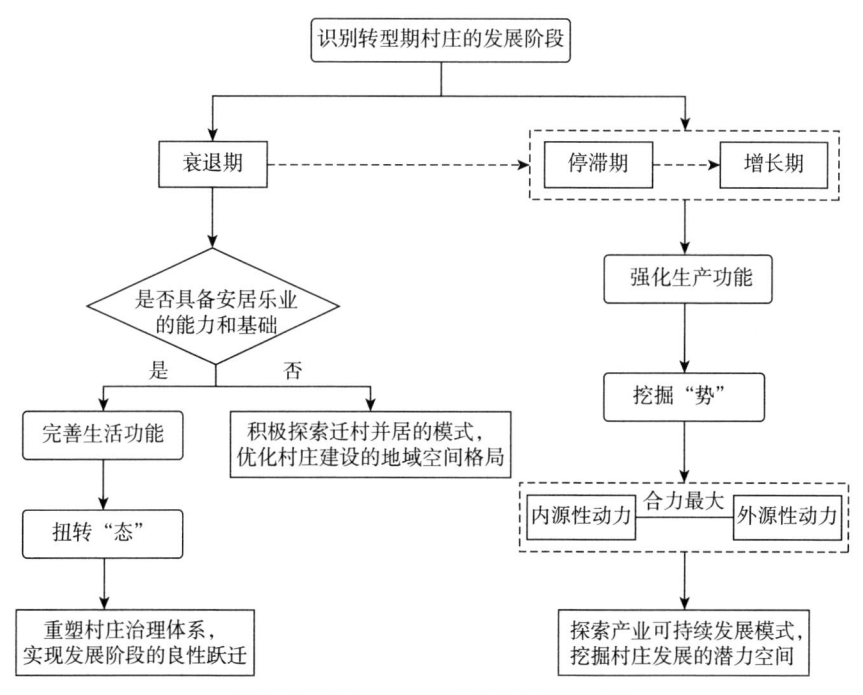

图 3-7　村庄发展系统的动态干预机理

三　资源匮乏型村庄发展系统的优化重组干预模型

村庄作为小尺度的地域综合体，数量众多且分布广泛，尤其对资源匮乏型村庄而言，应当转变干预思路，由一味地增量发展转向结合村庄的存量与减量并行的发展模式。本章基于村庄发展系统的动态干预机理，从扭转"态"和挖掘"势"的视角出发，选取发展状态、发展潜力二维评价视角，构建了村庄发展系统的优化重组干预模型（见图 3-8）。其中，村庄发展状态的阶段演进模型从村庄发展系统中经济、社会、资

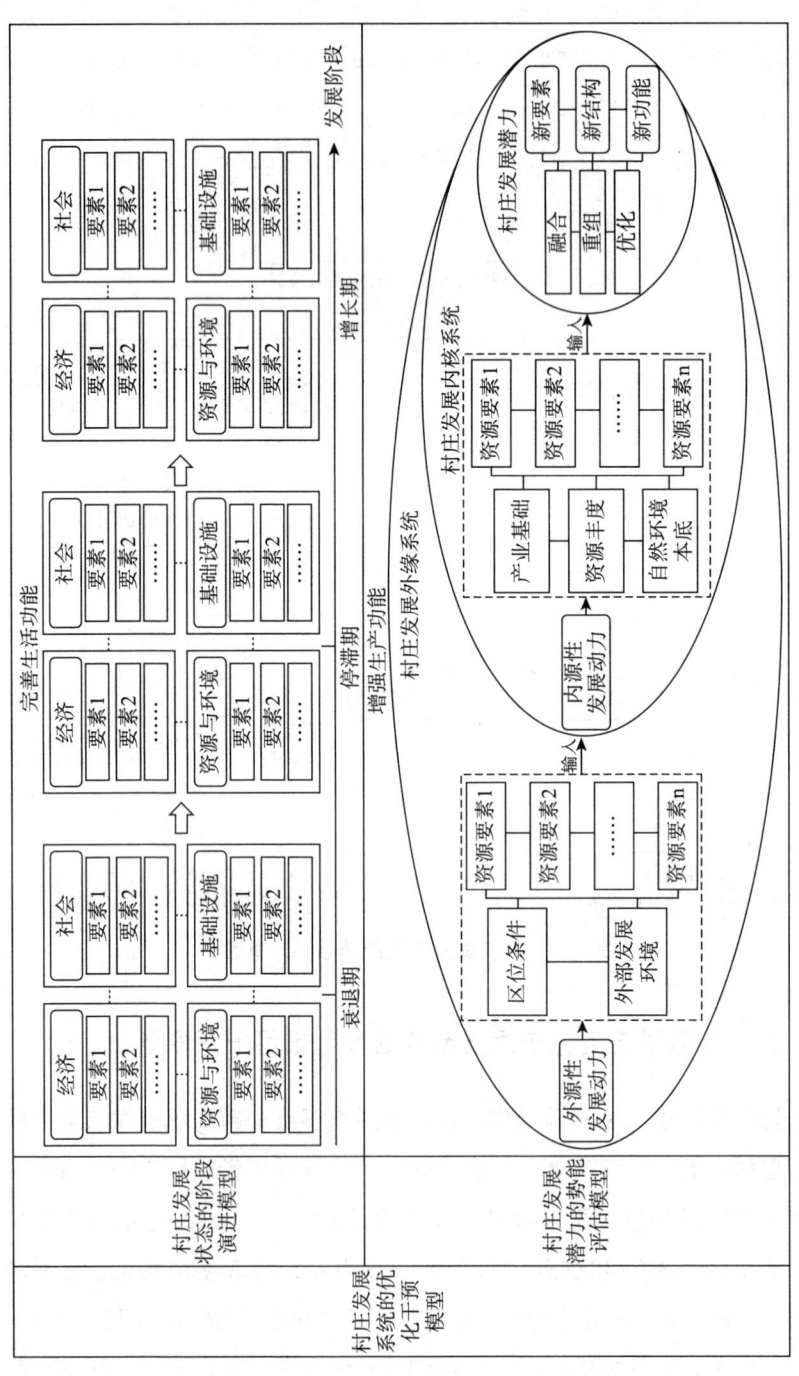

图 3-8 村庄发展系统的优化重组干预模型

源与环境、基础设施四大子系统的内在要素出发,评价村庄发展状态,通过人为干预系统的要素流动,重塑系统的治理体系,探索符合村庄发展阶段与发展基础的治理模式,重点在于完善系统的生活功能,以生活功能驱动村庄发展系统整体功能值的提升与发展阶段的跃迁,从而驱动新要素的形成,新要素则又以新的方式推动发展阶段的演进;村庄发展潜力的势能评估模型基于村庄发展系统演化的动力学机制,从村庄内核系统与村庄外缘系统的资源要素出发,评价村庄发展的内源性动力与外源性动力,通过整合、重组并优化村庄发展的有限资源,增强村庄发展系统的生产功能,挖掘"势"的发展空间,探索发展条件与发展基础不同的村庄适用的产业可持续发展模式,以生产功能的提升,激发其他功能的耦合协调作用,促进村庄发展系统之间物质流、能量流和信息流的互动频率和效率,实现要素重组、结构优化和功能演进的目标。

第五节 本章小结

本章首先分析了学者对于村庄发展的研究视角,认为基于系统论视角认识村庄发展系统更有利于系统分析村庄的时序演进过程、空间演进规律和成因机制机理,并探讨了村庄发展系统与乡村地域系统、人地关系地域系统的关系,有助于理解村庄发展系统的形成机制及其与城乡之间的地域关系。其次探究了村庄发展系统演化的动力学机制,将村庄发展系统演化的作用力总结为三类,即内核推动力、外缘拉动力/外缘阻碍力和系统突变力。再次,基于内生—外生综合式发展理论,探讨了资源匮乏型村庄发展系统的外部发展环境与内部运行机理,分析了资源匮乏型村庄的形成机制。最后,基于生命周期理论分析了村庄发展系统演化的生命周期,将村庄发展系统演化的生命周期划分为形成期、发展期、稳定期和转型期四个阶段,并结合村庄发展系统的动力学机制,进一步提出,从扭转村庄发展状态与挖掘村庄发展潜力二维视角来构建村庄发展系统的优化重组干预模型,以此实现不同村庄分类施策、动态干预的目标。

第四章 资源匮乏型村庄的现状认知与问题识别
——基于 5 省市 29 个村庄的调研数据

第一节 样点村调研概况及描述性统计

一 调研概况

村庄是农村范围内最基础的聚落单元，由于其规模小、分布广、差异大，识别村庄的发展状态与问题，需要深入实地进行田野调查。课题组基于农业生产、农村生活、农村生态环境和农村社会发展四大维度，设计了资源匮乏型村庄发展调查及乡村公共服务设施需求意愿调查两份问卷，分别对村干部进行了访谈和对村民进行了问卷调查，旨在通过调研了解认识资源匮乏型村庄的发展现状，并识别当前不同状态的资源匮乏型村庄发展过程中面临的问题。

课题组在全国范围内遴选了近年来出现的 33 个资源匮乏型村庄（见表4-1），基本涵盖了东部地区、中部地区和西部地区，这些资源匮乏型村庄的特征主要包括以下几个方面。

(1) 经济发展迟缓。很多村民移居城镇，村里的留守人口大多依赖传统种植业为生，缺乏其他产业支撑，呈现经济发展迟缓的现象。

(2) 人口结构发生变化。随着青壮年劳动力的流失和老年人的不断离世,农村人口出现了"青黄不接"的现象,传统农业劳动力日益减少。

(3)村民养老遭遇难题。在大量劳动力外出务工的情况下,养老成为这些村庄治理的薄弱环节。

(4)居住环境由内而外逐渐衰败。随着人口不断外流,这些村庄的"差序格局"状态被逐渐打破。村中部分房屋空置,农田荒芜,人地分离,村庄居住环境呈现由内而外的破败景象。

表 4-1 调研的样点村庄

省市(州)县(区)	乡镇	村庄
浙江省衢州市开化县	音坑乡	下淤村
	华埠镇	皂角村
	村头镇	汇坑村
		上村头村
浙江省衢州市常山县	何家乡	长风村
安徽省黄山市歙县	杞梓里镇	五春村
		民主村
		齐武村
	霞坑镇	洪琴村
	深渡镇	昌中村
		定潭村
	昌溪乡	双源村
		昌溪村
安徽省池州市石台县	仁里镇	永丰村
		三增村
	小河镇	莘田村
		东庄村
		九步村
	丁香镇	库山村
		梓桐村
贵州省黔东南苗族侗族自治州黎平县	大稼乡	平底村
重庆市开州区	临江镇	青阳村

续表

省市（州）县（区）	乡镇	村庄
河南省商丘市宁陵县	城关回族镇	乔四楼村
	程楼镇	郭楼村
	华堡镇	关庄村
		王孟庄村
	刘楼乡	姚庄村
	柳河镇	前河村
	乔楼乡	黄新庄村
		李庄村
	石桥镇	郑庄村
	赵村乡	张楼村
		蔡胡庄村

课题组对甄别出的33个村庄采用实地走访的方式进行了调研。调研分为两个时间段进行：2020年7~8月，调研了浙江省及安徽省的20个村庄，分别是下淤村、皂角村、汇坑村、上村头村、长风村、五春村、民主村、齐武村、洪琴村、昌中村、定潭村、双源村、昌溪村、永丰村、三增村、莘田村、东庄村、九步村、库山村和梓桐村；2021年1~2月，调研了贵州省、重庆市、河南省的13个村庄，分别是平底村、青阳村、乔四楼村、郭楼村、关庄村、王孟庄村、姚庄村、前河村、黄新庄村、李庄村、郑庄村、张楼村和蔡胡庄村。此次调研共回收涉及33个样本村的发展现状访谈信息及345份乡村公共服务设施需求意愿问卷，我们根据以下标准剔除无效问卷。

（1）漏答题目。

（2）整份问卷勾选的选项都相同。

（3）未按问卷所指示的选项填答。

最终筛选得到29个资源匮乏型村庄的29份村庄发展现状信息及267份乡村公共服务设施需求意愿有效问卷，并通过了信度检验，因此选定这29个资源匮乏型村庄作为样点村进行后续研究。

第四章 资源匮乏型村庄的现状认知与问题识别

二 描述性统计

基于农业生产、农村生活、农村生态环境和农村社会发展四大维度,从现代化农业基地、道路建设、农村电网、农村饮水、农村生活污水与生活垃圾处理、农村改厕、农村绿化、农村医疗文化、社会生活服务保障、农村养老、农村小学教育和农村集市交易等 12 个维度对样点村的发展状态进行评价。

(一) 样点村基本特征

分地区来看,在 29 个样点村中,有 4 个位于东部地区,在所有样点村中占比为 14%;有 23 个位于中部地区,占比为 79%;有 2 个位于西部地区,占比为 7%(见表 4-2)。

表 4-2 样点村基本特征

地区	数量(个)	占比(%)
东部	4	14
中部	23	79
西部	2	7
合计	29	100

调研选取的东部地区样点村均位于浙江省衢州市,分别为下淤村、皂角村、长风村和上村头村。其中,下淤村位于开化县的音坑乡,村庄总面积为 2276 亩,村庄总人口为 987 人,村内户年均收入为 3 万元。皂角村位于华埠镇,村庄总人口为 471 人,村内户年均收入为 2 万元。长风村位于常山县何家乡,村庄总人口为 1781 人,村内户年均收入为 8000~9000 元。上村头村位于村头镇,村庄总人口为 1838 人。

调研选取的中部地区样点村共 23 个,具体如下。

(1) 地处河南省商丘市的 8 个村庄,分别为关庄村、乔四楼村、黄新庄村、李庄村、张楼村、蔡胡庄村、前河村和郭楼村。其中,关庄村位于华堡镇,村庄总面积为 975 亩,村庄总人口为 405 人,村内户均年收入为2万元。乔四楼村位于城关回族镇。黄新庄村和李庄村位于乔楼乡，其中，李庄村的年户均收入为5万元。张楼村和蔡胡庄村位于赵村乡，其中，张楼村的户均年收入为1万元及以上。前河村位于柳河镇，村内户均年收入为1万元。郭楼村位于程楼镇，村庄总面积为13500亩，村庄总人口约为3000人。

（2）地处安徽省黄山市歙县的8个村庄，分别为五春村、民主村、齐武村、洪琴村、昌中村、定潭村、双源村和昌溪村。其中，五春村、民主村和齐武村均位于歙县的杞梓里镇，五春村的村庄总人口为1195人，村内户均年收入为1.5万元；民主村的村庄总人口为1399人；齐武村的村庄总人口为2400人，户均年收入为2万多元。洪琴村位于霞坑镇，村庄总人口为3000多人，户均年收入为7万~8万元。昌中村和定潭村位于深渡镇，昌中村村庄总人口为1597人，村庄总面积为15452亩，户年均收入1.85万元；定潭村村庄总人口为1593人，户均年收入为3万元。双源村和昌溪村位于昌溪乡，双源村村庄总人口为1557人，户均年收入为6000元；昌溪村村庄总人口为3444人，村庄总面积为17597亩，户均年收入为1.6万元。

（3）地处安徽省池州市石台县的7个村庄，分别为永丰村、三增村、莘田村、东庄村、九步村、库山村和梓桐村。永丰村和三增村位于仁里镇，永丰村的村庄总人口为927人，户均年收入为6000~8000元；三增村的村庄总人口为1051人，村庄总面积为41465亩。莘田村、东庄村和九步村位于小河镇，莘田村的村庄总人口为1765人，户均年收入为7000~8000元；东庄村的村庄总人口为1470人，户均年收入为5500元。九步村的村庄总人口为1387人，户均年收入为8000~9000元。库山村和梓桐村位于丁香镇，库山村的村庄总人口为939人，村庄总面积为15577亩，户均年收入为1.1万元；梓桐村的村庄总人口为1000人，户均年收入为5000元。

调研选取的西部地区的样点村共2个，分别是青阳村和平底村。青阳村位于重庆市开州区临江镇，村庄总人口为3679人，村庄总面积为

236亩，户均年收入为82540元。平底村位于贵州省黔东南苗族侗族自治州黎平县大稼乡，总人口为1390人。

（二）样点村现代化农业基地现状

各地区样点村所设置的现代化农业基地现状可以反映其农业生产基础设施情况。整体来看，10个村庄有现代化农业基地，占全国所有样点村（29个）的34.48%。其中，东部地区有现代化农业基地的村庄为2个，占其样点村的比重最大，为50.00%；其次是中部地区，有现代化农业基地的村庄为8个，占中部地区样点村（23个）的比重为34.78%；而西部地区样点村中均没有现代化农业基地（见图4-1）。

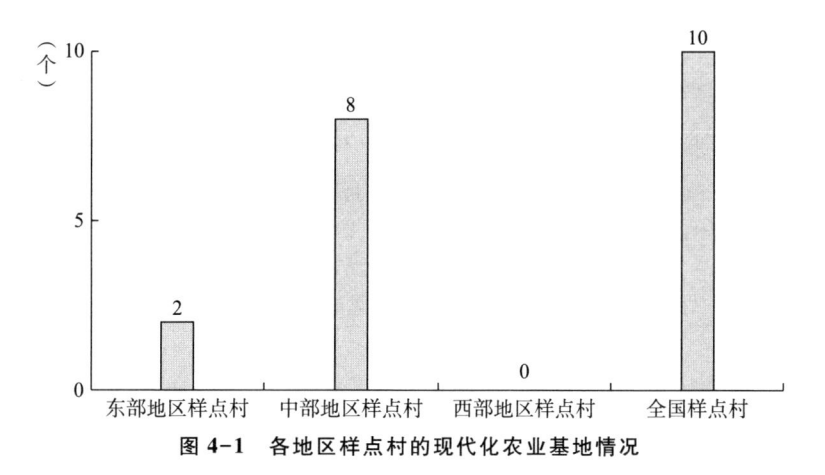

图4-1 各地区样点村的现代化农业基地情况

（三）样点村道路建设现状

各地区样点村的道路建设现状包括对外交通状况和村内道路情况两个方面。

（1）样点村对外交通状况方面，整体来看，24个样点村对其对外交通状况感到满意，占所有样点村的82.76%。其中，中部地区对其对外交通状况感到满意的样点村占比最大，为86.96%；其次是东部地区，对其对外交通状况感到满意的样点村占比为75.00%；而西部地区仅有50.00%的样点村对其对外交通状况感到满意（见图4-2）。

（2）样点村村内道路情况方面，整体来看，2个样点村村内道路是柏油路，占比为6.90%；25个样点村村内道路是水泥路，占比为

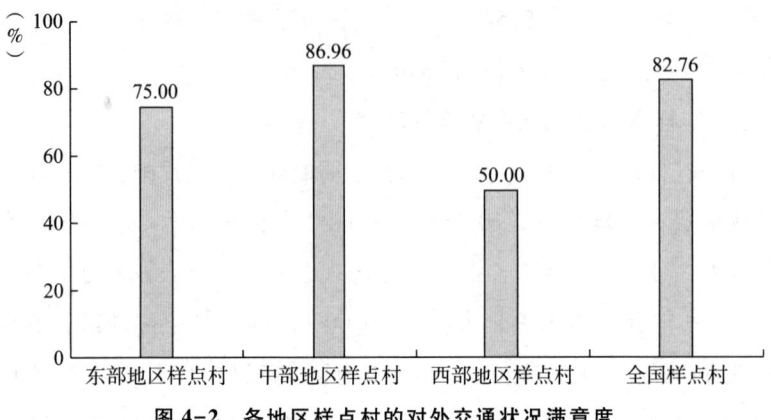

图 4-2 各地区样点村的对外交通状况满意度

86.21%；2 个样点村村内道路是柏油路及水泥路，占比为 6.90%。其中，中部地区样点村内道路是柏油路的样点村占比最大，为 8.70%，82.61% 的样点村村内道路是水泥路，8.70% 的样点村村内道路是柏油路及水泥路；东部地区及西部地区村内道路是水泥路的占比为 100%（见图 4-3）。

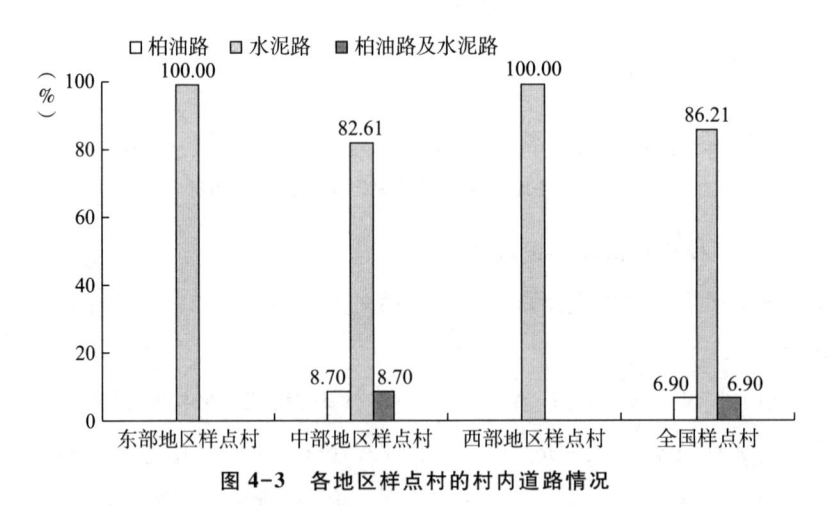

图 4-3 各地区样点村的村内道路情况

（四）样点村电网情况

（1）样点村通电情况方面，整体来看，28 个样点村实现了户户通电，占全国样点村的比重为 96.55%。其中，中部地区和东部地区 100.00% 的样点村实现了户户通电；而西部地区仅有 50.00% 的样点村实现了户户通电（见图4-4）。

（2）样点村通网情况方面，整体来看，25个样点村实现了户户通网，占全国样点村的比重为86.21%。其中，西部地区样点村中，户户通网的样点村占比最大，为100.00%；中部地区样点村中，户户通网的样点村占比为86.96%；东部地区样点村中，户户通网的样点村占比为75.00%（见图4-4）。

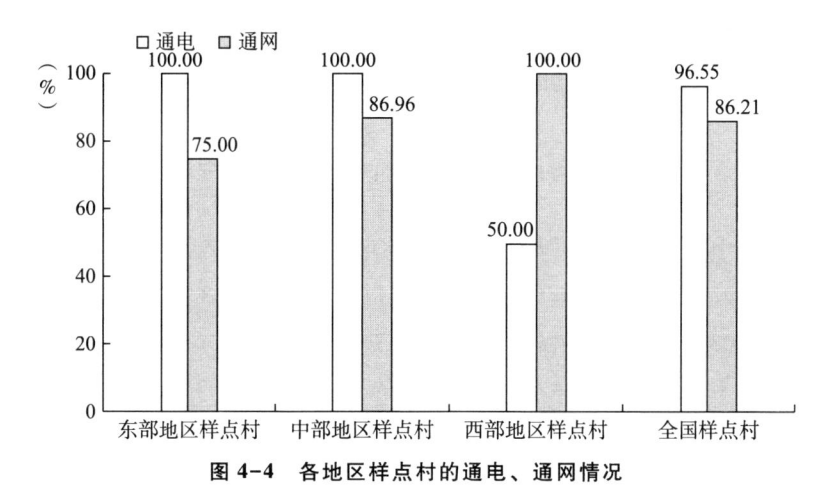

图4-4 各地区样点村的通电、通网情况

（五）样点村饮水现状

各地区样点村的村民主要用水来源现状，整体来看，共有22个样点村采用自来水，占比为75.86%；5个样点村采用井水，占比为17.24%；2个样点村采用自来水及井水，占比为6.90%。其中，中部地区采用自来水的样点村占比最大，为78.26%，另有17.39%的样点村采用井水，4.35%的样点村采用自来水及井水；东部地区采用自来水的样点村占比为75.00%，25.00%的样点村采用自来水及井水；而西部地区仅有50.00%的样点村采用自来水，剩下50.00%的样点村采用井水（见图4-5）。

（六）样点村生活污水与生活垃圾处理情况

（1）样点村生活污水集中处理方面，整体来看，7个样点村全部实现了生活污水集中处理，占比为24.14%；4个样点村大部分实现了生

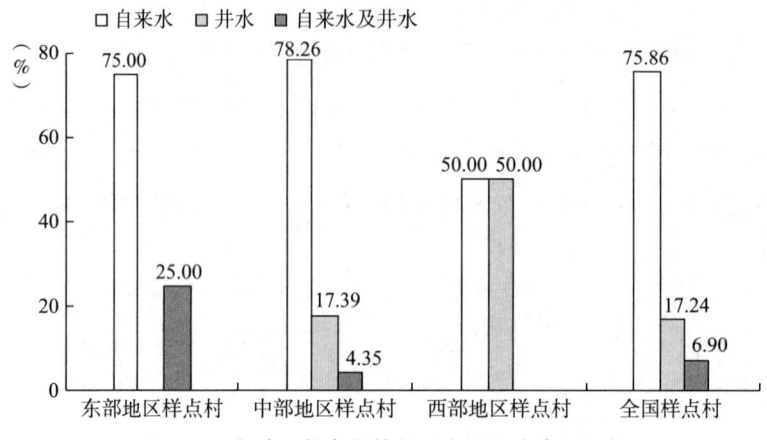

图 4-5 各地区样点村的村民主要用水来源现状

活污水集中处理，占比为 13.79%；9 个样点村少部分实现了生活污水集中处理，占比为 31.03%；9 个样点村未开展生活污水集中处理，占比为 31.03%。其中，东部地区全部实现生活污水集中处理的样点村占比最大，为 75.00%，25.00% 的样点村大部分实现生活污水集中处理；中部地区全部实现生活污水集中处理的样点村占比为 17.39%，8.70% 的样点村大部分实现了生活污水集中处理，34.78% 的样点村少部分实现了生活污水集中处理，39.13% 的样点村未开展生活污水集中处理；西部地区没有全部实现生活污水集中处理的样点村，50.00% 的样点村大部分实现了生活污水集中处理，50.00% 的样点村少部分实现了生活污水集中处理（见图 4-6）。

（2）样点村生活垃圾集中处理方面，整体来看，19 个样点村全部实现了生活垃圾集中处理，占比为 65.52%；8 个样点村大部分实现了生活垃圾集中处理，占比为 27.59%；2 个样点村少部分实现了生活垃圾集中处理，占比为 6.90%。其中，生活垃圾集中处理情况最好的是东部地区，100.00% 的样点村全部实现了生活垃圾集中处理；其次是中部地区，65.22% 的样点村全部实现了生活垃圾集中处理，30.43% 的样点村大部分实现了生活垃圾集中处理，4.35% 的样点村少部分实现了生活垃圾集中处理；西部地区样点村生活垃圾集中处理情况最差，50.00%

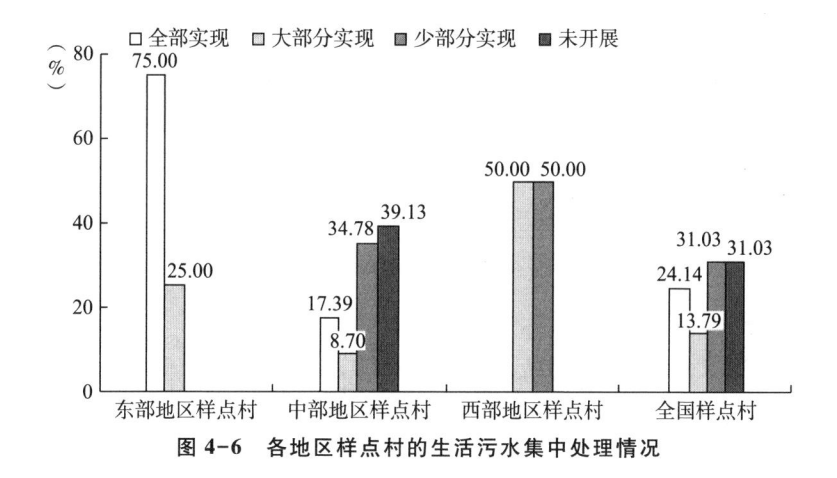

图 4-6　各地区样点村的生活污水集中处理情况

的样点村大部分实现了生活垃圾集中处理，50.00%的样点村少部分实现了生活垃圾集中处理（见图4-7）。

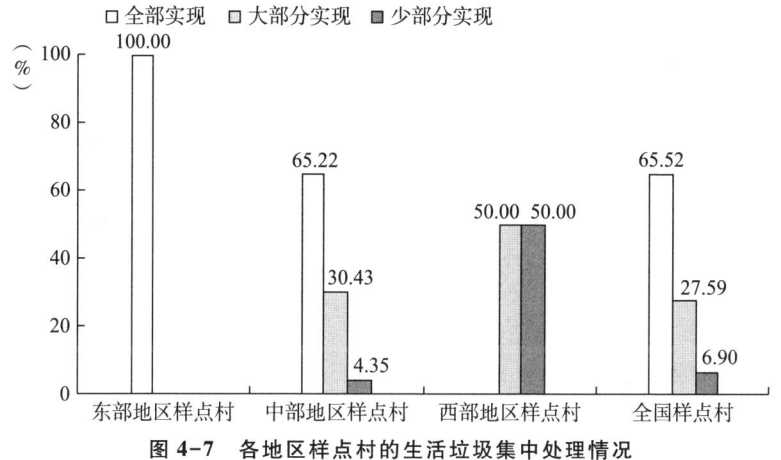

图 4-7　各地区样点村的生活垃圾集中处理情况

（七）样点村改厕实现情况

各地区样点村的改厕实现情况如图4-8所示。在全国样点村中，全部实现改厕的样点村最多，占比为48.28%，大部分实现改厕的样点村占比为31.03%；少部分实现改厕的样点村占比为13.79%，未开展改厕服务的样点村占比为6.90%。其中，东部地区样点村全部实现改厕的占比为100.00%，改厕实现情况最好；中部地区样点村全部实现改厕和大部分实现改厕的占比相同，均为39.13%，少部分实现改厕的占比为

13.04%，未开展改厕服务的占比为 8.70%；西部地区的样点村，全部实现改厕和少部分实现改厕的占比相同，均为 50.00%。

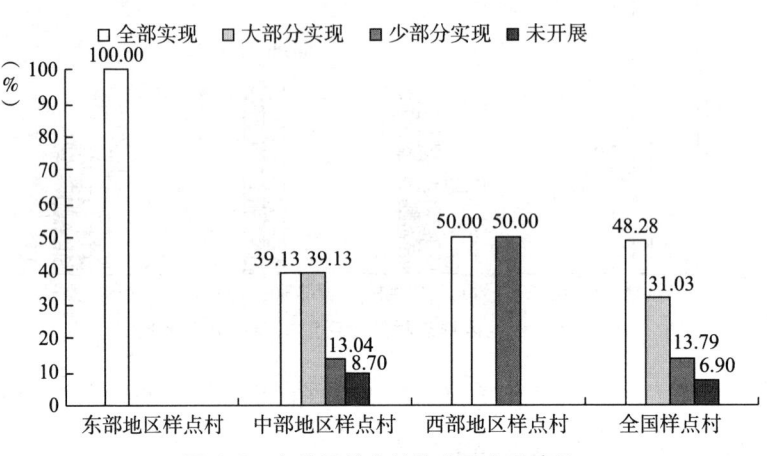

图 4-8　各地区样点村的改厕实现情况

（八）样点村绿化现状

样点村绿化是农村社会良性发展的基础之一，各地区样点村的绿化建设情况如图 4-9 所示。在全国样点村中，有绿化建设的样点村占比为 48.28%。其中，东部地区有绿化建设的样点村占比为 25.00%；中部地区有绿化建设的样点村占比为 47.83%；西部地区有绿化建设的样点村占比为 100.00%。

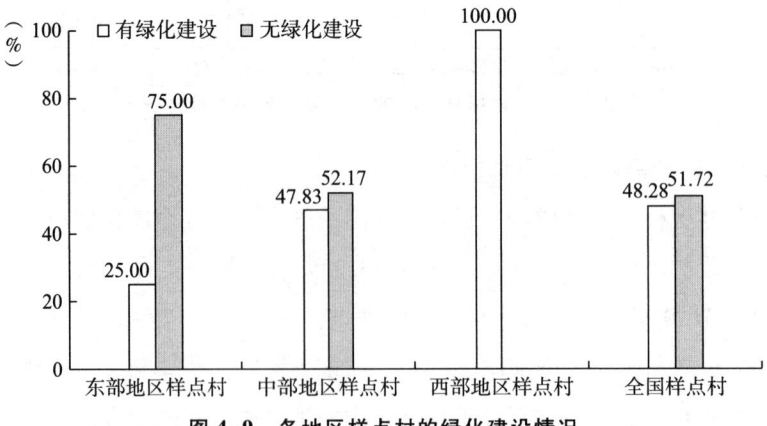

图 4-9　各地区样点村的绿化建设情况

(九) 样点村医疗文化现状

(1) 访谈以"村内是否有卫生站"衡量医疗便利程度,各地区样点村的卫生站建设情况如图 4-10 所示。在全国样点村中,村域内有卫生站的样点村占比为 79.31%。东部地区在村域内有卫生站的样点村占比为 75.00%;中部地区在村域内有卫生站的样点村占比为 78.26%;西部地区在村域内有卫生站的样点村占比为 100.00%,样点村的医疗卫生基础设施普遍较完善。

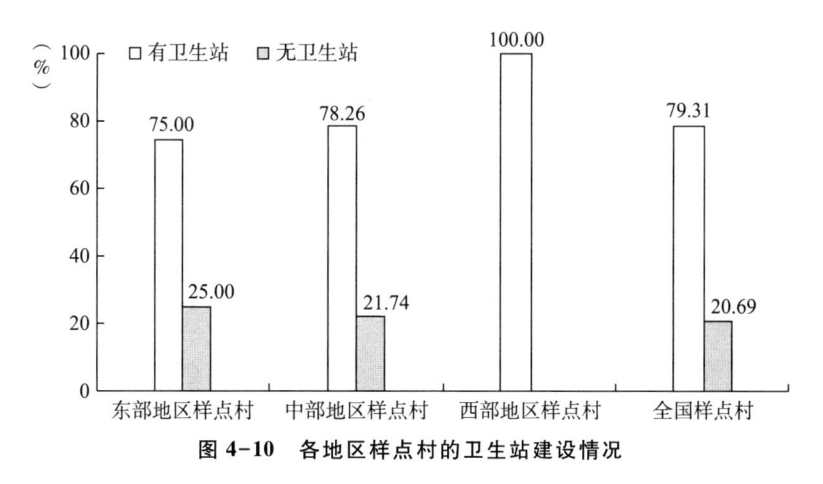

图 4-10 各地区样点村的卫生站建设情况

(2) 村内广场的建设反映了村民的精神文化需求和村民生活的丰富程度,可以促进农村经济发展和社会进步,各地区样点村的村民广场建设情况如图 4-11 所示。在全国样点村中,有村民广场的样点村占比为 62.07%。其中,东部地区村内有村民广场的样点村占比为 65.22%;中部地区村内有村民广场的样点村占比为 47.83%;西部地区村内有村民广场的样点村占比为 50.00%。

(十) 样点村社会生活服务保障现状

各地区样点村的社会生活服务保障现状包括社保办理情况、劳动技能培训情况和金融服务普及情况三个方面。

(1) 各地区样点村社保办理情况如图 4-12 所示。在全国样点村中,村民全部办理社保的村庄最多,占比为 72.41%,大部分办理社保的样点村占比为 13.79%;少部分办理和未办理社保的样点村占比均为

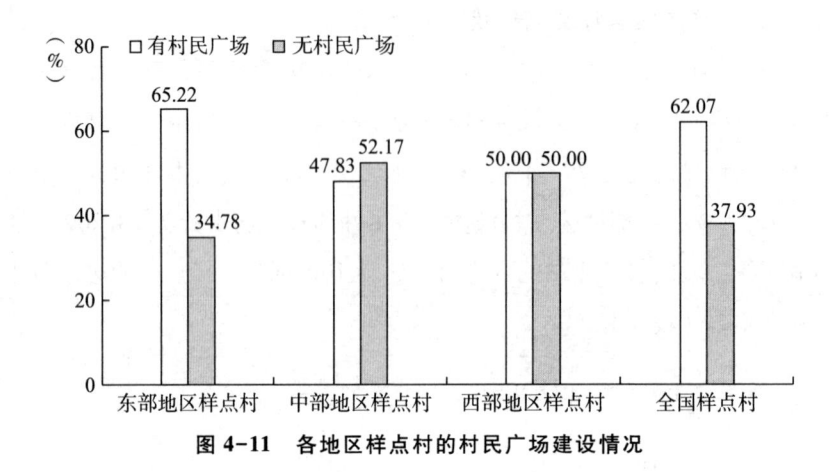

图 4-11 各地区样点村的村民广场建设情况

6.90%。其中，东部地区和西部地区村民全部办理社保的样点村占比均为 100.00%；中部地区，村民全部办理社保的样点村占比最大，为 73.90%，大部分办理、少部分办理和未办理社保的样点村占比相同，均为 8.70%。

（2）劳动技能培训可以培养人才，推动农村社会发展提质增效，各地区样点村接受劳动技能培训的情况如图 4-13 所示。在全国样点村中，村民接受劳动技能培训的样点村占比为 55.17%，其中，东部地区

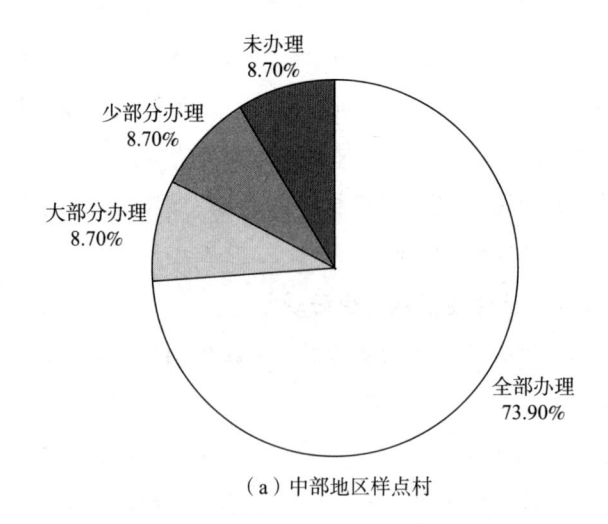

（a）中部地区样点村

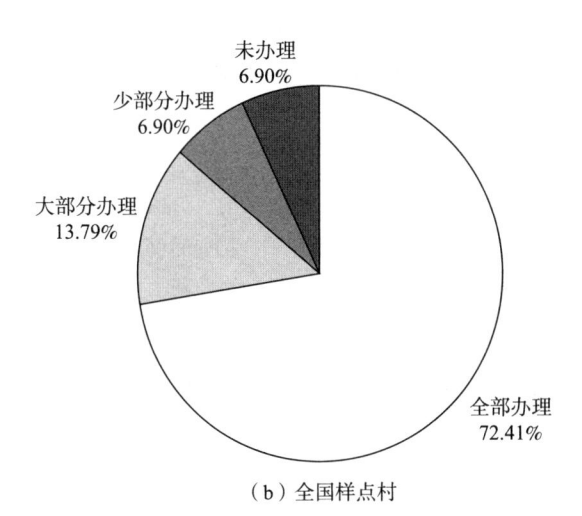

第四章 资源匮乏型村庄的现状认知与问题识别

未办理 6.90%
少部分办理 6.90%
大部分办理 13.79%
全部办理 72.41%

（b）全国样点村

图 4-12 各地区样点村的社保办理情况

村民接受劳动技能培训的样点村占比为 25.00%；中部地区村民接受劳动技能培训的样点村占比为 60.87%；西部地区村民接受劳动技能培训的样点村占比为 50.00%。劳动技能培训内容主要围绕农产品的培育和种植展开。

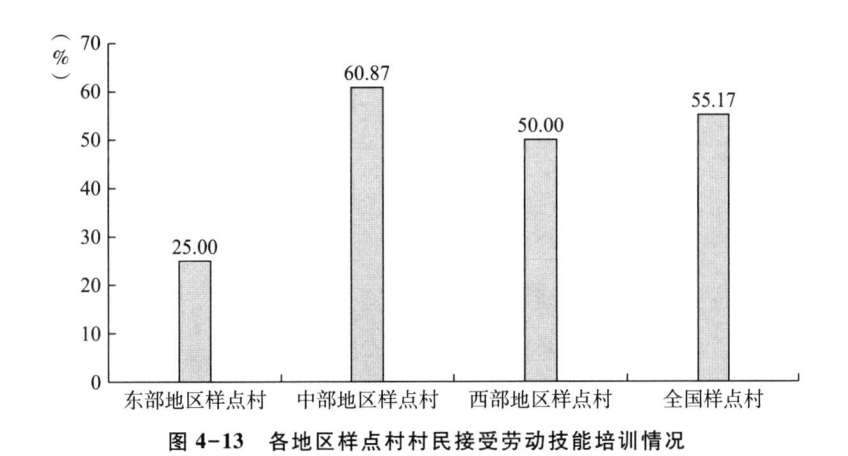

图 4-13 各地区样点村村民接受劳动技能培训情况

（3）各地区样点村的金融服务普及率如图 4-14 所示。在全国样点村中，经过金融服务普及的样点村占比为 65.52%。其中，东部地区经过金融服务普及的样点村占比为 50.00%；中部地区经过金融服务普及的样点村占比为 65.22%；西部地区经过金融服务普及的样点村占比为 100.00%。东部地区、中部地区、西部地区的样点村所开展的金融服务培训种类相似，主要包括贷款服务、金融帮扶、银行宣传三种类型。

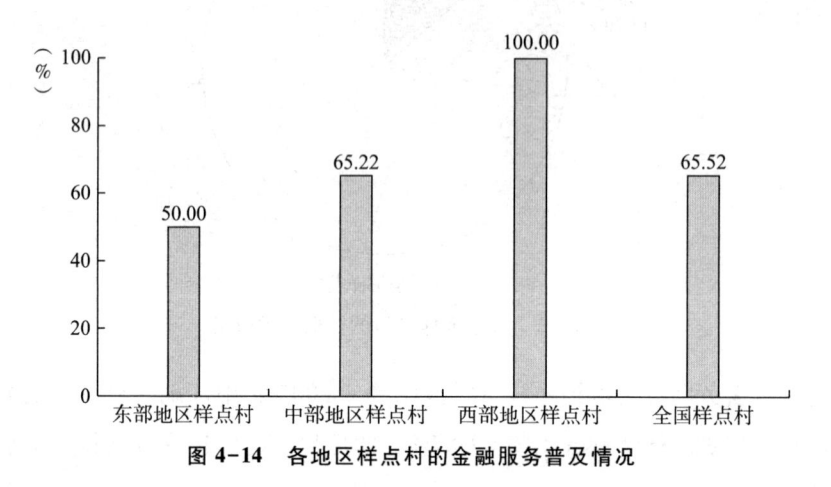

图 4-14 各地区样点村的金融服务普及情况

（十一）样点村养老现状

各地区样点村养老的主要方式如图 4-15 所示。在全国样点村中，村内养老的主要方式为子女或亲人照顾的最多，占比为 68.97%，主要方式为子女或亲人照顾、五保户去养老院的占比为 13.79%，主要方式为子女或亲人照顾、老人独居的占比为 10.34%，主要方式为老人独居的占比为 6.90%。其中，东部地区的样点村，村内养老的主要方式为子女或亲人照顾的占比为 75.00%，主要方式为子女或亲人照顾、老人独居的占比为 25.00%；中部地区的样点村，村内养老的主要方式为子女或亲人照顾的占比为 65.22%，主要方式为子女或亲人照顾、五保户去养老院的占比为 17.39%，主要方式为子女或亲人照顾、老人独居的占比为 8.70%，主要方式为老人独居的占比也为 8.70%；西部地区样点村，村内养老的主要方式为子女或亲人照顾的占比为 100.00%。

(a) 全国样点村
- 子女或亲人照顾、五保户去养老院 13.79%
- 老人独居 6.90%
- 子女或亲人照顾、老人独居 10.34%
- 子女或亲人照顾 68.97%

(b) 东部地区样点村
- 子女或亲人照顾、老人独居 25.00%
- 子女或亲人照顾 75.00%

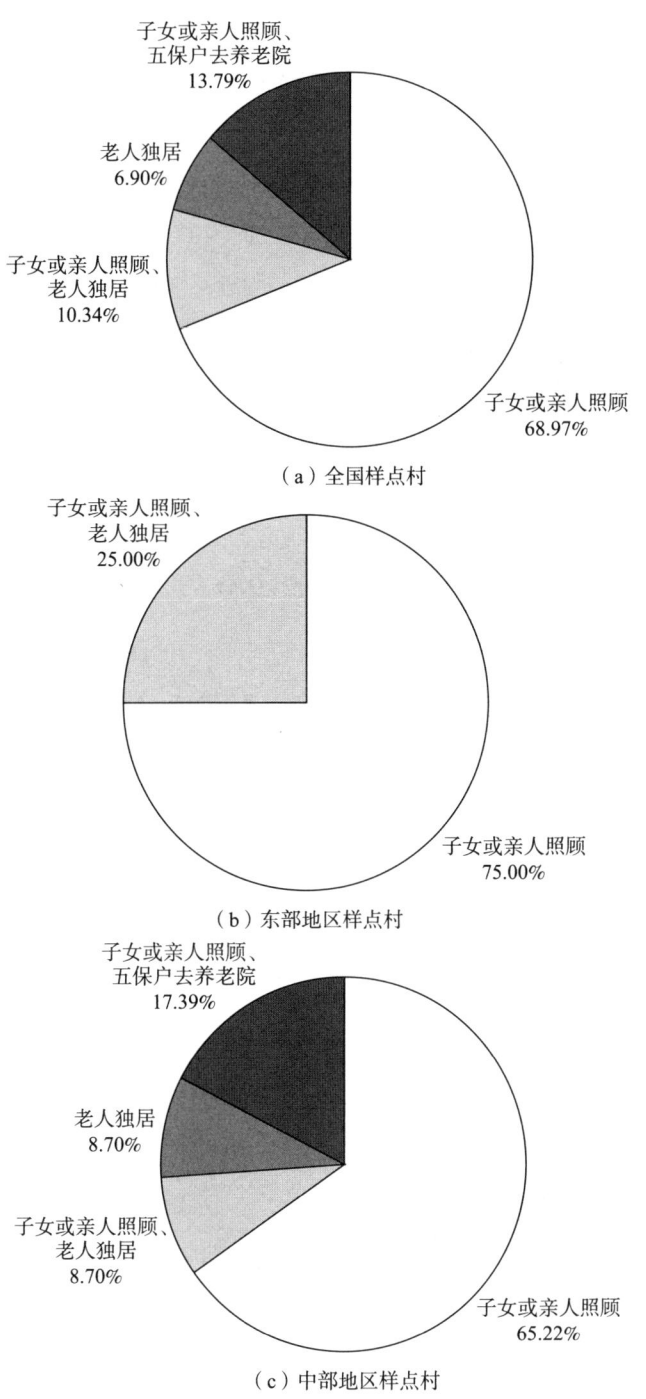

(c) 中部地区样点村
- 子女或亲人照顾、五保户去养老院 17.39%
- 老人独居 8.70%
- 子女或亲人照顾、老人独居 8.70%
- 子女或亲人照顾 65.22%

图 4-15　各地区样点村养老的主要方式

(十二) 样点村小学教育现状

与附近小学的距离可以反映农村教育资源配置的合理程度和教育布局的优化程度,各地区样点村与附近小学的距离统计情况如图4-16所示。在全国样点村中,与附近小学的距离为0~2km的占比为50.00%,距离为2~4km的占比为21.43%,距离为4~6km的占比为17.86%,距离为6~8km的占比为10.71%。其中,东部地区样点村与附近小学的距离为0~2km的占比为50.00%,距离为2~4km的占比为25.00%,距离为4~6km的占比为25.00%;中部地区样点村与附近小学的距离为0~2km的占比为45.45%,距离为2~4km的占比为22.73%,距离为4~6km的占比为18.18%,距离为6~8km的占比为13.64%;西部地区样点村与附近小学距离为0~2km的占比为100.00%。因此,东部地区、中部地区、西部地区样点村与附近小学的距离大部分在2km之内,教育便利程度整体较高,便于农村小学生接受有质量的教育。

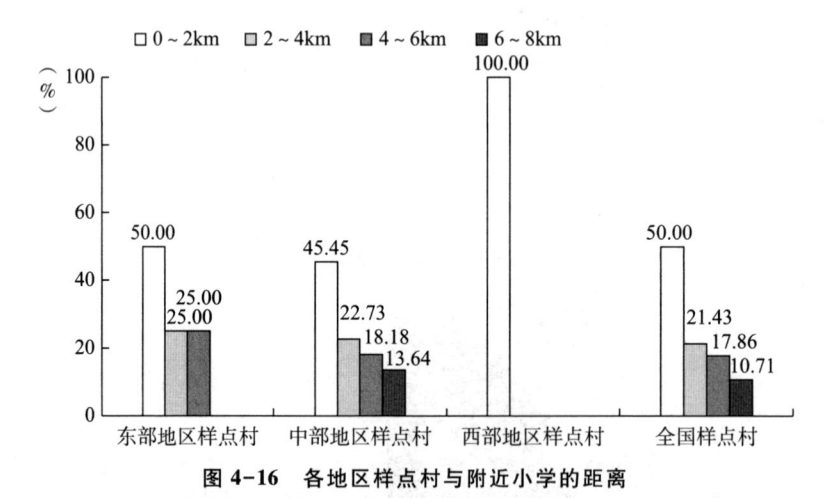

图4-16 各地区样点村与附近小学的距离

(十三) 样点村集市交易现状

各地区样点村与附近较大型集市的距离可以反映村民通过集市进行交易的便利程度。在全国样点村中,与附近较大型集市的距离为0~2km的占比为22.22%;距离为2~4km的占比为29.63%;距离为4~6km的占比最大,为33.33%,距离为6~8km的占比最小,为14.81%。

其中，东部地区样点村与附近较大型集市的距离为0~2km的占比为50.00%，距离为4~6km的占比为50.00%；中部地区样点村与附近较大型集市的距离为0~2km的占比为13.64%，距离为2~4km的占比为36.36%，距离为4~6km的占比为31.82%，距离为6~8km的占比为18.18%；西部地区样点村与附近较大型集市的距离为0~2km的占比为100.00%。因此，东部地区、中部地区、西部地区样点村与附近较大型集市的远近情况有所差异，东部地区样点村与附近较大型集市的距离主要为0~2km和4~6km，说明该地区不同村庄集聚交易的便利程度相差较大；中部地区样点村与附近较大型集市的距离主要为2~4km和4~6km，集聚交易的便利程度相对偏低；西部地区样点村与附近较大型集市的距离普遍为0~2km（见图4-17），交易便利程度较高。

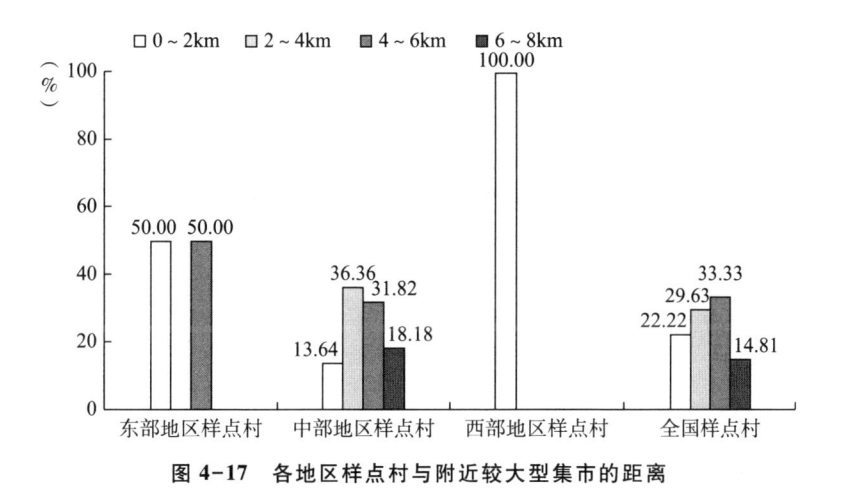

图4-17 各地区样点村与附近较大型集市的距离

第二节 资源匮乏型村庄发展状态评价

一 评价指标体系的构建

村庄的基础设施和公共服务为发展村庄生产和村民生活提供了基

本保障,是评价村庄发展状态的重要参考依据。通过查阅文献并召开研讨会论证,考虑到调研的资源匮乏型村庄居住人群以中老年和文化程度一般的村民为主,可能难以全面理解"生态脆弱性""基础设施承载能力""资源禀赋"等学术概念,同时村庄的硬件设施和公共服务种类繁多,因此,采取指标综合评价法对村庄发展的基础条件进行分析评价。问卷着眼于收集村民在村庄内日常生活所感受的信息,用部分贴近生活的指标反映村庄资源匮乏状态,剩余衡量村庄发展状态的指标,主要在后续章节中对资源匮乏型村庄识别和分类时进行论证。

根据问卷内容,在将农业生产、农村生活、农村生态环境和农村社会发展四个大类作为一级指标(目标层)的基础上,根据调研数据特征,进一步拟定了两级指标,其中,二级指标共25项,部分二级指标下再细分若干三级指标。指标体系涵盖农田水利、供水供电、饮水能源、交通道路、医疗文化、环境卫生、社保服务、休闲娱乐、教育养老等方面,具体如表4-3所示。

表4-3 村庄发展的基础条件评价指标体系

目标层	指标层	
农业生产	农业现代化	村民主要耕作方式
		农机来源
	农产品交易市场	
	现代化农业基地	
农村生活	村民主要用水来源	
	村民主要使用能源	
	村庄对外交通状况	
	村内道路条件	村内道路情况
		主要道路是否安装路灯
	是否户户通电	
	是否户户通网	

续表

目标层	指标层	
农村生态环境	污水处理情况	村内排水情况
		生活污水是否为集中处理
		周边是否有污水处理设施
	生活垃圾是否为集中处理	
	是否实现改厕	
	村内是否制订专门的环境保护方案	
	是否有专门的绿化建设	
	村内空地主要使用情况	
农村社会发展	休闲娱乐设施	村内是否有村民广场
		村民广场是否有专人打理
		村内是否有其他文化站
	村内是否有卫生站	
	村内是否制订住房保障的相关方案	
	村民是否办理社保	
	是否曾组织劳动技能培训	
	是否有金融服务的普及	
	养老	村内赡养老人的主要方式
		附近的养老院距离
	教育	附近的幼儿园距离
		附近的小学距离
	附近的电子商务配送点距离	
	附近的较大型集市距离	

二 指标赋值与权重测度

为方便统计，对每个项目最高级别赋值 1 分，最低级别赋值 0 分。每个评价项目的可选项个数不同，因此指标评分等级也不尽相同。最多分级为 6 级，如附近的养老院距离；最少分级为 2 级，如是否户户通电。农业生产、农村生活、农村生态环境和农村社会发展对保障和改善村庄基础发展水平的贡献程度相当，各二级指标在评价一级指标时重要性相当且相互独立,因此一级指标、二级指标的权重均可设为相同值。在对含有三级指标的二级指标进行综合评价时,根据每项次级指标反映村庄发展基础条件的程度设定权重,然后通过加权平均的方法依次得到二级指标和一级指标的评价得分。对各项指标进行逐项打分,最后加权得出每个村庄的综合得分作为该村庄发展基础条件的评分。最高得分为1分,综合得分越高,说明该村庄生活发展的基础水平越高。公式如下,其中样点村基础设施的评分规则采用了逐层加权求和的方式,确保了所得评分的科学性和合理性,具体见表4-4。

$$Z = 0.25Q_1 + 0.25Q_2 + 0.25Q_3 + 0.25Q_4$$

$$q_1 = 0.6q_1^1 + 0.4q_1^2$$

$$q_7 = 0.7q_7^1 + 0.3q_7^2$$

$$q_{10} = 0.4q_{10}^1 + 0.4q_{10}^2 + 0.2q_{10}^3$$

$$q_{16} = 0.5q_{16}^1 + 0.2q_{16}^2 + 0.3q_{16}^3$$

$$q_{22} = 0.7q_{22}^1 + 0.3q_{22}^2$$

$$q_{23} = 0.4q_{23}^1 + 0.6q_{23}^2$$

表4-4 样点村基础设施的评分规则

项目评价		评价指标及赋值	
农业生产 Q_1	农业现代化 q_1	村民主要耕作方式 q_1^1	手动耕作(0)、混合耕作(0.5)、机械耕作(1)
		农机来源 q_1^2	无(0)、租用别人(0.33333)、集体提供(0.66667)、自己购买使用(1)
	农产品交易市场 q_2		无(0)、有(未涉及距离)+20km以上(0.2)、10~20km(0.4)、5~10km(0.6)、2~5km(0.8)、2km以内+下乡收购(1)
	现代化农业基地 q_3		无(0)、筹备建设中(0.33333)、一个(0.66667)、两个及以上(1)

续表

项目评价	评价指标及赋值		
农村生活 Q_2	村民主要用水来源 q_4		井水（0）、自来水+井水（0.5）、自来水（1）
	村民主要使用能源 q_5		柴火、煤块（0）、液化石油气（0.5）、电力、天然气（1）
	村庄对外交通状况 q_6		不满意（0）、满意但提出意见（0.5）、满意（1）
	村内道路条件 q_7	村内道路情况 q_7^1	水泥路、石板路（0）、水泥路+柏油路（0.5）、柏油路（1）
		主要道路是否安装路灯 q_7^2	否（0）、是（1）
	是否户户通电 q_8		否（0）、是（1）
	是否户户通网 q_9		否（0）、70%通网（0.5）、是（1）
农村生态环境 Q_3	污水处理情况 q_{10}	村内排水情况 q_{10}^1	没有铺设雨水管道和污水管道（0）、建成一个但未启用（0.33333）、建成一个（0.66667）、建成两个及以上（1）
		生活污水是否为集中处理 q_{10}^2	未开展（0）、少部分实现（0.33333）、大部分实现（0.66667）、全部实现（1）
		周边是否有污水处理设施 q_{10}^3	没有（0）、在建（0.33333）、建成一个（0.66667）、建成两个及以上（1）
	生活垃圾是否为集中处理 q_{11}		未开展（0）、少部分实现（0.33333）、大部分实现（0.66667）、全部实现（1）
	是否实现改厕 q_{12}		未开展（0）、少部分实现（0.33333）、大部分实现（0.66667）、全部实现（1）
	村内是否制订专门的环境保护方案 q_{13}		无（0）、筹备制订中（0.33333）、已制订一个（0.66667）、已制订两个及以上（1）
	是否有专门的绿化建设 q_{14}		无（0）、筹备建设中（0.5）、已建设完成（1）
	村内空地主要使用情况 q_{15}		空着没用（0）、放东西（0.3333）、种地（0.66667）、无空地（1）

续表

项目评价			评价指标及赋值
农村社会发展 Q_4	休闲娱乐设施 q_{16}	村内是否有村民广场 q_{16}^1	无（0）、筹备建设中（0.2）、有且面积在100平方米以下（0.4）、面积为100~300平方米（0.6）、面积为300~500平方米或设施有两类以上（0.8）、面积在500平方米以上且设施有两类以上（1）
		村民广场是否有专人打理 q_{16}^2	没有（0）、有（1）
		村内是否有其他文化站 q_{16}^3	无（0）、筹备建设中（0.2）、有且面积在100平方米以下（0.4）、面积为100~150平方米（0.6）、面积为150~200平方米（0.8）、面积在200平方米以上（1）
	村内是否有卫生站 q_{17}		没有（0）、有但提出意见（0.5）、有（1）
	村内是否制订住房保障的相关方案 q_{18}		无（0）、筹备制订中（0.25）、已制订一种措施（0.5）、已制订两种措施（0.75）、已制订三种及以上措施（1）
	村民是否办理社保 q_{19}		未办理（0）、少部分办理（0.33333）、大部分办理（0.66667）、全部办理（1）
	是否曾组织劳动技能培训 q_{20}		没有（0）、筹备组织中（0.2）、有一类但内容不丰富（0.4）、有一类且内容丰富（0.6）、有两类（0.8）、有三类及以上（1）
	是否有金融服务的普及 q_{21}		无（0）、筹备组织中（0.2）、有1种（0.4）、有两种（0.6）、有三种（0.8）、有四种及以上（1）
	养老 q_{22}	村内赡养老人的主要方式 q_{22}^1	老人独居（0）、养老院（0.5）、子女或亲人照顾（1）
		附近的养老院距离 q_{22}^2	无（0）、15km以上（0.2）、10~15km（0.4）、5~10km（0.6）、1~5km（0.8）、1km以内（1）
	教育 q_{23}	附近的幼儿园距离 q_{23}^1	无（0）、15km以上（0.2）、10~15km（0.4）、5~10km（0.6）、2~5km（0.8）、2km以内（1）
		附近的小学距离 q_{23}^2	无（0）、15km以上（0.2）、10~15km（0.4）、5~10km（0.6）、2~5km（0.8）、2km以内（1）

续表

项目评价	评价指标及赋值	
农村社会发展 Q_4	附近的电子商务配送点距离 q_{24}	无或15km以上（0）、10~15km（0.2）、5~10km（0.4）、2~5km（0.6）、2km以内（0.8）、配送到户（1）
	附近的较大型集市距离 q_{25}	无（0）、10及10km以上（0.2）、7~9km（0.4）、5~7km（0.6）、3~5km（0.8）、3km以内（1）

三 村庄发展的基础条件评价

根据调研结果及评价体系，对各地区样点村进行了基础条件评价。最高分是东部地区的下淤村，为 0.8515；最低分是中部地区的黄新庄村，为 0.2368；平均分为 0.5680。同时，东部地区样点村的基础条件平均分为 0.6520，中部地区样点村的基础条件平均分为 0.5626，西部地区样点村的基础条件平均分为 0.4617，如图 4-18 所示。因此，在 3 个地区的样点村中，东部地区样点村的基础条件整体水平最高，其次是中部地区样点村，最后是西部地区样点村。

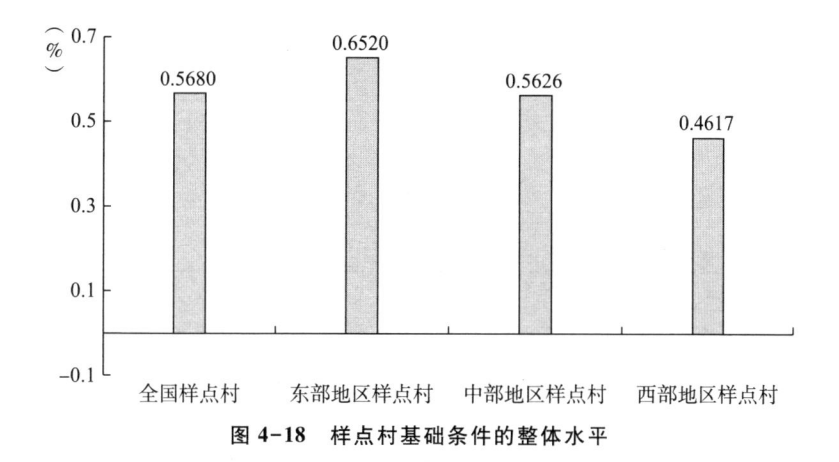

图 4-18 样点村基础条件的整体水平

通过整体评价可以对样点村基础条件的整体水平进行比较，但是难以了解样点村每一个维度的基础条件水平，因此根据调研结果及评价体系，对样点村从农村基础条件的四个维度——农业生产、农村生活、农村生态环境、农村社会发展进行了评价，结果如表4-5所示。

表4-5 样点村基础条件的分维度水平

地区	农业生产	农村生活	农村生态环境	农村社会发展
东部	0.4500	0.7271	0.8375	0.5936
中部	0.3435	0.7315	0.5935	0.5818
西部	0.2667	0.6333	0.4333	0.5133
全国	0.3529	0.7241	0.6161	0.5787

在农业生产方面，全国样点村农业生产类的基础条件水平平均分为0.3529。东部地区样点村农业生产类的基础条件水平平均分为0.4500；中部地区样点村农业生产类的基础条件水平平均分为0.3435；西部地区样点村农业生产类的基础条件水平平均分为0.2667，如图4-19所示。因此，在3个地区的样点村中，东部地区的样点村农业生产类的基础条件水平最高，其次是中部地区样点村，最后是西部地区样点村。

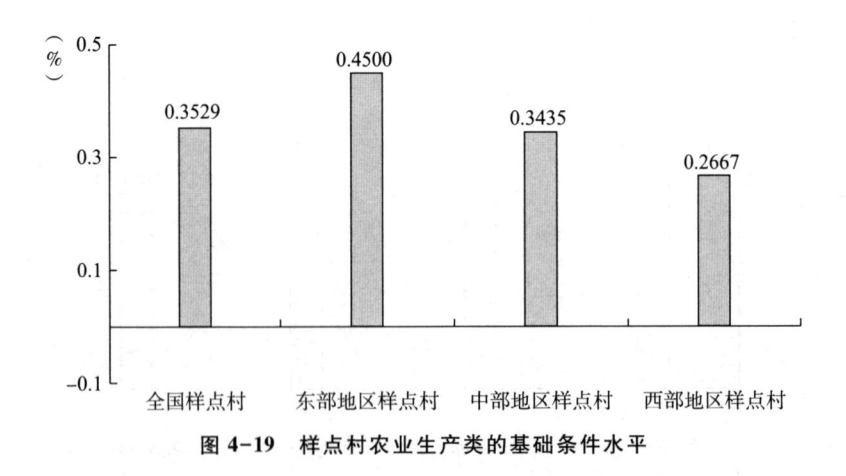

图4-19 样点村农业生产类的基础条件水平

在农村生活方面，全国样点村农村生活类的基础条件水平平均分为0.7241。同时，东部地区样点村农村生活类的基础条件水平平均分为0.7271；中部地区样点村农村生活类的基础条件水平平均分为0.7315；

西部地区样点村农村生活类的基础条件水平平均分为0.6333,如图4-20所示。因此,在3个地区的样点村中,中部地区的样点村农村生活类的基础条件水平最高,其次是东部地区样点村,最后是西部地区样点村。

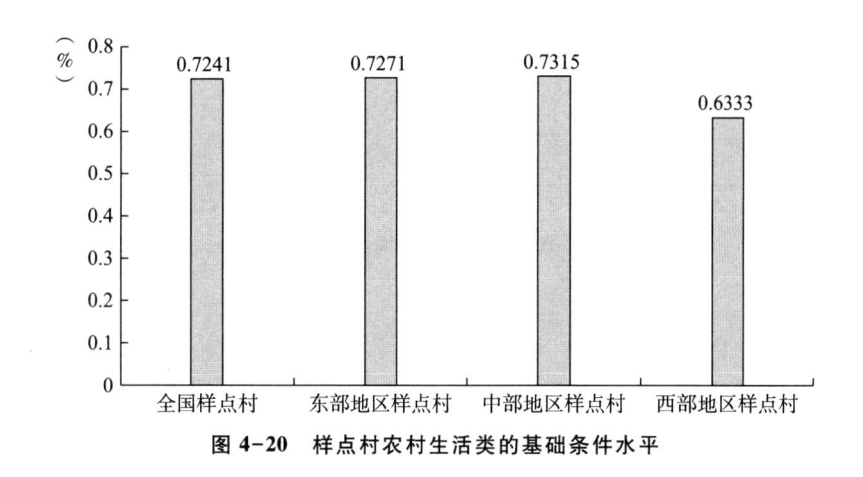

图4-20 样点村农村生活类的基础条件水平

在农村生态环境方面,全国样点村农村生态环境类的基础条件水平平均分为0.6161。同时,东部地区样点村农村生态环境类的基础条件水平平均分为0.8375;中部地区样点村农村生态环境类的基础条件水平平均分为0.5935;西部地区样点村农村生态环境类的基础条件水平平均分为0.4333,如图4-21所示。因此,在3个地区的样点村中,东部地区的样点村农村生态环境类的基础条件水平最高,其次是中部地区样点村,最后是西部地区样点村。

在农村社会发展方面,全国样点村农村社会发展类的基础条件水平平均分为0.5787。同时,东部地区样点村农村社会发展类的基础条件水平平均分为0.5936;中部地区样点村农村社会发展类的基础条件水平平均分为0.5818;西部地区样点村农村社会发展类的基础条件水平平均分为0.5133,如图4-22所示。因此,在3个地区的样点村中,东部地区的样点村农村社会发展类的基础条件水平最高,其次是中部地区样点村,最后是西部地区样点村。

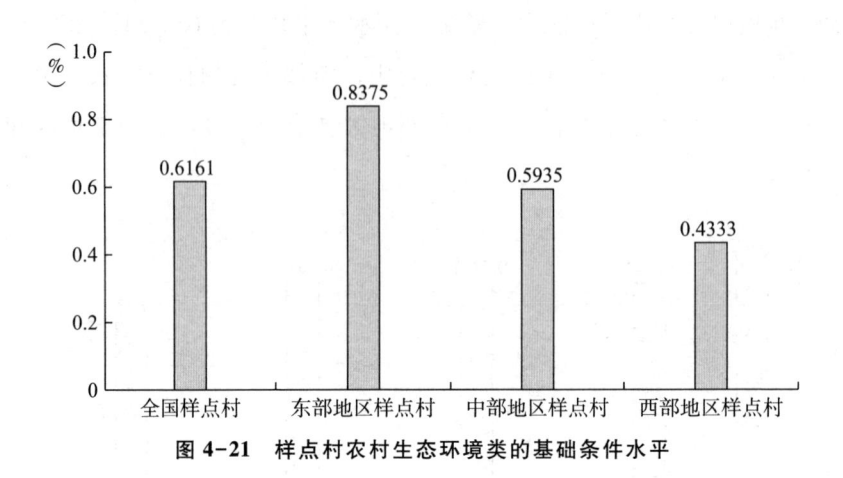

图 4-21 样点村农村生态环境类的基础条件水平

图 4-22 样点村农村社会发展类的基础条件水平

第三节 基于 IPA 的资源匮乏型村庄发展问题识别

一 资源匮乏型村庄发展问题的识别指标

选取 F1~F13 共 13 个指标（见表 4-6），运用 IPA 分析法识别资源匮乏型村庄的发展问题。IPA 分析法是对指标重要性和满意度进行评价的一种方法，这里通过处理调研所得数据，得到 13 个指标的平均重要性和平均满意度，依照平均重要性和平均满意度划分为四个象限，再根据各指标在四个象限中的分布情况，识别各资源匮乏型村庄存在的问题。因洪琴村重要性数据缺失，故本节仅讨论28个样点村。

表4-6 资源匮乏型村庄发展问题的识别指标

编号	指标
F1	农业生产
F2	道路建设
F3	农村电网
F4	农村饮水
F5	农村能源
F6	污水、垃圾处理
F7	农村改厕
F8	环境资源保护
F9	小学教育
F10	医疗、文化
F11	养老院、敬老院
F12	电子商务配送
F13	社会生活保障

二 全国样点村各指标在象限图中的分布情况

在IPA象限图中，第一象限为优势区，分布在该象限的指标重要性与满意度均较高。第二象限为维持参考区，分布在该象限的指标重要性不高，但满意度较高。第三象限为机会修改区，分布在该象限的指标重要性与满意度均不高，说明这些指标的潜在价值还未经改造和挖掘。第四象限为亟须改进区，分布在该象限的指标重要性高但满意度低，属于亟须改造的痛点。

根据全国28个样点村的IPA象限分布情况（由于数据量较大，而且靠近的点较多，故进行了优化）见图4-23，统计结果见表4-7。

图 4-23 全国样点村的 IPA 象限分布情况

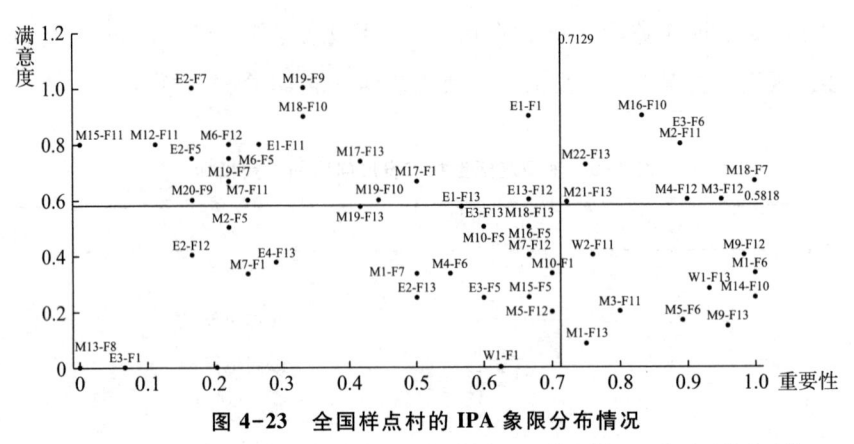

注：图中 E 表示东部地区样点村，M 表示中部地区样点村，W 表示西部地区样点村，F 是村庄发展问题的识别指标；0.7129 是划分重要性程度的临界值，0.5818 是划分满意度程度的临界值。

表 4-7 全国样点村各指标的象限分布情况

单位：个

指标	第一象限	第二象限	第三象限	第四象限
F1	0	8	12	8
	0	29%	43%	29%
F2	2	0	3	23
	7%	0	11%	82%
F3	23	4	0	1
	82%	14%	0	4%
F4	20	1	2	5
	71%	4%	7%	18%
F5	5	5	15	3
	18%	18%	54%	11%
F6	13	2	1	12
	46%	7%	4%	43%
F7	7	15	1	5
	25%	54%	4%	18%
F8	4	10	3	11
	14%	36%	11%	39%

续表

指标	第一象限	第二象限	第三象限	第四象限
F9	22	5	1	0
	79%	18%	4%	0
F10	9	7	0	12
	32%	25%	0	43%
F11	5	17	4	2
	18%	61%	14%	7%
F12	10	11	4	3
	36%	39%	14%	11%
F13	4	6	8	10
	14%	21%	29%	36%

在全国28个样点村中，12个村庄的F1（农业生产）在第三象限，即机会修改区，占比为43%；8个村庄的F1在第二象限，即维持参考区，占比为29%；8个村庄的F1在第四象限，即亟须改进区，占比为29%。

23个村庄的F2（道路建设）在第四象限，即亟须改进区，占比为82%；3个村庄的F2在第三象限即机会修改区，占比为11%；2个村庄的F2在第一象限即优势区，占比为7%。

23个村庄的F3（农村电网）在第一象限，即优势区，占比为82%；4个村庄的F3在第二象限，即维持参考区，占比为14%；1个村庄的F3在第四象限即亟须改进区，占比为4%。

20个村庄的F4（农村饮水）在第一象限，即优势区，占比为71%；5个村庄的F4在第四象限，即亟须改进区，占比为18%；2个村庄的F4在第三象限即机会修改区，占比为2%；1个村庄的F4在第二象限，即维持参考区，占比为4%。

15个村庄的F5（农村能源）在第三象限，即机会修改区，占比为54%；5个村庄的F5在第一象限，即优势区，占比为18%；5个村庄的F5在第二象限，即维持参考区，占比为18%；3个村庄的F5在第四象限，即亟须改进区，占比为11%。

13个村庄的F6（污水、垃圾处理）在第一象限，即优势区，占比为46%；12个村庄的F6在第四象限，即亟须改进区，占比为43%；2个村庄的F6在第二象限，即维持参考区，占比为7%；1个村庄的F6在第三象限，即机会修改区，占比为4%。

15个村庄的F7（农村改厕）在第二象限，即维持参考区，占比为54%；7个村庄的F7在第一象限，即优势区，占比为25%；5个村庄的F7在第四象限，即亟须改进区，占比为18%；1个村庄的F7在第三象限，即机会修改区，占比为4%。

11个村庄的F8（环境资源保护）在第四象限，即亟须改进区，占比为39%；10个村庄的F8在第二象限，即参考维持区，占比为36%；4个村庄的F8在第一象限，即优势区，占比为14%；3个村庄的F8在第三象限，即机会修改区，占比为11%。

22个村庄的F9（小学教育）在第一象限，即优势区，占比为79%；5个村庄的F9在第二象限，即维持参考区，占比为18%；1个村庄的F9在第三象限，即机会修改区，占比为4%。

12个村庄的F10（医疗、文化）在第四象限，即亟须改进区，占比为43%；9个村庄的F10在第一象限，即优势区，占比为32%；7个村庄的F10在第二象限，即维持参考区，占比为25%。

17个村庄的F11（养老院、敬老院）在第二象限，即维持参考区，占比为61%；5个村庄的F11在第一象限，即优势区，占比为18%；4个村庄的F11在第三象限，即机会修改区，占比为14%；2个村庄的F11在第四象限，即亟须改造区，占比为7%。

11个村庄的F12（电子商务配送）在第二象限，即维持参考区，占比为39%；10个村庄的F12在第一象限，即优势区，占比为36%；4个村庄的F12在第三象限，即机会修改区，占比为14%；3个村庄的F12在第四象限，即亟须改进区，占比为11%。

10个村庄的F13（社会生活保障）在第四象限，即亟须改进区，占比为36%；8个村庄的F13在第三象限，即机会修改区，占比为

29%；6个村庄的F13在第二象限，即维持参考区，占比为21%；4个村庄的F13在第一象限，即优势区，占比为14%。

接下来，基于各象限村庄的特征并结合地理位置等因素分析调研村庄出现差异的原因。总体来说，西部地区的资源匮乏型村庄衰落程度更深一些，尤其在农业生产、道路建设、环境资源保护、社会生活保障等方面，西部地区样点村庄都处于亟须改进区；相比之下，东部地区和中部地区的资源匮乏型村庄的衰落程度较浅一些。事实上，这种空间分布状态与我国的经济发展路径和重心相一致，东部地区是我国最早开放、最先发展、最有贸易优势的区域，存在着城市对乡村的技术溢出和资本溢出，城乡发展较为均衡；西部地区由于区位偏远、交通不便、资源不足，采用了集中发展大城市的战略，城市发展吸引了大量的农村青壮年劳动力，导致村庄资源匮乏程度加剧。

三 各类发展状态下样点村的典型问题分析

根据不同指标在四象限分布的相似程度，可将所有样点村主要分为5种发展状态，如表4-8所示。同时依照各类发展状态的特征，在每类中选取一个典型样点村进行分析。

表4-8 样点村发展状态分类

类别	村庄
发展状态一	平底村、黄新庄村、蔡胡庄村
发展状态二	青阳村、桥四楼村、关庄村、李庄村、张楼村、前河村
发展状态三	东庄村、库山村、长凤村、三增村
发展状态四	九步、上村头村、五春村、民主村
发展状态五	下淤村、定潭村、双源村、昌溪村、永丰村
非典型发展状态	郭楼村、皂角村、齐武村、昌中村、莘田村、梓桐村

（一）第一类发展状态下典型样点村的问题分析

选取黄新庄村作为第一类发展状态中的典型村庄进行分析（见图

4-24)。对于黄新庄村，有 F3（农村电网）、F4（农村饮水）和 F9（小学教育）三个指标落在第一象限，即优势区；有 F11（养老院、敬老院）和 F12（电子商务配送）落在第三象限，即机会修改区；F1（农业生产）、F2（道路建设）、F5（农村能源）、F6（污水、垃圾处理）、F7（农村改厕）、F8（环境资源保护）、F10（医疗、文化）、F13（社会生活保障）落在第四象限，即亟须改进区，没有指标落在第二象限，即维持参考区。可见，在构建新型城乡关系、乡村振兴的大背景下，对于此类发展状态的村庄，电网、饮水和教育这三类民生工程得到了较大幅度的改善，说明当地政策着重聚焦于此类村庄的水、电等基础设施方面；养老和配送服务的重要性和满意度都不高，说明村民对此类公共服务的需求相对不紧迫，也表明当地对村庄养老和配送保障服务的重视程度不够，支持力度不足；农业生产，道路建设，农村能源，污水、垃圾处理，农村改厕，环境资源保护，医疗、文化和社会生活保障这几个指标的重要性高，但满意度较低，表明村民对上述各方面的需求迫切，但村庄现有状态难以满足村民的需求。

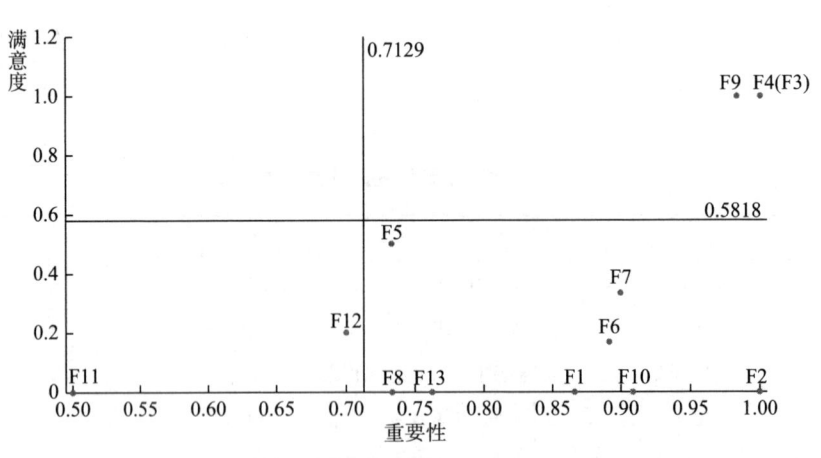

图 4-24 黄新庄村 IPA 象限分布

（二）第二类发展状态下典型样点村的问题分析

选取李庄村作为第二类发展状态中的典型村庄进行分析（见图 4-25）。对于李庄村，有 F3（农村电网）、F4（农村饮水）、F5（农村能源)、F9(小学教育)、F11(养老院、敬老院)和 F12(电子商务配送)6 个指标落在第一象限,即优势区;有 F1(农业生产)、F2(道路建设)、F6(污水、垃圾处理)、F7(农村改厕)、F8(环境资源保护)、F10(医疗、文化)和 F13(社会生活保障)落在第四象限,即亟须改进区,没有指标落在第二象限和第三象限,如图 4-25 所示。可见,对于第二类发展状态的村庄,农村电网,农村饮水,农村能源,小学教育,养老院、敬老院和电子商务配送这几类涉及民生的基础条件较好,说明当地政府除了关注硬件设施等基础方面外,也在着力推动教育、养老等普惠性非基本公共服务供给,且对其的投入已有了一定的成效;农业生产,道路建设,污水、垃圾处理,农村改厕,环境资源保护,医疗、文化和社会生活保障这几个指标的重要性高,但满意度较低,说明这些基础设施和公共服务是此类村庄发展的短板,村庄的公共服务质量未得到根本提升。

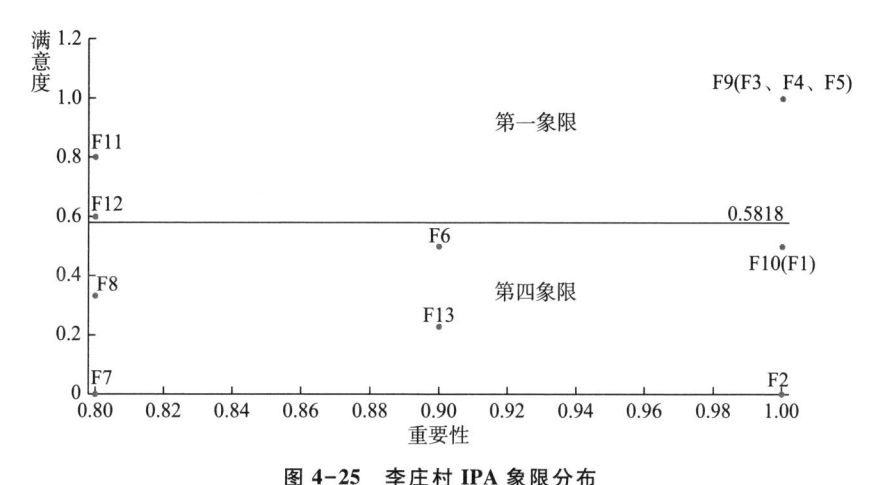

图 4-25 李庄村 IPA 象限分布

注:没有指标落在第二、第三象限内。

(三)第三类发展状态下典型样点村的问题分析

选取库山村作为第三类发展状态中的典型村庄进行分析(见图 4-26)。对于库山村,有 F3(农村电网)、F4(农村饮水)、F6(污水、垃圾处理)、F7(农村改厕)、F9(小学教育)、F10(医疗、文化)、

F13（社会生活保障）落在第一象限，即优势区；有F11（养老院、敬老院）落在第二象限，即维持参考区；有F1（农业生产）、F5（农村能源）、F12（电子商务配送）落在第三象限，即机会修改区；有F2（道路建设）、F8（环境资源保护）落在第四象限，即亟须改进区。可见，对于第三类发展状态的农村，农村电网、农村饮水、污水、垃圾处理、农村改厕、小学教育、医疗、文化和社会生活保障这几类民生工程条件较好，可以最大限度地满足村民的现实需求，说明当地政府对于村庄基础设施建设和公共服务供给的投入成效明显；养老服务的重要性不高，但满意度较高，这可能是随着年轻人口的流出，村庄孝文化逐渐流失，家庭式养老不再成为主流，而当地政府对养老服务又较为重视，因此，划拨了充足经费建设养老院，为村庄老人提供较优质的养老服务；农业生产、农村能源和电子商务配送的重要性和满意度都不高，说明此类村庄年轻人口流出较多，村庄整体对于商务配送的需求不大，也表明当地政府对于基础设施和公共服务的供给主要倾向于改善村民生活条件，而对于生产性基础设施和改善性公共服务的重视程度不够；道路建设、环境资源保护这两个指标的重要性高但满意度较低，可能由于此类村庄处于贫困地区且自然环境较恶劣，建设道路和改善环境的难度较大，投资成本较高，因此着重凸显"短缺"矛盾。

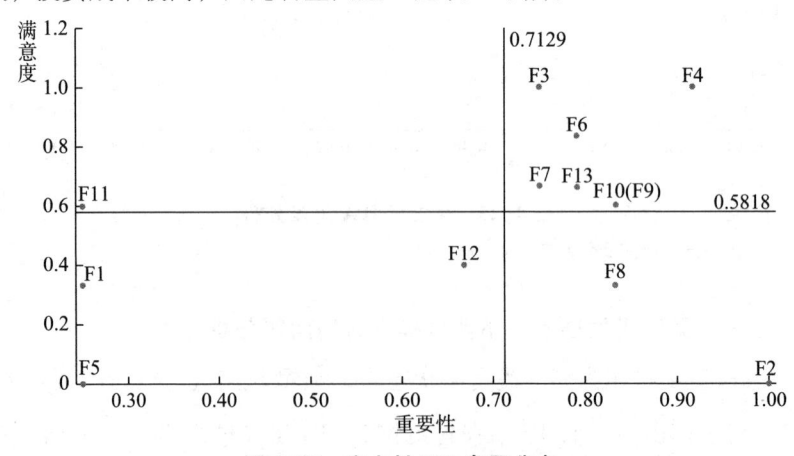

图4-26 库山村IPA象限分布

(四) 第四类发展状态下典型样点村的问题分析

选取民主村作为第四类发展状态中的典型村庄进行分析（见图4-27）。对于民主村，有F9（小学教育）落在第一象限，即优势区；有F3（农村电网）、F4（农村饮水）、F7（农村改厕）、F8（环境资源保护）、F11（养老院、敬老院）、F12（电子商务配送）和F13（社会生活保障）落在第二象限，即维持参考区；F1（农业生产）和F5（农村能源）落在第三象限，即机会修改区；F2（道路建设）、F6（污水、垃圾处理）和F10（医疗、文化）落在第四象限，即亟须改进区。对于第四类发展状态的村庄而言，小学教育是一个显著的优势，乡村振兴战略及人们对教育的重视促使农村的教育资源得到了改善，农村在教育方面取得了一定的成效。农村电网，农村饮水，农村改厕，养老院、敬老院、电子商务配送和社会生活保障这几个指标的满意度高，但重要性低，说明该类发展状态的村庄在大部分的生活与生态环境基础设施和社会服务方面建设较好，这些生活与生态基础设施和社会服务方面的指标不被村民重视，是因为大部分村庄的年轻人并不生活在村里，而留在村里的老年人对这些现代化的基础设施和服务的需求相对较低。农业生产和农村能源的重要性和满意度都不高。在农业生产方面，一方面，在乡村振兴的政策下，当地政府把大量资源投入到更有成效的基础设施建设中；另一方面，大部分年轻人的外出导致村庄劳动力严重缺乏，而留下的老年人也并不以农业为生，因此对农业生产的重视程度也较低。在农村能源方面，生活在村里的老年人对村内能源需求不大，故农村能源的重要性和满意度都不高。道路建设，污水、垃圾处理和医疗、文化的重要性高，但满意度较低。在道路建设方面，道路建设需要大量的资金，但政府提供的建设资金并不充足，导致道路建设水平较低。在污水、垃圾处理方面，由于村庄人员分布不密集，难以大面积铺设污水处理管道，在污水、垃圾集中处理方面存在明显短板。

(五) 第五类发展状态下典型样点村的问题分析

选取双源村作为第五类发展状态中的典型村庄进行分析（见图4-

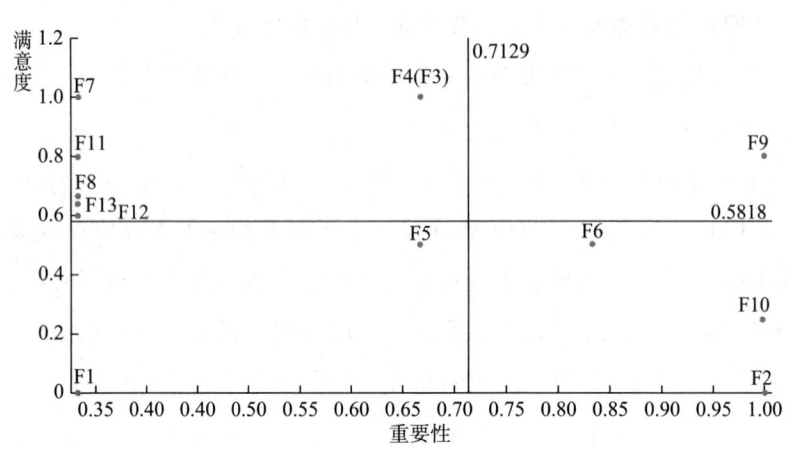

图 4-27 民主村 IPA 象限分布

28）。对于双源村，有 F3（农村电网）、F4（农村饮水）、F7（农村改厕）和 F9（小学教育）落在第一象限，即优势区；F1（农业生产）、F8（环境资源保护）、F10（医疗、文化）、F11（养老院、敬老院）和 F12（电子商务配送）落在第二象限，即维持参考区；F5（农村能源）和 F13（社会生活保障）落在第三象限，即机会修改区；F2（道路建设）和 F6（污水、垃圾处理）落在第四象限，即亟须改进区。农村电网、农村饮水、农村改厕和小学教育是该种发展状态村庄的优势，表明在实施乡村振兴战略的背景下，一些生活基础设施得到了显著的改善。农业生产，环境资源保护，医疗、文化，养老院、敬老院设施和电子商务配送这几个指标的满意度高，但重要性较低，说明该类发展状态的村庄在农业生产、环境资源保护及大部分的社会服务方面发展良好。同时，这也说明该类发展状态的村庄已经不再以农业生产为经济来源，并且大部分年轻人和老年人外出导致不重视环境资源保护措施、医疗与文化设施、养老设施和电子商务配送服务。农村能源和社会生活保障的重要性和满意度都不高。在农村能源方面，生活在农村的老年人对农村能源需求不高，因此农村能源的重要性和满意度都不高。在社会生活保障措施方面，一方面，当地政府将大量的资源投入到更易见成效的基础设施建设中；另一方面，大部分年轻人与老年人外出，并不依赖当地的社会生活保障措施,因此村民不重视此项指标。道路建设和污水、垃圾处理重要性高,但满意度较低,是亟须改造的重点。

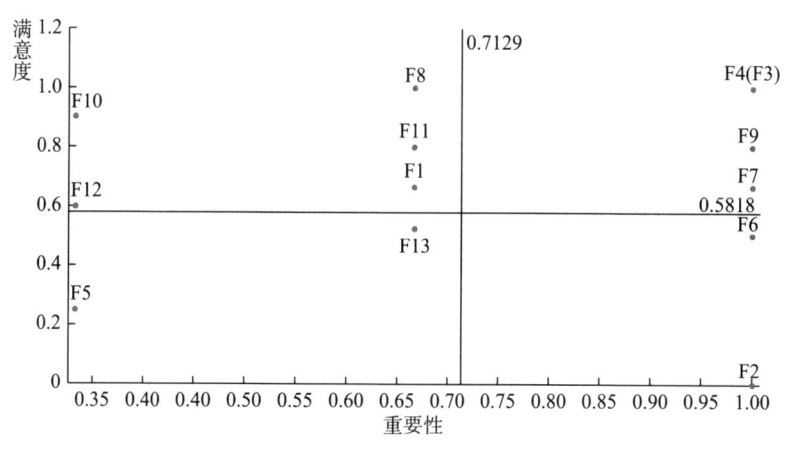

图 4-28 双源村 IPA 象限分布

(六)非典型发展状态下样点村的指标分布

选取郭楼村作为非典型状态下样点村的指标分布。对于郭楼村,有 F3(农村电网)、F4(农村饮水)、F9(小学教育)、F10(医疗、文化)、F12(电子商务配送)落在第一象限,即优势区;F7(农村改厕)、F11(养老院、敬老院)落在第二象限,即维持参考区;F1(农业生产)、F5(农村能源)、F6(污水、垃圾处理)、F8(环境资源保护)落在第三象限,即机会修改区;F2(道路建设)、F13(社会生活保障)落在第四象限,即亟须改进区,如图 4-29。

对于皂角村,有 F3(农村电网)、F4(农村饮水)、F6(污水、垃圾处理)、F9(小学教育)落在第一象限,即优势区;F5(农村能源)、F7(农村改厕)、F11(养老院、敬老院)落在第二象限,即维持参考区;F1(农业生产)、F8(环境资源保护)、F12(电子商务配送)、F13(社会生活保障)落在第三象限,即机会修改区;F2(道路建设)、F10(医疗、文化)落在第四象限,即亟须改进区,如图 4-30。

对于齐武村,有 F3(农村电网)、F6(污水、垃圾处理)、F9(小学教育)落在第一象限,即优势区;F7(农村改厕)、F8(环境资源保

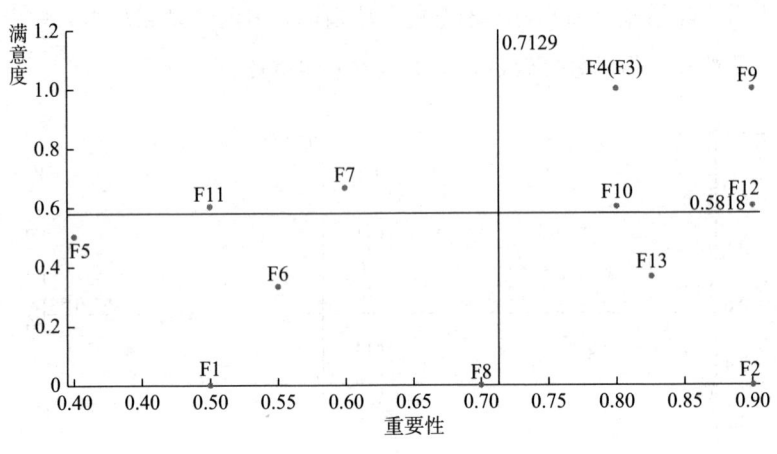

图 4-29　郭楼村 IPA 象限分布

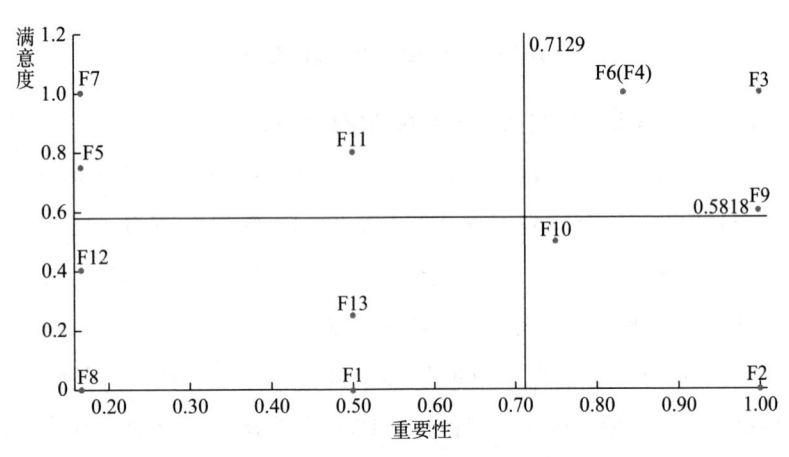

图 4-30　皂角村 IPA 象限分布

护)、F11(养老院、敬老院)、F12(电子商务配送)落在第二象限,即维持参考区;F1(农业生产)、F4(农村饮水)、F5(农村能源)、F13(社会生活保障)落在第三象限,即机会修改区;F2(道路建设)、F10(医疗、文化)落在第四象限,即亟须改进区,如图 4-31 所示。

对于昌中村,有 F3(农村电网)、F6(污水、垃圾处理)和 F10(医疗、文化)落在第一象限,即优势区;F7(农村改厕)、F8(环境资源保护)和 F13(社会生活保障)落在第二象限,即维持参考区;F1(农业生产)、F5(农村能源)、F9(小学教育)和 F11(养老院、敬老

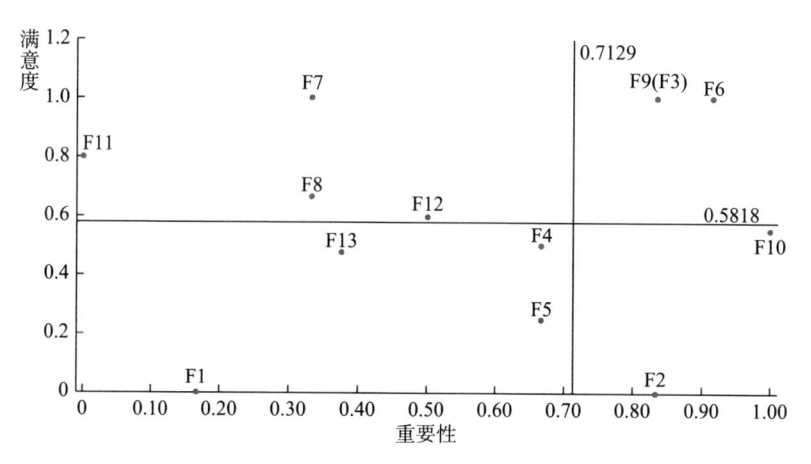

图 4-31 齐武村 IPA 象限分布

院）落在第三象限，即机会修改区；F2（道路建设）、F4（农村饮水）和 F12（电子商务配送）落在第四象限，即亟须改进区，如图 4-32 所示。

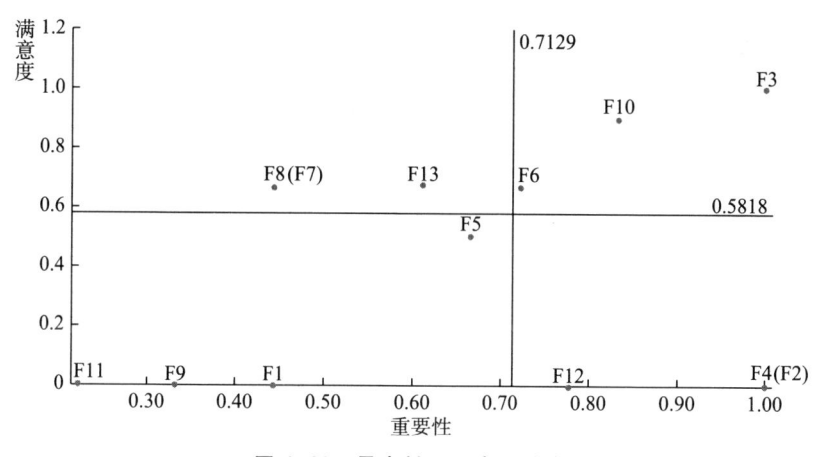

图 4-32 昌中村 IPA 象限分布

对于莘田村，有 F3（农村电网）、F4（农村饮水）、F6（污水、垃圾处理）、F8（环境资源保护）、F9（小学教育）、F12（电子商务配送）和 F13（社会生活保障）落在第一象限，即优势区；F1（农业生产）、F5（农村能源）、F7（农村改厕）、F10（医疗、文化）和 F11（养老院、敬老院）落在第二象限，即维持参考区；F2（道路建设）落在第四象限，即亟须改进区，如图 4-33。

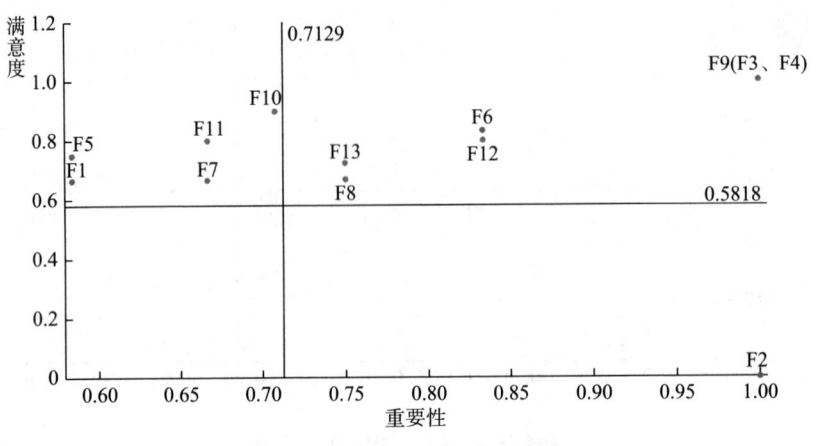

图 4-33 莘田村 IPA 象限分布

对于梓桐村，有 F3（农村电网）、F4（农村饮水）、F6（污水、垃圾处理）、F7（农村改厕）和 F13（社会生活保障）落在第一象限，即优势区；有 F9（小学教育）、F10（医疗、文化）、F11（养老院、敬老院）和 F12（电子商务配送）落在第二象限，即维持参考区；有 F1（农业生产）和 F5（农村能源）落在第三象限，即机会修改区；有 F2（道路建设）和 F8（环境资源保护）落在第四象限，即亟须改进区，如图 4-34 所示。

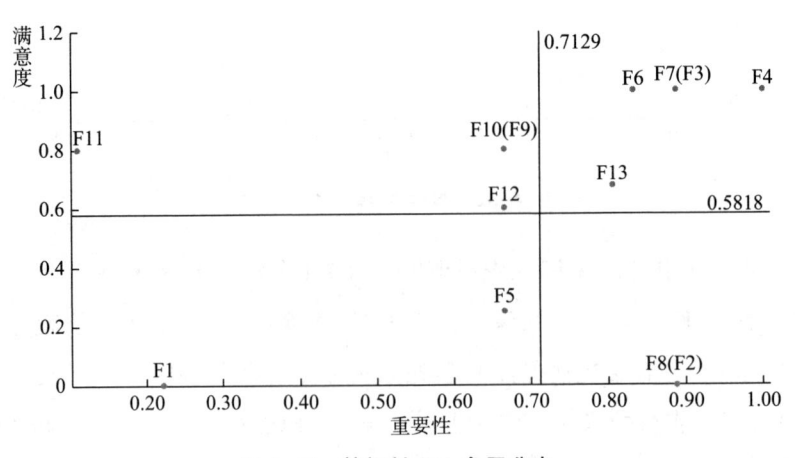

图 4-34 梓桐村 IPA 象限分布

第四节 基于样点村所在地区的异质性分析①

一 各地区样点村的指标象限分布差异分析

（1）在所有地区中，F1（农业生产）指标在第二象限，即维持参考区的占比在东部地区样点村中最大，为50.00%，50.00%东部地区样点村的F1在第三象限，即机会修改区。27.27%中部地区样点村的F1在第二象限，即维持参考区；45.45%中部地区样点村的F1在第三象限，即机会修改区；27.27%中部地区样点村的F1在第四象限，即亟须改进区。而西部地区样点村中没有F1在第二象限，100.00%西部地区样点村的F1在第四象限，即亟须改进区，如图4-35所示。

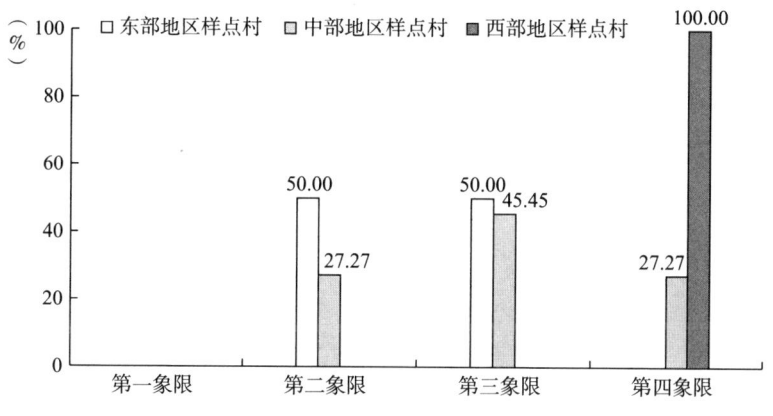

图4-35 各地区样点村的F1指标象限分布情况

（2）在所有地区中，F2（道路建设）在第一象限，即优势区在中部地区样点村中的占比最大，为9.09%，81.82%中部地区样点村的F2在第四象限，即亟须改进区；9.09%中部地区样点村的F2在第三象限，即机会修改区。东部地区样点村没有F2在第一象限，即优势区；75.00%的东部地区样点村的F2在第四象限，即亟须改进区；25.00%

---

① 与上节相同，本节讨论28个样点村的相关情况。

的东部地区样点村的 F2 在第三象限,即机会修改区。西部地区样点村没有 F2 在第一象限,即优势区,100.00% 的西部地区样点村的 F2 在第四象限亟须改进区,如图 4-36 所示。

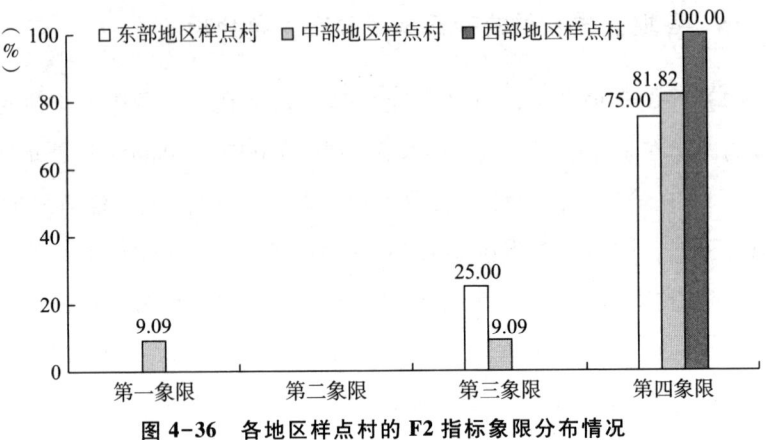

图 4-36　各地区样点村的 F2 指标象限分布情况

(3) 在所有地区中,F3(农村电网)在第一象限,即优势区的占比在中部地区样点村中最大,为 86.36%,13.64% 中部地区样点村的 F3 在第二象限,即维持参考区。其次是东部地区样点村,75.00% 东部地区样点村的 F3 在第一象限,即优势;25.00% 东部地区样点村的 F3 在第二象限,即维持参考区。最后是西部地区样点村,仅 50.00% 西部地区样点村的 F3 在第一象限,即优势区,其余 50.00% 西部地区样点村的 F3 在第四象限,即亟须改进区,如图 4-37 所示。

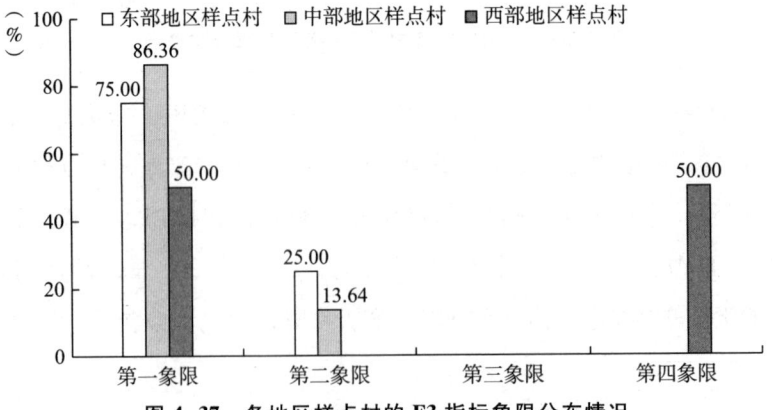

图 4-37　各地区样点村的 F3 指标象限分布情况

第四章 资源匮乏型村庄的现状认知与问题识别

(4) 在所有地区中，F4（农村饮水）指标在第一象限，即优势区的占比在东部地区样点村中最大，为75.00%，25.00%东部地区样点村的F4在第四象限，即亟须改进区。其次是中部地区样点村，72.73%中部地区样点村的F4在第一象限，即优势区，13.64%中部地区样点村的F4在第四象限，即亟须改进区，9.09%中部地区样点村的F4在第三象限，即机会修改区，4.55%中部地区样点村的F4在第二象限，即维持参考区。最后是西部地区样点村，仅50.00%西部地区样点村的F4在第一象限，即优势区，50.00%西部地区样点村的F4在第四象限，即亟须改进区，如图4-38所示。

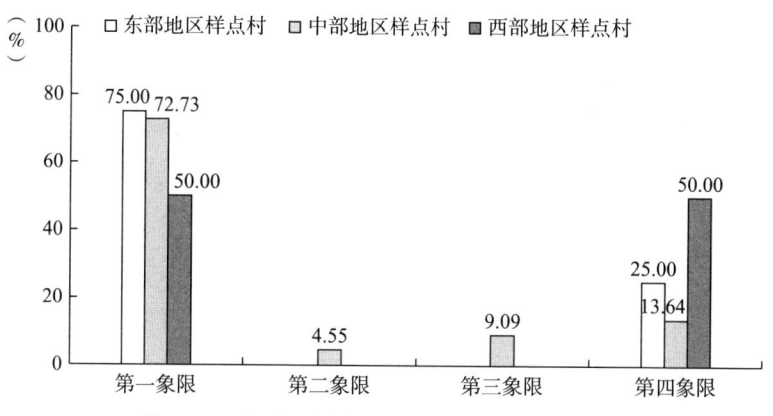

图4-38　各地区样点村的F4指标象限分布情况

(5) 在所有地区中，F5（农村能源）指标在第一象限，即优势区在西部地区样点村中的占比最大，为100.00%。其次是中部地区样点村，13.64%中部地区样点村的F5在第一象限，即优势区，59.09%中部地区样点村的F5在第三象限，即机会修改区，13.64%中部地区样点村的F5在第二象限，即维持参考区，13.64%中部地区样点村的F5在第四象限，即亟须改进区。而东部地区样点村没有F5在第一象限，即优势区，50.00%东部地区样点村的F5在第二象限，即维持参考区，50.00%东部地区样点村的F5在第三象限，即机会修改区，如图4-39所示。

(6) 在所有地区中，F6（污水、垃圾处理）指标在第一象限，即

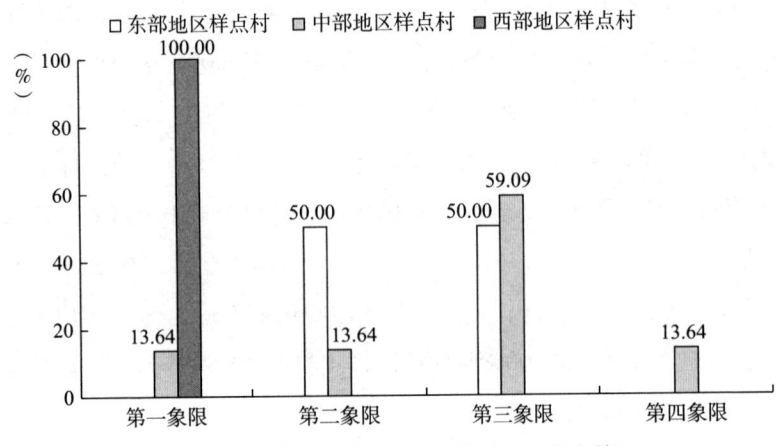

图 4-39　各地区样点村的 F5 指标象限分布情况

优势区在东部地区样点村中的占比最大，为 75.00%，25.00%东部地区样点村的 F6 在第二象限，即维持参考区。其次是西部地区样点村，50.00%西部地区样点村的 F6 在第一象限，即优势区，50.00%西部地区样点村的 F6 在第四象限，即亟须改进区。最后是中部地区样点村，仅 40.91%中部地区样点村的 F6 在第一象限，即优势区，4.55%中部地区样点村的 F6 在第二象限，即维持参考区，4.55%中部地区样点村的 F6 在第三象限，即机会修改区，50.00%中部地区样点村的 F6 在第四象限，即亟须改进区，如图 4-40 所示。

（7）在所有地区中，F7（农村改厕）指标在第一象限，即优势区在西部地区样点村中的占比最大，为 50.00%，50.00%西部地区样点村的 F7 在第四象限，即亟须改进区。其次是东部地区样点村，25.00%东部地区样点村的 F7 在第一象限，即优势区，75.00%东部地区样点村的 F7 在第二象限，即维持参考区。中部地区样点村的 F7 在第一象限，即优势区的占比最小（22.73%），54.55%中部地区样点村的 F7 在第二象限，即维持参考区，4.55%中部地区样点村的 F7 在第三象限，即机会修改区，18.18%中部地区样点村的 F7 在第四象限，即亟须改进区，如图 4-41 所示。

（8）在所有地区中，F8（环境资源保护）指标在第一象限，即优

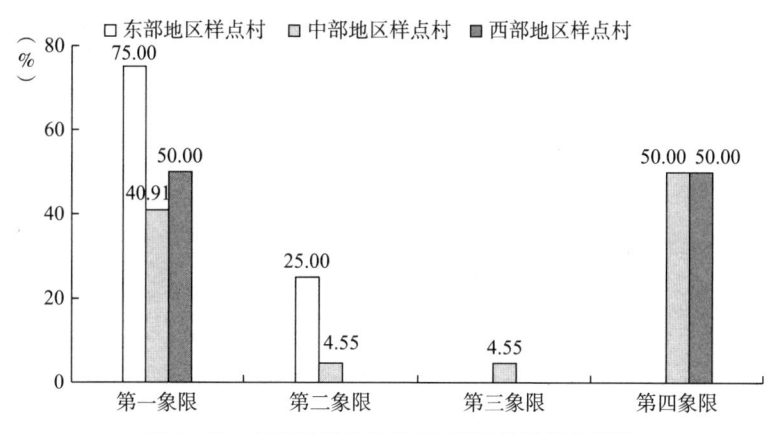

图 4-40　各地区样点村的 F6 指标象限分布情况

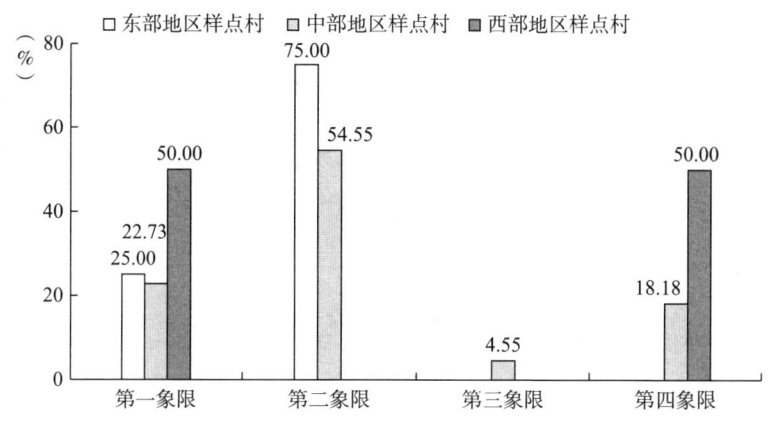

图 4-41　各地区样点村的 F7 指标象限分布情况

势区的占比在东部地区样点村最大,为 50.00%,东部地区样点村剩下各 25.00% 的 F8 分别在第二象限和第三象限,即维持参考区和机会修改区。其次是中部地区样点村,9.09% 中部地区样点村的 F8 在第一象限,即优势区,40.91% 中部地区样点村的 F8 在第二象限,即维持参考区,9.09% 中部地区样点村的 F8 在第三象限,即机会修改区,40.91% 中部地区样点村的 F8 在第四象限,即亟须改进区。西部地区样点村的 F8 没有落在第一象限,即优势区,而是全部在第四象限,即亟须改进区,如图 4-42 所示。

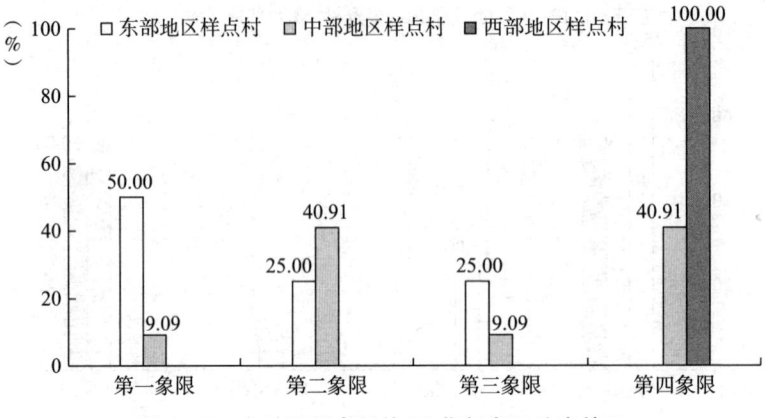

图 4-42　各地区样点村的 F8 指标象限分布情况

（9）在所有地区中，F9（小学教育）指标在第一象限，即优势区在东部地区样点村和西部地区样点村中的占比最大，均为 100.00%。其次为中部地区样点村，72.73% 中部地区样点村的 F9 在第一象限，即优势区，22.73% 中部地区样点村的 F9 在第二象限，即维持参考区，4.55% 中部地区样点村的 F9 在第三象限，即机会修改区，如图 4-43 所示。

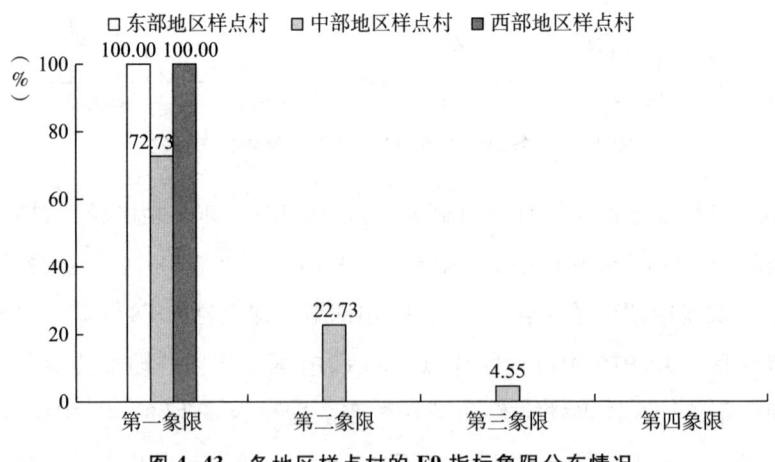

图 4-43　各地区样点村的 F9 指标象限分布情况

（10）在所有地区中，F10（医疗、文化）指标在第一象限，即优势区在西部地区样点村中的占比最大，为 50.00%，50.00% 西部样点村的 F10 在第四象限，即亟须改进区。其次是中部地区样点村，31.82% 中部地区样点村的 F10 在第一象限，即优势区，27.27% 中部地区样点村的 F10 在第二象限，即维持参考区，40.91% 在第四象限，即亟须改进区。东部地区样点村的 F10 在第一象限，即优势区的占比最小（25.00%），25.00% 东部地区样点村的 F10 在第二象限，即维持参考区、50.00% 东部地区样点村的 F10 在第四象限，即亟须改进区，如图 4-44 所示。

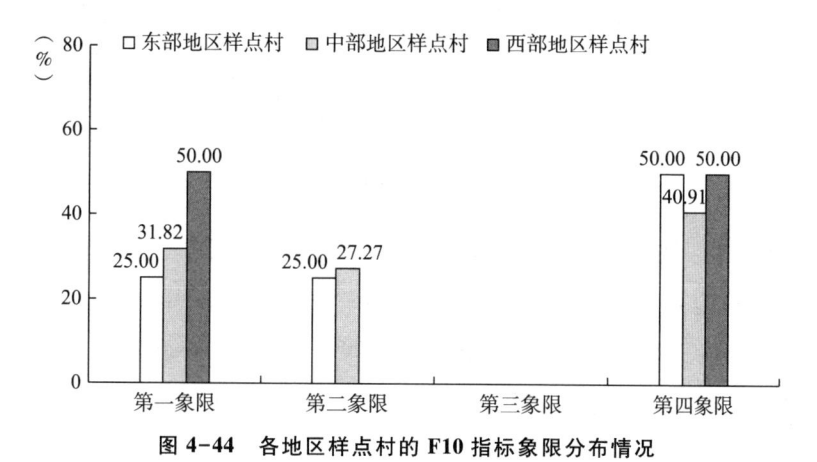

图 4-44　各地区样点村的 F10 指标象限分布情况

（11）在所有地区中，F11（养老院、敬老院）在第一象限，即优势区在中部地区样点村中的占比最大，为 22.73%，59.09% 中部地区样点村的 F11 在第二象限，即维持参考区，13.64% 中部地区样点村的 F11 在第三象限，即机会修改区，4.55% 中部地区样点村的 F11 在第四象限，即亟须改进区。此外，在东部地区样点村的 F11 没有分布在第一象限，西部地区样点村的 F11 没有分布在第二象限，其中，100.00% 东部地区样点村的 F11 在第二象限，即维持参考区。50.00% 西部地区样点村的 F11 在第三象限，即机会修改区，50.00% 西部地区样点村的 F11 在第四象限，即亟须改进区，如图 4-45 所示。

（12）在所有地区中，F12（电子商务配送）指标在第一象限，即优势区在西部地区样点村中的占比最大，为 50.00%，50.00% 西部地区样点村的 F12 在第四象限，即亟须改进区。其次是中部地区样点村，

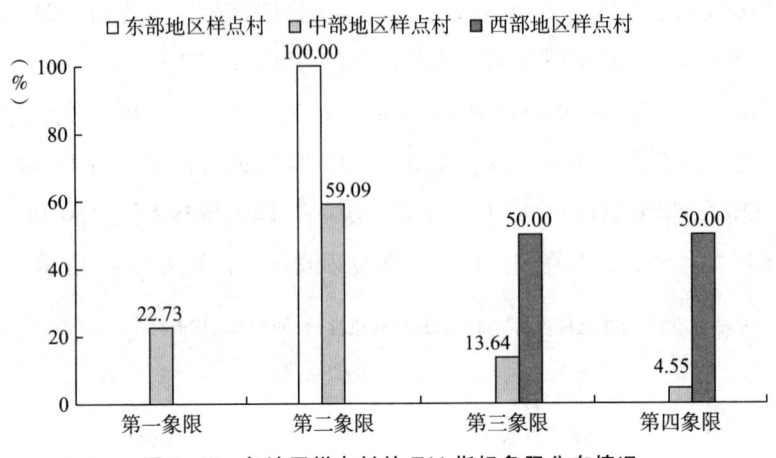

资源匮乏型村庄振兴：路径与模式

[图表：各地区样点村的F11指标象限分布情况]
- 第一象限：东部22.73
- 第二象限：东部100.00，中部59.09
- 第三象限：中部13.64，西部50.00
- 第四象限：中部4.55，西部50.00

图4-45　各地区样点村的F11指标象限分布情况

36.36%中部地区样点村的F12在第一象限，即优势区，40.91%中部地区样点村的F12在第二象限，即维持参考区，13.64%中部地区样点村的F12在第三象限，即机会修改区，9.09%中部地区样点村的F12在第四象限，即亟须改进区。25.00%东部地区样点村的F12在第一象限，即优势区，占比最小，50.00%东部样点村的F12在第二象限，即维持参考区，25.00%东部样点村的F12在第三象限，即机会修改区，如图4-46所示。

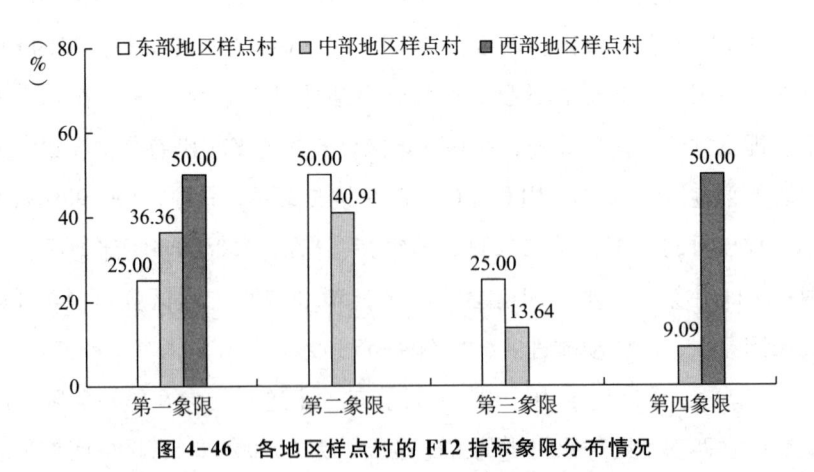

[图表：各地区样点村的F12指标象限分布情况]
- 第一象限：东部25.00，中部36.36，西部50.00
- 第二象限：东部50.00，中部40.91
- 第三象限：东部25.00，中部13.64
- 第四象限：中部9.09，西部50.00

图4-46　各地区样点村的F12指标象限分布情况

（13）在所有地区中，F13（社会生活保障）指标在第一象限，即

94

优势区在中部地区样点村中的占比最大，为 18.18%；27.27% 中部地区样点村的 F13 在第二象限，即维持参考区；18.18% 中部地区样点村的 F13 在第三象限，即机会修改区；36.36% 中部地区样点村的 F13 在第四象限，即亟须改进区。此外，F13 在东部地区样点村和西部地区样点村均没有落在第一象限和第二象限，其中，100.00% 东部地区样点村的 F13 在第三象限，即机会修改区；100.00% 西部地区样点村的 F13 在第四象限，即亟须改进区，如图 4-47 所示。

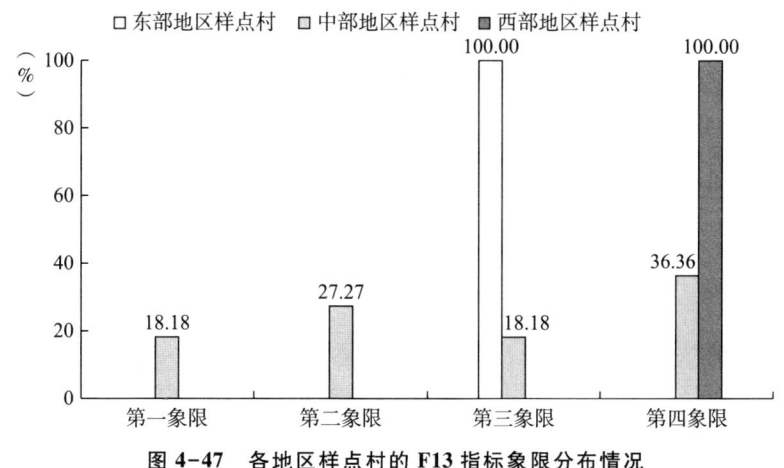

图 4-47　各地区样点村的 F13 指标象限分布情况

二　各地区样点村指标象限分布差异的原因分析

通过对比各地区样点村 13 个指标在象限图（见图 4-48 至图 4-50）中的分布情况可以发现，大部分指标在第一、第二象限的占比最大的为东部地区样点村，其次是中部地区样点村，最后是西部地区样点村。其中，东部地区样点村选取的是浙江省衢州市开化县和常山县的 4 个村庄；中部地区样点村选取的是河南省商丘市的 8 个村庄，安徽省黄山市歙县的 7 个村庄（洪琴村重要性数据缺失），以及安徽省池州市石台县的 7 个村庄；西部地区样点村选取的是重庆市开州区的一个村庄及贵州省黔东南苗族侗族自治州黎平县的一个村庄。

通过对比发现，调研村经济发展最好的东部地区样点村所属的开化

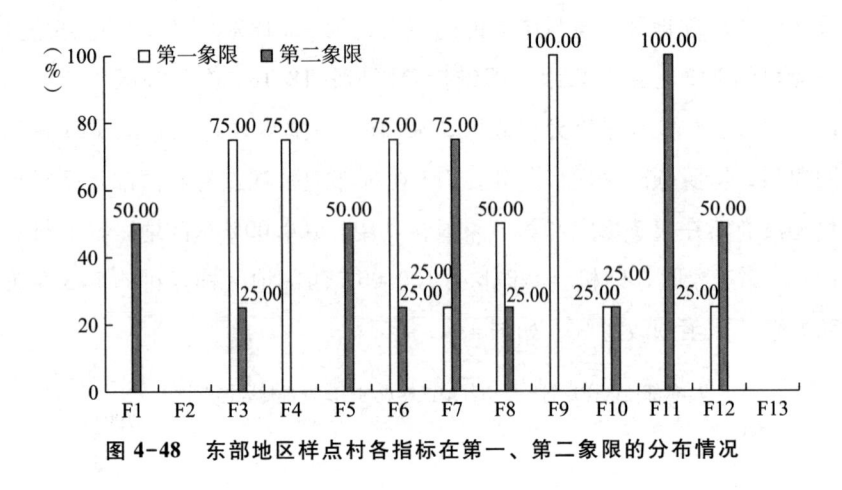

图 4-48 东部地区样点村各指标在第一、第二象限的分布情况

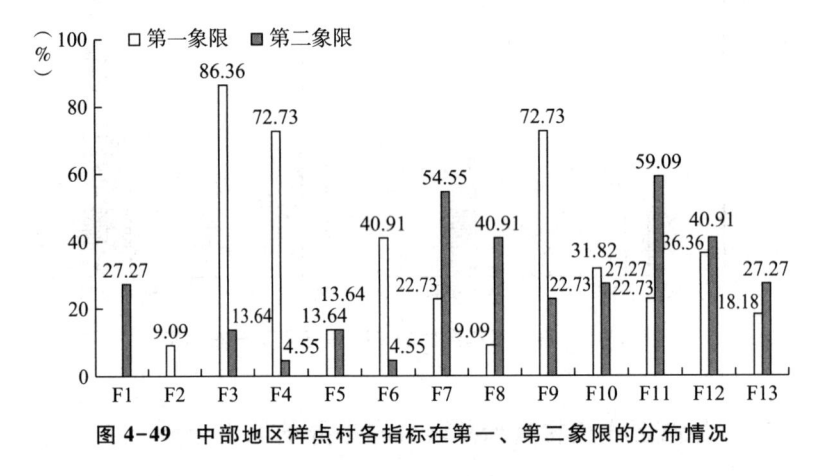

图 4-49 中部地区样点村各指标在第一、第二象限的分布情况

县是国家级生态县，2020年，全县生产总值为150.5亿元，比上年增长1.50%，人均GDP为58150元。中部地区样点村所在的歙县、石台县和宁陵县整体情况仅次于开化县，2020年，安徽省黄山市歙县实现地区生产总值为200.15亿元，同比增长2.00%，人均GDP为55144元；安徽省池州市石台县享有"中国原生态最美山乡"的美誉，2020年，石台县全年生产总值为28.26亿元，按不变价格计算，比上年增长1.00%，人均GDP为35055元；2020年，河南省商丘市宁陵县实现地区生产总值为187.9亿元，同比增长1.90%，增速居全市第2位，人均GDP为33395元。而西部地区样点村所在的开州区与黎平县整体情况较

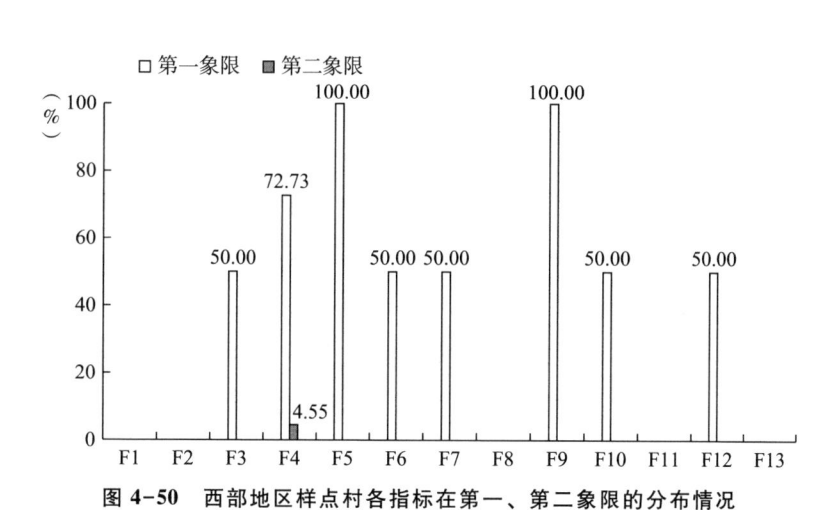

图 4-50　西部地区样点村各指标在第一、第二象限的分布情况

差，开州区 2020 年的地区生产总值为 535.81 亿元，比上年增长 2.70%，人均 GDP 为 31941 元；黎平县 2020 年全县地区生产总值为 98.28 亿元，比上年增长 4.50%，人均 GDP 为 17003 元。

由此可知，各指标象限分布产生差异的根本原因在于选取的样点村所属各县发展情况的差异，发展情况好的县的村庄指标分布情况整体会优于发展情况不好的县的村庄指标分布情况。

第五节　本章小结

本章对 29 个资源匮乏型村庄的调研数据进行了描述性统计①，对这些村庄的发展状态和发展中面临的问题进行了识别和评价，并基于村庄分布的不同地区进行了异质性分析，得到了不同资源匮乏型村庄发展存在差异的原因。首先，通过对资源匮乏型村庄的基础条件数据进行描述性统计发现，在农业生产、农村生活、农村生态环境三个方面，东部地区样点村的整体情况优于中部和西部地区样点村，而中部地区样点村的情况又略优于西部地区样点村。而在农村社会发展方

---

① 描述性统计部分描述的是 29 个样点村的情况，评分阶段涉及打分的研究样本为除洪琴村外的 28 个样点村。

面，西部地区样点村的整体情况要优于中部及东部地区样点村，中部地区样点村和东部地区样点村的情况类似。其次，通过构建资源匮乏型村庄发展状态的评价指标体系，本章按照农业生产、农村生活、农村生态环境、农村社会发展四个维度对分布于不同地区的 28 个样点村进行打分，发现从农业生产、农村生态环境、农村社会发展三个维度来看，东部地区样点村的整体情况优于中部和西部地区样点村，而中部地区样点村的情况又相对优于西部地区样点村。从农村生活维度来看，中部地区样点村整体情况会略优于东部地区样点村，而东部地区样点村的情况又优于西部地区样点村。再次，运用 IPA 方法，本章通过 13 个不同维度的指标分析得到了 28 个样点村在四个 IPA 象限的分布情况，并基于它们的 IPA 象限图，将 28 个样点村分为 5 种发展状态，分析得到了各类发展状态下典型资源匮乏型村庄的基础发展条件现状及问题，发现处于不同发展状态的样点村存在的共同特征有农业生产类基础设施条件不佳、改善困难，导致村庄经济的内生发展动力不足；村庄生活硬件设施建设良好，说明当地政府对村庄基本民生工程的投入见效明显；部分村庄社会发展类公共服务没有得到当地政府和村民的充分重视，供给缺口仍然较大。最后，通过对样点村所处不同地区的异质性分析发现，产生各指标象限分布差异的根本原因在于选取的样点村所在各县的经济发展情况的差异。

第五章 资源匮乏型村庄的类型识别及干预方向
——以贵州省贵定县为例

第一节 资源匮乏型村庄的类型划定

一 资源匮乏型村庄的类型划定依据

(一) 村庄分化的动力

改革开放以来，城乡分治的制度安排有利于城镇化快速推进，但也导致"城市—农村二元经济"矛盾的对立性越发突出，而不同村庄的资源禀赋存在异质性，进一步导致广袤的农村地区内部也不断分化。在乡村振兴战略背景下，分析村庄的分化过程及演化规律，有助于识别城乡割裂和乡村分化的共性特征，挖掘诱发村庄分化的底层因素，为政府在实施乡村振兴战略时精准施策提供参考。

1978年11月，安徽省凤阳县小岗村试行"分田到户""大包干"的做法得到了中央的肯定。1982年中央关于农村工作的一号文件肯定了"包产到户"、"包干到户"或大包干都是社会主义生产责任制，自此家庭联产承包责任制逐步落实。家庭联产承包责任制的推行极大地激发了农民的积极性，其解放出大量农村劳动力，为大规模进行农民住房建设、农村工业建设提供了条件，村庄也由此开始分化。综上所述，对村庄分化研究的起点设定在改革开放以后，并根据不同时间段我国村庄的分化特征进行分别阐述。

1. 村庄建设期（1978~1986年）

住房建设方面，农村建房需求呈井喷式增长，1979年的农村房屋建设工作会议确定了农村房屋建设方针，1982年设立村镇建设管理机构，并划拨专项资金编制村镇规划；工业方面，国家开始出台政策扶持乡镇工业，"村村布点、处处冒烟"。这一时期是农村房屋建设和乡镇工业发展的奠基期，农村建房结束了"自建自住"，耕地建房得到了遏制，到1984年，我国70%的农村房屋变成了砖瓦房。

2. 村镇发展期（1987年至21世纪初）

1987年，建设部提出以集镇建设为重点，此后不断出台规划原则和管理办法，完善村镇布局，推动村镇建设，到2000年全国已有建制镇20132个。1992年党的十四大确立社会主义市场经济体制改革的目标后，乡镇企业蓬勃发展，到1997年乡镇企业年均增长超过30%，其中超过一半的就业和产值来自私营企业。这一阶段村镇发展获得国家大力支持，但资源禀赋异质性已开始导致村镇发展不均衡，2002年东部地区的乡镇企业产值已是西部地区的30多倍。

3. 村镇分化期（21世纪初至今）

21世纪，城乡逐步融合发展，农村土地股份合作制、土地经营权流转制度等土地制度为资源禀赋较好的村庄的迅速发展创造了条件，村庄产业走向多元化发展，加速了村庄转型和分化。随着新农村规划对乡村区域重新布局，部分村庄的农业生产、村民居住和第二、第三产业生产实现了分离，在区位交通、历史文化、自然景观或产业基础方面有一定优势的村庄各尽所能，演化为农业主导村、手工业主导村、旅游观光村、矿产资源富集村等类型不同、发展途径各异的村庄。其中，资源禀赋较好的村庄人口节节攀升，乡村公共服务设施日益优化，而资源禀赋不佳的村庄劳动力不断被城市吸走，逐步走向衰落。

根据前文梳理，推动我国村庄大规模发展和分化的动力，源于改革开放后产生的大量可以从事非农业生产的剩余劳动力以及由这部分剩余劳动力产生的农业—非农产业、城市—乡村矛盾。"二元结构理论"是解释乡村—城市、农业—非农产业结构转型中各种矛盾的基础理论,由荷兰社会学家伯克1953年在《二元社会的经济学和经济政策》中提出。他以印度尼西亚为例,揭示了印度尼西亚的社会经济存在二元分裂状态,资本主义殖民系统和原有传统经济系统共存,自由经济政策推行阻力重重。他认为,资本主义变革必须尊重二元结构客观规律,农业经济向市场经济转型不能直接沿用资本主义国家的变革方式,而必须充分尊重本地的经济特征和社会习俗。希金斯(1956)解释了二元性产生的原因,即发展中国家的二元结构源于资源禀赋和技术革新的交互,当生产要素中的劳动大于资本时,与劳动要素密切相关的农业生产会出现结构性失业,而工业技术革新会进一步减少工业就业人口占比,加大农业部门和非农业部门的割裂。因此,解决二元性的方法在于,落后区域投入大量资金向剩余劳动力提供岗位,并且工业部门应优先雇用劳动力而不是革新技术(周剑麟,2013)。由此可见,村庄的资源禀赋是支撑城乡二元结构的底层要素,决定了村庄的分化过程。

二元结构是推动城乡技术革新、实现城乡均衡发展的必由之路。1979年,诺贝尔经济学奖获得者刘易斯认为,不发达地区在运用市场规律发展经济时,往往存在着对立统一的农村农业部门和城市非农业部门的二元经济结构,非农产业的单位劳动报酬高于农业生产会促使农村剩余劳动力向城市聚集,随着城市工商业的资本积累,农村剩余劳动力会加速转移,直至工农业均衡发展,二元结构转换为一元结构。

综上所述,村庄的发展和分化的动力源于城乡二元结构转型,底层支撑要素是村庄资源禀赋异质性,目的是实现农业—非农业部门、城市—乡村的均衡发展,最终形成现代一体化经济(见图5-1)。马克思主义哲学指出,发展的实质是新事物的产生和旧事物的灭亡。在村庄发展和分化的过程中,村庄资源禀赋异质性是影响村庄发展的关键因素。

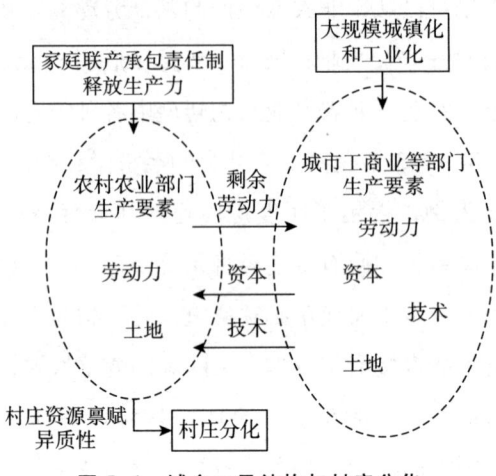

图 5-1 城乡二元结构与村庄分化

（二）村庄分化的影响因素

学术界用资源禀赋理论解释村庄分化，林毅夫、沈明高最早运用资源禀赋理论解决农业农村问题，他们指出，农业技术是土地和劳动力这两个最基本生产要素的补充要素，为实现较高的边际生产率，人少地多的村庄应采用劳动替代型技术，而人多地少的村庄则采用土地替代型技术。此后，围绕村庄资源禀赋的研究不断推进，村庄的异质性分为自然资源禀赋异质性和社会资源禀赋异质性，体现在政治、经济、文化、社会、生态的方方面面，其中最重要的要素是土地，并且生计资源、自然资源、地理位置、交通建设、非农产业基础等资源要素能够直接赋能村庄发展。学术界尚未对村庄分化的过程和结果形成一致结论，因此我们选取研究村庄分化影响因素的学术论文进行归纳提炼（见表 5-1）。

表 5-1 村庄分化的影响因素研究

作者（年份）	论文标题	影响村庄分化的因素	村庄分化的结果
林毅夫、沈明高（1991）	《我国农业科技投入选择的探析》	土地、劳动力、农业技术、科研组织制度、科研资金、农业技术推广	未提及

续表

作者（年份）	论文标题	影响村庄分化的因素	村庄分化的结果
田传浩、贾生华（2004）	《农地制度、地权稳定性与农地使用权市场发育：理论与来自苏浙鲁的经验》	土地调整、地权稳定性、农地使用权市场	未提及
吕美晔、王凯（2008）	《菜农资源禀赋对其种植方式和种植规模选择行为的影响研究——基于江苏省菜农的实证分析》	土地资源、水资源、资金、技术和劳动力资源	未提及
苏昕、王可山、张淑敏（2014）	《我国家庭农场发展及其规模探讨——基于资源禀赋视角》	土地生产经营规模、农业机械化水平、农业生产效率	未提及
叶泽熙（2015）	《农村资源禀赋与治理精英对于农村发展模式的影响》	农村治理精英、地理位置、自然资源、政策、区域互动、资金、人力资本、技术、土地、市场、产业优势	主动规划型村庄、被动输入型村庄、资源附生型村庄、衰落消亡型村庄、挣扎求生型村庄
何雄浪、郭文秀（2016）	《区域发展分异：原因与启示》	地貌、气候和物产等自然因素以及技术外部性、市场外部性	产业空间、经济内生动力、资源占有各异的村庄
梁晓东（2017）	《资源枯竭型村庄发展规划策略研究——以山西省蒲县太林村为例》	区位条件、农业资源、自然景观、历史文化、生态建设条件	农业衰落型村庄、自然衰落型村庄、历史文化型村庄、衰落型村庄
梁凡、朱玉春（2018）	《资源禀赋对山区农户贫困脆弱性的影响——以素巴山区为例》	务工人数、教育水平、物质资产、金融资产、自然资产、社会资本、村庄固定资产、务工人数占比、村庄密度、基础设施	未提及
于水、王亚星、杜焱强（2019）	《异质性资源禀赋、分类治理与乡村振兴》	经济基础、市场条件、比较优势、工业原料资源、农业生产条件、乡村治理水平、村庄共同体的凝聚力、基于历史因素的特种政治资源、历史文化资源和村庄的文化生态、通过乡贤及外迁村民等获取村外资源的能力，以及空气、水、土壤等自然资源	原料资源富集型、特种农业型、自然景色型、城郊型、枢纽型、历史文化富集型、资源禀赋平庸型、资源稀缺型、极端贫乏型村庄

续表

作者（年份）	论文标题	影响村庄分化的因素	村庄分化的结果
张毅、董江爱（2020）	《集体产权、资源禀赋与农村政治生态优化研究》	煤炭资源、产权制度、党领导下的农村民主制度建设	煤矿资源型村庄
李灿、吴顺辉、李景刚（2021）	《村庄发展、资源禀赋认知与农村居民参与村庄建设意愿——基于575份农村居民问卷调查的实证分析》	主导产业、村庄功能、住宅用途、资源优势	未提及
王亚星、于水（2022）	《"求同"与"存异"：异质性资源禀赋视域下宅基地三权分置实现路径研究——基于典型案例的对比分析》	常住人口流入量、区域经济活动中心（县城）的距离、文旅资源、区域的产业结构、人均收入	城市郊区型村庄、传统农区型村庄、旅游资源型村庄
朱战辉（2022）	《村庄分化视角下乡村振兴实施路径研究》	交通地理区位、市场区位、产业结构、劳动力、土地、人才、组织、生存条件、生态环境、自然以及历史文化资源	城市吸纳型村庄、城乡互动型村庄、偏远村庄

根据前文梳理，影响村庄分化最基本的要素是劳动力和土地。具体而言，劳动力又可以用人口数量、人力资本量来衡量，也有学者从动态性或结构性的角度运用常住人口流入量、务工人数、务工人数占比等进行研究，而土地要素可以用土地生产经营规模，以及地貌、气候和物产与土壤质量等进行衡量。除了上述两个基本要素外，技术、资金、区位、基础设施、产业、自然景观、资产、历史文化、自然资源、矿产资源等也会较大程度地影响村庄分化。同时，制度和治理因素如产权制度、民主制度建设、地权稳定性、村庄凝聚力等隐性资源也会潜移默化地影响村庄分化。容易忽略的是，村庄居民的素质对村庄的发展同样具有重要影响，如村民教育水平、乡贤及外迁村民获取资源的能力、村庄领导人的领导水平、村民人均收入等。综合各方面考虑，村庄分化的影响因素可以通过图5-2来概括。随着村庄在各种要素的影响下不断分化，一些资源禀赋良好的村庄将会发展和壮大，而那些位置偏远、资源匮乏、自然条件恶劣的村庄则可能会逐渐缩小和衰落。

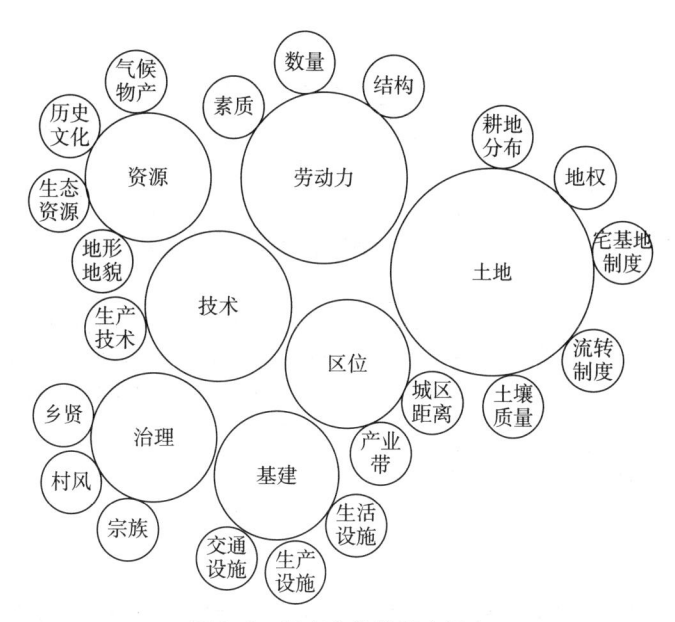

图 5-2 村庄分化的影响因素

(三) 村庄分类的政策依据

村庄的资源禀赋不仅能影响村庄的分化过程，还能通过基于资源禀赋制定的政策加速分化过程。2018年2月，中共中央、国务院《关于实施乡村振兴战略的意见》指出，根据发展现状和需要分类有序推进乡村振兴，对具备条件的村庄，要加快推进城镇基础设施和公共服务向农村延伸；对自然历史文化资源丰富的村庄，要统筹兼顾保护与发展；对生存条件恶劣、生态环境脆弱的村庄，要加大力度实施生态移民搬迁。此后，中共中央、国务院印发了《乡村振兴战略规划（2018~2022年）》。2019年1月，中央农办、农业农村部、自然资源部、国家发展改革委、财政部发布《关于统筹推进村庄规划工作的意见》，进一步对村庄分类提出了实施指导意见（见表5-2、表5-3）。

表 5-2 《乡村振兴战略规划（2018~2022年）》中村庄分类情况

类型	特征
集聚提升类	现有规模较大的中心村和其他仍将存续的一般村庄，占乡村类型的大多数，是乡村振兴的重点

续表

类型	特征
城郊融合类	城市近郊区以及县城城关镇所在地的村庄，具备成为城市后花园的优势，也具有向城市转型的条件
特色保护类	历史文化名村、传统村落、少数民族特色村寨、特色景观旅游名村等自然历史文化特色资源丰富的村庄，是彰显和传承中华优秀传统文化的重要载体
搬迁撤并类	对位于生存条件恶劣、生态环境脆弱、自然灾害频发等地区的村庄，因重大项目建设需要搬迁的村庄，以及人口流失特别严重的村庄，可通过易地扶贫搬迁、生态宜居搬迁、农村集聚发展搬迁等方式，实施村庄搬迁撤并，统筹解决村民生计、生态保护等问题

注：《乡村振兴战略规划（2018~2022年）》中对村庄分类的思路为：顺应村庄发展规律和演变趋势，根据不同村庄的发展现状、区位条件、资源禀赋等，按照集聚提升、融入城镇、特色保护、搬迁撤并的思路，分类推进乡村振兴。

表5-3 《关于统筹推进村庄规划工作的意见》中村庄分类情况

类型	特征
集聚提升类	现有规模较大的中心村
城郊融合类	城市近郊区及县城城关镇所在地村庄
特色保护类	历史文化名村、传统村落、少数民族特色村寨、特色景观旅游名村等特色资源丰富的村庄
搬迁撤并类	位于生存条件恶劣、生态环境脆弱、自然灾害频发等地区的村庄，因重大项目建设需要搬迁的村庄，以及人口流失特别严重的村庄
看不准的村庄	可暂不做分类，留出足够的观察和论证时间

注：《关于统筹推进村庄规划工作的意见》中对村庄分类的思路为：统筹考虑县域产业发展、基础设施建设和公共服务配置，引导人口向乡镇所在地、产业发展集聚区集中，引导公共设施优先向集聚提升类、特色保护类、城郊融合类村庄配套。

村庄分类政策已充分考虑影响村庄分化的各种因素，并遵循因地制宜、分类施策的原则把村庄分成城郊融合类、集聚提升类、特色保护类、搬迁撤并类和看不准的村庄等5种类型，并以此为依据进行基础设施配套投资和产业发展规划。在国家村庄分类指导文件的基础上，各地结合自身条件形成了更为细致的本地村庄分类文件。例如，2019年11月，河北省自然资源厅印发的《河北省村庄规划编制导则（试行）》

(2019年),根据国家指导分类较为详细地定义了每一类村庄的范围特征和主要特征(见表5-4)。2019年8月,泉州市自然资源和规划局印发的《泉州市村庄分类指引(试行)》(2019年)将村庄划分五大类型,并对每一类型的村庄提出相应的发展指引,对村庄分类的标准已经精确到指标层面,如表5-5所示,满足其中一项条件的村庄即可将其归类;符合两项以上条件的村庄,优先确定为保护开发特色类;再依据区位、人口、经济等情况,依次确定为集聚提升中心类、转型融合城郊类、保护开发特色类、搬迁撤并衰退类及待定类。

表5-4 《河北省村庄规划编制导则(试行)》(2019年)中村庄分类情况

类型	范围特征	主要特征
城郊融合类	市(县)中心城区(含开发区、工矿区,以下同)建成区以外,城镇开发边界以内的村庄	村庄能够承接城镇外溢功能,居住建筑已经或即将呈现城市聚落形态,村庄能够共享使用城镇基础设施,具备向城镇地区转型的潜力条件
集聚提升类	乡(镇)政府驻地的村庄;上位规划确定为中心村的村庄	人口规模相对较大、区位交通条件相对较好、配套设施相对齐全、产业发展具有一定基础、对周边村庄能够起到一定辐射带动作用,具有较大发展潜力的村庄
特色保护类	已经公布的省级以上历史文化名村、传统村落、少数民族特色村寨、特色景观旅游名村,以及未公布的具有历史文化价值、自然景观保护价值或者具有其他保护价值的村庄	文物古迹丰富、传统建筑集中成片、传统格局完整、非物质文化遗产资源丰富,具有历史文化和自然山水特色景观、地方特色产业等特征
搬迁撤并类	上位规划确定为整体搬迁的村庄	生存条件恶劣、生态环境脆弱、自然灾害频发、存在重大安全隐患、人口流失严重或因重大项目建设等原因需要搬迁的村庄
保留改善类	除上述类别以外的其他村庄	人口规模相对较小、配套设施一般,需要依托附近集聚提升类村庄共同发展

注:《河北省村庄规划编制导则(试行)》(2019年)中对村庄分类的思路为:河北省行政村分为城郊融合类、集聚提升类、特色保护类、搬迁撤并类、保留改善类等5种类型,并明确了各类村庄的主要特征及编制指引。

表 5-5 《泉州市村庄分类指引（试行）》（2019 年）中村庄分类情况

类型	识别指标	识别指标说明
集聚提升中心类	村庄等级	依托乡道及以上的对外交通道路，人口相对集中，公共服务及基础设施配套相对齐全的现状中心村
	人口集聚	未来将长期存续，在本县（市、区）村庄常住人口规模排名前 80% 的村庄
	产业集聚	农业、工贸、休闲服务等现状产业基础条件较突出，资源条件相对优越，已有一定的发展基础，未来产业发展趋势看好的村庄
	"三调"双评价	资源环境承载力强，土地空间开发条件好，具有一定拓展空间，适合人口或产业集聚发展的村庄
转型融合城郊类	规划城镇建设用地范围	位于规划城镇建设用地范围内的村庄
	城镇开发边界	除规划城镇建设用地外、城镇开发边界以内，产业受城镇地区较大辐射带动，承接城镇外溢功能，有省、市、县重点项目布局的村庄
保护开发特色类	特色资源	拥有市级以上历史文化名村、传统村落、少数民族特色村寨等历史文化特色资源丰富的村庄
		能较完整地反映某一历史时期的传统风貌，并具备申报历史文化名村、传统村落等条件的村庄
		少数民族特色村寨、特色景观旅游名村、"三品一标"安全优质农产品产地以及具备优质的景观要素、人文及自然特色资源丰富的村庄
搬迁撤并衰退类	生态保护红线	50% 以上的村庄建设面积位于生态保护红线内，必须局部或整体实施搬迁以确保生态安全的村庄
	生产生活安全	受 500kV、220kV 高压线廊道、污水厂、垃圾处理厂、地质灾害等影响，或位于环境风险防范区，村民的安居、生活受到严重威胁，存在较大安全隐患，必须局部或整体实施搬迁以确保生产生活安全的村庄
	重大项目建设	因重大项目建设（面状、线性工程）占村庄建设面积 40% 以上，需要腾挪土地的村庄
	人口外流	人口流失特别严重，常住人口流失率达 50% 以上，在本县（市、区）村庄常住人口规模排名后 20%，缺少发展资源和机遇的衰退村庄
待定类		看不准的村庄

注：《泉州市村庄分类指引（试行）》（2019 年）中对村庄分类的思路为：泉州市将村庄划分五大类型，并对每一类型的村庄提出相应的发展指引。满足表中一项条件的村庄就可将其归类；符合两项以上条件的村庄，优先确定为保护开发特色类，再依据区位、人口、经济等情况，依次确定为集聚提升中心类、转型融合城郊类等。

二　资源匮乏型村庄的类型划分

(一) 村庄资源匮乏的特征

根据前文内容，村庄资源禀赋异质性会引发村庄的分化，而基于村庄资源禀赋制定的村庄分类政策则会加速村庄的分化。在学术研究中，引发村庄演化为资源匮乏型村庄的因素包括人口大量流失、自然条件恶劣、资源匮乏、文化底蕴不足、产业基础薄弱等，而政策规划中的"搬迁撤并类""搬迁撤并衰退类"村庄即是处于资源匮乏状态的村庄。综合文献和政策，资源匮乏型村庄通常具有以下特征。

1. 人口流失和老龄化

传统的村居具有较强的稳定性，婚姻是村落之间人员流动的主要方式，一定基数的居民世世代代在此从事农业、教育、商业及其他活动，村民有内部独具特色的民俗习惯、宗教信仰、节日庆典和本土方言等精神纽带，具有较强的认同感和归属感。改革开放后，国家政策使技术和资金等生产要素在城市聚集，随着工业化的发展和城市化进程的推进，大量农村剩余劳动力向城市单向流动，劳动力转移导致大多数村庄存在人户分离和房屋闲置的情况。中国科学院的刘彦随教授调研了山东等地4.6万宗宅基地、6500余农户，发现有超过25%的村庄存在空心化现象，农业劳动力中留守老人和妇女是主要力量，且小学、初中文化程度占到70%以上。

2. 土地撂荒

土地资源是农业最基本的生产要素，传统的小农经济系统中，农民依靠土地就能实现自给自足。然而，随着农业生产效率的提高和城乡收入差距的加大，大量青壮年农村剩余劳动力选择进城务工，导致村庄土地撂荒、土地利用效率不高。自然资源部调查显示，我国农村耕地年均撂荒约20000平方千米。据相关研究，我国四川省某地级市的耕地撂荒面积占总耕地面积的17.1%，全国空心村土地综合整治潜力达1.14亿亩。

3. 人居环境恶化

随着村庄人口的流失，留守人口以老人和小孩为主，剩余资源不足以维持山环水抱、山清水秀的村居环境。一些村庄虽然在国家政策的支持下修建了现代化的住房，接通了水电气，却无力承担排污设施修建费用及污水处理站的运营成本，加上村民环保意识薄弱，垃圾清运设施不全，导致"屋里现代化、村里脏乱差"的现象突出。

4. 基础设施衰败

城镇化产生的城市与农村生活条件的巨大差异使年轻村民不愿继续在村庄生活，纷纷以结婚为契机投入资金在城市购房，导致村镇居民自发建设投入不足。人口流失进一步提高了人均基础设施建设和运营成本，加之村庄规划建设财政资金投入不足，最终导致交通、教育、医疗相关基础设施严重落后于城市。例如，山西省原平市楼板寨乡北岸村，只有一条通往乡镇的水泥路，村庄适龄儿童要步行去10千米外的屯瓦小学读书，村民就医要去20千米外的乡政府或原平市。

虽然村庄资源匮乏会伴随人口流失、资源枯竭、房屋空置、环境恶化、田地撂荒等不良现象，但根据"城乡二元结构理论"，村庄资源匮乏的实质是为了满足大规模城市化和发展工商业，最终实现城乡一体化发展。因此，村庄资源匮乏是每一个农业国家在发展工业化和城镇化进程中的必然现象，是实现城乡全面发展中农村地区做出的必要牺牲。准确识别资源匮乏型村庄的特征，厘清村庄资源匮乏的实质，才能最大限度地减少城乡发展不均衡对村庄的伤害，助力乡村振兴战略实现。

（二）资源匮乏型村庄的识别

根据前文所述的相关政策和文献，如果某村庄在自然资源、人口规模、产业结构、区位交通、历史文化等多个方面中的任何一个方面具备优势，那么就不能直接将其定义为资源匮乏型村庄。反之，如果某村庄在各个方面都不具备优势，则该村庄可能处于资源匮乏状态。因此，首先需要识别出不处于资源匮乏状态的村庄，其他村庄则可能处于资源匮乏状态。

综合各项政策和文献，本书提出资源匮乏型村庄的识别流程，沿用相关政策中"集聚提升类""城郊融合类""特色保护类"村庄的分类方式，将这三类村庄识别为"不处于资源匮乏状态的村庄"（其中可能有村庄同时属于"集聚提升类""城郊融合类""特色保护类"中的多种类型，优先归类为典型性较高的"特色保护类"村庄和资源禀赋较好的"集聚提升类"村庄）；对满足"搬迁撤并类"村庄要求和满足文献中梳理的资源匮乏型村庄特征的村庄，则识别为"可能资源匮乏的村庄"，如图5-3所示。

（三）资源匮乏型村庄的类型

根据村庄分化的影响因素、村庄分类的政策要求和村庄资源匮乏的特征，对村庄和资源匮乏型村庄进行分类，按照《关于统筹推进村庄规划工作的意见》，若一个村庄属于"集聚提升类"、"城郊融合类"或"特色保护类"，则是不处于资源匮乏型状态的村庄；若属于"搬迁撤并类"，即满足位于生存条件恶劣、生态环境脆弱、自然灾害频发、因重大项目建设需要搬迁的村庄、人口流失特别严重这些特征中的一项或者几项，则可能是资源匮乏型村庄。此外，根据文献梳理，如果一个村庄存在人口流失、资源枯竭、房屋空置、环境恶化、田地撂荒、土地制度不健全等现象，也可能是资源匮乏型村庄。前文梳理了如何客观地对村庄发展状态进行界定并对资源匮乏型村庄进行分类。首先，村庄资源匮乏源于引发村庄分化的动力，即城乡二元结构的转型和村庄资源禀赋异质性；影响村庄分化的最基本要素是土地和劳动力，技术、资金、区位、基础设施、产业、自然景观、资产、历史文化、自然资源、矿产资源等也会最大限度地影响村庄分化，不同影响因素引发的村庄资源匮乏进程各不相同，这为客观识别村庄资源匮乏的演化过程奠定了理论基础。其次，村庄在各种影响因素下逐步走向资源匮乏的过程中，会表现出人口流失、老龄化、土地撂荒等客观特征，这为资源匮乏型村庄的分类提供了客观参照。最后，国家层面上的中共中央、国务院《关于实施乡村振兴战略的意见》《乡村振兴战略规划（2018~2022年）》《关于统

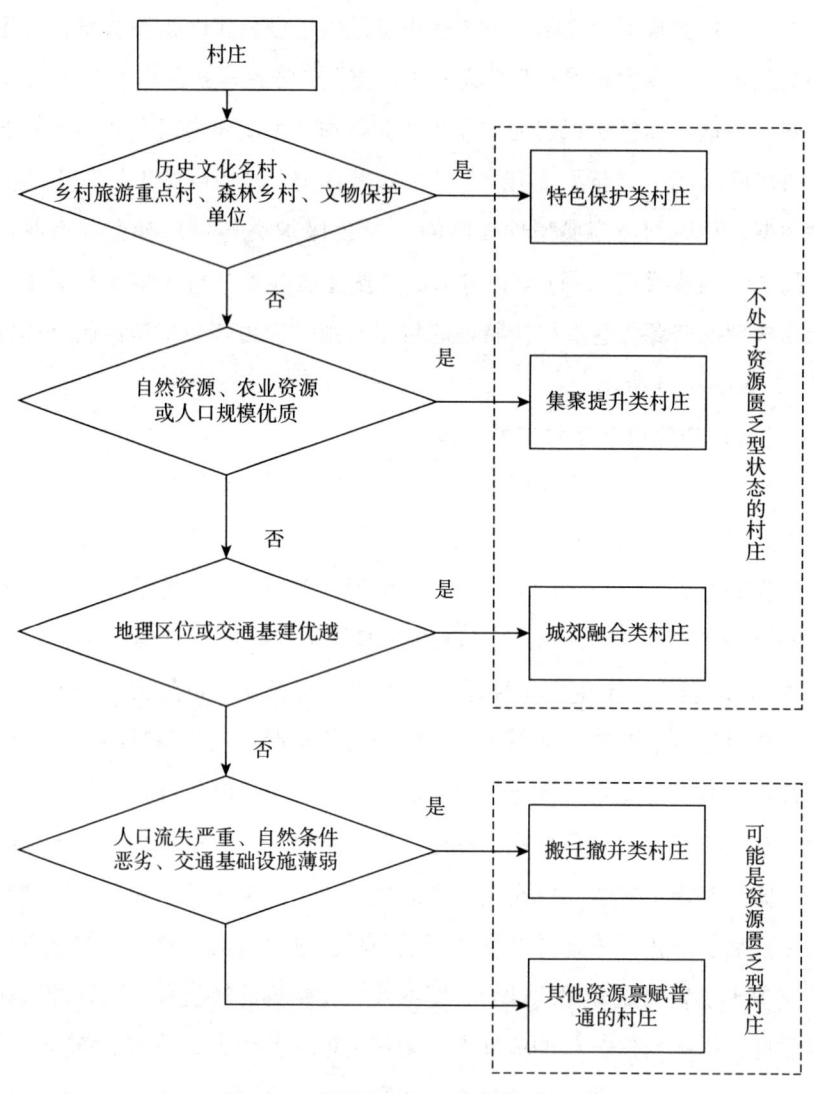

```
                    ┌──────┐
                    │ 村庄 │
                    └──┬───┘
                       ▼
        ┌────────────────────────┐   是    ┌──────────────┐  ┐
        │ 历史文化名村、乡村旅游   ├───────▶│ 特色保护类村庄 │  │
        │ 重点村、森林乡村、文物   │        └──────────────┘  │
        │ 保护单位                │                          │ 不
        └──────────┬─────────────┘                          │ 处
                   │否                                       │ 于
                   ▼                                         │ 资
        ┌────────────────────────┐   是    ┌──────────────┐  │ 源
        │ 自然资源、农业资源       ├───────▶│ 集聚提升类村庄 │  │ 匮
        │ 或人口规模优质          │        └──────────────┘  │ 乏
        └──────────┬─────────────┘                          │ 型
                   │否                                       │ 状
                   ▼                                         │ 态
        ┌────────────────────────┐   是    ┌──────────────┐  │ 的
        │ 地理区位或交通基建优越   ├───────▶│ 城郊融合类村庄 │  │ 村
        └──────────┬─────────────┘        └──────────────┘  │ 庄
                   │否                                       ┘
                   ▼
        ┌────────────────────────┐   是    ┌──────────────┐  ┐
        │ 人口流失严重、自然条件   ├───────▶│ 搬迁撤并类村庄 │  │ 可
        │ 恶劣、交通基础设施薄弱   │        └──────────────┘  │ 能
        └──────────┬─────────────┘                          │ 是
                   │                                         │ 资
                   │                                         │ 源
                   ▼                                         │ 匮
                                         ┌──────────────┐   │ 乏
                                         │ 其他资源禀赋   │   │ 型
                                         │ 普通的村庄    │   │ 村
                                         └──────────────┘   │ 庄
                                                            ┘
```

图 5-3　资源匮乏型村庄的识别流程

筹推进村庄规划工作的意见》等政策规划，以及地方层面上的《河北省村庄规划编制导则（试行）》《泉州市村庄分类指引（试行）》等政策规划，已对村庄发展状态进行了识别和划分，并描述了"搬迁撤并衰退类"村庄的具体特征和识别方式，这为客观识别资源匮乏型村庄的类型提供了现实经验。

综上所述，考虑到村庄分化动力和资源禀赋异质性的客观性、村庄分化影响因素的客观参照和各级政策对村庄分类的现实经验，参考《乡村振兴战略规划（2018~2022年）》、《关于统筹推进村庄规划工作的意见》、《河北省村庄规划编制导则（试行）》（2019年）和《泉州市村庄分类指引（试行）》（2019年）中"生存条件恶劣""生态环境脆弱""自然灾害频发""重大项目建设""人口流失特别严重"等关于"资源匮乏型"村庄类型划分的表述，以及"规模较大""自然历史文化特色资源丰富""城市近郊区""配套设施相对齐全""产业发展具有一定基础"等"非资源匮乏型"村庄的表述，再结合调研过程中挖掘的资源匮乏型村庄特征，本书提出具有客观依据和现实经验参考的资源匮乏型村庄的分类方式。把生态资源、农业资源、文化旅游资源不佳的村庄归纳为"资源衰落型村庄"，把人口流失、老龄化严重和村庄规模因人口减少不断缩小的村庄归纳为"人口衰落型村庄"，把基础设施衰败、交通区位不便利的村庄归纳为"基建衰落型村庄"，如表5-6所示。

表5-6 资源匮乏型村庄的分类及特征

资源匮乏型村庄分类		资源匮乏特征
资源衰落型村庄	生态资源	生态保护红线占地面积大，水土流失、石漠化严重
	农业资源	无水库、坝区，劳动力、耕地不足，生产效率低
	文化旅游资源	缺乏各级政府认定的特色保护文旅资源
人口衰落型村庄	人口结构	人口流失和老龄化严重
	村庄规模	土地利用效率不高，房屋闲置，建设用地减少
基建衰落型村庄	基础设施	交通、教育、医疗落后，未通水电气

第二节 资源匮乏型村庄发展的干预方向

（一）资源衰落型村庄

在原有规模上有序推进、改造提升，联动利用城乡资源，推动全产业链在城乡间的互补融合。对于农业资源贫乏的村庄，应优先修复耕地，修建农业基础设施，合理利用村庄特色资源，形成特色资源保护与村庄发展的良性互促机制。对于地质灾害频发、村民生产生活受到严重影响的村庄，应适当进行生态宜居搬迁，积极解决民生和环境问题。

（二）人口衰落型村庄

综合考虑各种村民离村原因，采取"一村一策"的方式激发人口吸附力，强化特色主导产业支撑，支持农业、乡村旅游等专业化村庄发展，充分提供就业岗位。统筹考虑与周边村庄一体化发展，促进农村土地高效利用，促进农村居民点集中或连片建设，改善居住环境，有条件的村庄可结合新型城镇化，建设农村新型社区。完善乡村基础设施和公共服务设施，并在原有基础上提升设施服务质量和服务能级，吸引返乡创业人群和外地游客，以人才振兴带动村庄振兴。

（三）基建衰落型村庄

拓宽村庄基础设施建设的融资渠道，充分利用土地的金融属性，通过土地租赁或PPP模式引导政府和民间资本参与村庄的环境、给排水、电网等基础设施建设。尊重原住居民的生活形态和传统习惯，提升村庄公共服务设施、基础设施的质量，提高居民生活品质、保障旅游业发展。保留乡村风貌，对人居环境进行改造提升，促进村庄与城镇资金、技术、人才、管理等生产要素双向流动。推动城乡设施一体化，加快推动与城镇水、电、路、信息等基础设施的互联互通，完善、提升公共服务设施。

综上所述，不同种类资源匮乏型村庄发展的干预方向如图5-4所示。

第三节 资源匮乏型村庄识别的指标体系构建

一 基于文献提取指标

本节对近年来国内定量研究村庄分化的学术文献进行了归纳统计，提取衡量村庄发展水平的指标，如表5-7所示。

第五章 资源匮乏型村庄的类型识别及干预方向

```
                          ┌─ 推动全产业链互补融合
                          │
              资源衰落型村庄 ┼─ 特色资源保护与村庄发展的良性互促
              │           │
              │           └─ 适当进行生态宜居搬迁
              │
              │           ┌─ 专业化村庄发展提供就业岗位
不同种类资源匮乏型 │           │
村庄发展的干预方向 ┼ 人口衰落型村庄 ┼─ "一村一策"激发人口吸附力
              │           │
              │           └─ 提升设施服务质量和服务能级，留住人口
              │
              │           ┌─ 拓宽基础设施建设的融资渠道
              └ 基建衰落型村庄 │
                          └─ 促进与城镇生产要素双向流动，推动与基础设施的互联互通
```

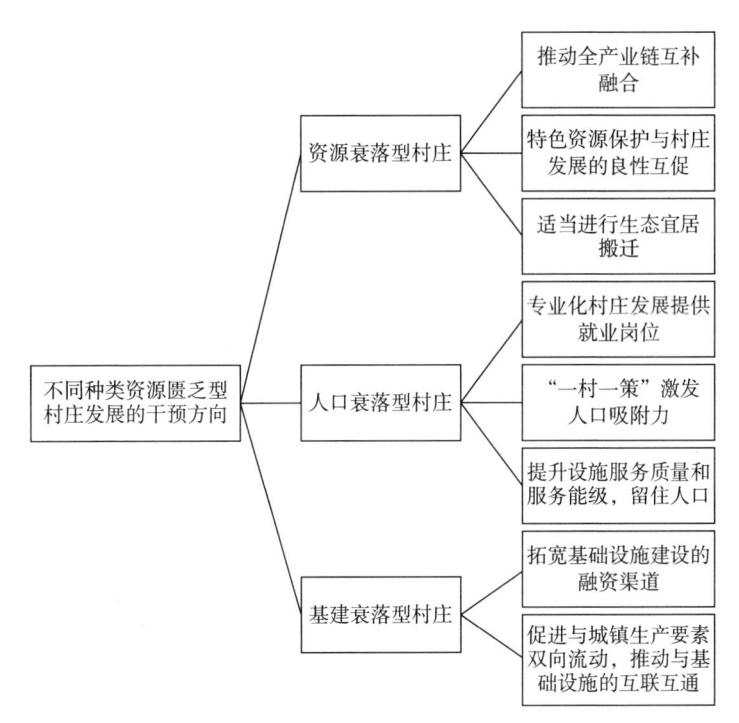

图 5-4 不同种类资源匮乏型村庄发展的干预方向

表 5-7 衡量村庄发展水平的指标

作者（年份）	文献标题	衡量村庄发展水平的指标
王俊（2020）	《苏州市域村庄分类与发展对策研究——以X区为例》	行政区域面积、耕地面积、播种面积、全家外出的人口数、农业从业人员、农村居民低保户数、常住人口总数、实有从业人员数、年接待旅游人数、企业单位数、个体工商户、村集体收入、村集体债权总额、综合商超数、人均可支配收入、人均分红、到中心城区（市、周边县）距离、到交通枢纽（火车站、高速口）距离、宅基地面积、路面状况、污水处理设施、公园（广场）数、卫生室个数、养老设施个数、医保及参保人数
郑晰（2021）	《乡村振兴背景下村庄发展分类问题研究》	常住人口数量、常住人口中非留守儿童和老人占比、地形地貌、道路状况、公共交通状况、人均可支配收入、村集体收入、有无村庄规划、村内规模经营耕地面积占比、开展网上销售农产品的户数、开展休闲农业和乡村旅游的户数、综合商超数、电子商务配送站点数、学校数、垃圾（污水）处理状况、互联网连通率、自来水连通率

续表

作者（年份）	文献标题	衡量村庄发展水平的指标
冯婷（2021）	《乡村振兴背景下高淳区村庄类型识别与发展策略研究——以河北省滦州市榛子镇为例》	户籍人口、常住人口、村域用地面积、人均宅基地、村集体资产总额、年度集体经济收入、到区政府驻地距离、到镇（街道）政府距离、设施农业规模、规模经营耕地面积、养殖坑塘面积、灌溉用水塘和水库数量、农产品加工企业个数、开展网上销售农产品的农户数、人均可支配收入、人均耕地面积、森林覆盖率、特困供养人数占比、公共基础设施水平、公共基础设施水平、自来水用户占比、卫生厕所用户占比
王嘉成（2021）	《国土空间规划视角下的村庄分类与发展策略研究》	常住人口数、人口保有率、近五年常住人口变化量、老年人口占比、空心村辅助识别率、居民点高程、居民点坡度、居民点距离主要河流距离、居民点距离地震断裂带距离、居民点距离采矿区距离、人均年可支配收入、与城（镇）区交通流量、距离城（镇）区距离、人均耕地面积、交通可达性、文保单位等级、爱国主义教育基地等级、非物质文化遗产等级、居民点距离生态保护红线距离、特色产业水平、中小学在校人数、卫生院（室）床位数、道路硬化程度、建筑质量及风貌、是否有集中供水
魏璐瑶（2021）	《江苏省县域村庄布局优化方案与差异化路径研究》	农村人均用电量、人均粮食作物播种面积、人均地区生产总值、第二产业与第三产业产值占GDP比重、人均第三产业增加值、人均可支配收入、人均固定资产投资、人均地方公共财政支出、地均农业机械动力、人均邮电业务总量、土地产出率、农业劳动生产率、人口密度、人口自然增长率、教育水平、常住居民恩格尔系数、人均社会消费品零售额、人均储蓄存款水平、第一产业就业水平、第二产业与第三产业就业水平、科技创新水平、公路密度、人均民用汽车拥有量、人均卫生机构床位数、人均公共图书馆图书藏量
宦小艳（2020）	《全域资源管控视角下村庄分类及发展引导研究——以湖北省枣阳市为例》	水源涵养、水土保持、生物多样性、气候调节、水土流失、植被、石漠化、坡度、土壤质地、降水量、水资源丰富度、光热条件、土壤环境容量、干旱、洪涝、高程、坡度、地形起伏度、水资源丰富度、水资源总量、大气环境容量、水环境容量、地质灾害易发性、生态保护红线的范围、生态安全格局的判定、耕地面积、基本农田、地均产出、农业综合效益、区位优势度、可达性、人口密度、GDP、产业用地规模与布局、教育医疗养老设施、水电管网普及率、文化遗产、旅游资源

续表

作者（年份）	文献标题	衡量村庄发展水平的指标
罗怡（2018）	《"乡村振兴"背景下县域村庄发展评价建设规划及分类研究》	坡度、高程、人口密度、人均耕地面积、人均纯收入、交通可达性、受都市辐射强度、居民点离散度、幼儿园、中小学、卫生站、有无集中供水、有无垃圾集中处理、有无污水集中处理、地质灾害综合区、文物古迹、自然保护区、非物质文化遗产、水系、现代化农业基地规模、养殖基地规模、特色林果基地规模、村庄建设用地规模、可利用用地规模
王雅洁（2021）	《乡村振兴背景下京山市村庄分类及发展策略研究》	林地占村域面积、生态保护红线占村域面积、人均耕地面积、人均建设用地面积、自来水受益村、宽带覆盖村、科教文卫设施所在村、到城镇距离、火车站辐射村、高速公路出入口辐射村、是否有国道省道通过、人口规模、空心化率、粮食产量、棉花产量、油料产量、林产品产量、肉产量、劳务经济收入、矿山所在村、文保单位所在村、旅游资源丰富村、乡村建设示范村、乡村建设整治村
张坤（2020）	《乡村振兴背景下县域村庄分类评价与发展策略研究》	坡度、高程、建设用地规模、可利用用地规模、人口密度、人均耕地面积、人均纯收入、有无村庄规划、交通可达性、受都市辐射强度、幼儿园、中小学、卫生站、有无集中供水、有无垃圾集中处理、有无养老设施、自然保护区、非物质文化遗产、水库

由表5-7中可知，定量研究村庄分化的文献主要集中在近几年，这是因为2017年党的十九大报告中首次提出乡村振兴战略后，相关研究才逐步展开。综合文献，学者们无一例外地采用构建指标体系的方式衡量村庄发展情况，并且总体上都是从村庄分化影响因素的维度进行指标选取的。资源方面，生态资源相关指标包括生态保护红线、水土流失、生物多样性、气候调节、石漠化、坡度、土壤质地、降水量、水资源丰富度等指标；农业资源包括农作物产量、农产品加工企业个数、开展网上销售农产品的农户数、养殖基地规模、特色林果基地规模、人均耕地面积、村庄规划、规模经营耕地占比等指标；文化旅游资源则以文物古迹、自然保护区、非物质文化遗产、文保单位、乡村建设示范村、乡村建设整治村等指标为主。人口结构方面，较多用人口数量、老人和小孩占比、人口密度等直接反映人口情况的指标，也有运用空心化率、人口变化量、人均宅基地面积等间接反映的指标。基础建设方面，宽带覆盖率、通水电气率、

学校医院数量、综合商超数等指标被较多采用。交通区位方面，学者常以与中心城区、主干道、火车站、高速公路出入口等的距离以及交通流量进行衡量。对以上文章中的常见指标进行归类，具体如表5-8所示。

表5-8 测度村庄发展水平的指标梳理

村庄发展影响因素	主要指标
生态资源	生态保护红线、水土流失、生物多样性、气候调节、石漠化、坡度、土壤质地、降水量、水资源丰富度、坡度、高程、自然保护区、水系、林地占村域面积、生态保护红线占村域面积、矿产、光热条件、土壤环境容量、干旱、洪涝、地形起伏度、水资源丰富度、水资源总量、大气环境容量、水环境容量、地质灾害易发性
农业资源	水库、耕地面积、人均耕地面积、村庄规划、规模经营耕地占比、农作物产量（粮食产量、棉花产量、油料产量、林产品产量、肉产量）、现代化农业基地规模、养殖基地规模、特色林果基地规模、农业综合效益、人均粮食作物播种面积、人均地区生产总值、养殖坑塘面积、灌溉用水塘和水库数量、农产品加工企业个数、开展网上销售农产品的农户数、人均可支配收入、农业产值
文化旅游资源	文物古迹、非物质文化遗产、文保单位、乡村建设示范村、乡村建设整治村
人口结构	常住人口总数、人口数量、老人和小孩占比、人口密度、空心化率、人口变化量、人均宅基地面积、行政区域面积、全家外出的人口数、农业从业人员、农村居民低保户数、实有从业人员数、年接待旅游人数、个体工商户、企业单位数
基础建设	宽带覆盖率、通水电气率、学校医院数量、养老设施数量、建设用地规模、有无村庄规划、垃圾集中处理率、是否有国道省道、农村人均用电量、公路密度/长度、人均民用汽车拥有量、人均卫生机构床位数、人均公共图书馆图书藏量、综合商超数、电子商务配送站点数
交通区位	与中心城区、主干道、火车站、高速公路出入口、政府部门等的距离及交通流量

部分政策也采用指标数据对村庄进行分类，例如，《泉州市村庄分类指引（试行）》，包含了村庄等级、人口规模、产业集聚、"三调"双评价、城镇开发边界、建设用地范围、特色资源、生态保护红线、重大项目等识别指标。文献在构建指标体系时也参考了相关政策，因此文献中提取的指标基本上已经包含了政策纳入的指标。

对梳理出的文献中的主要指标进行频次统计，结果如表5-9所示。

第五章 资源匮乏型村庄的类型识别及干预方向

表 5-9 主要指标频次统计

维度	指标	①	②	③	④	⑤	⑥	⑦	⑧	⑨	频次
生态资源	生态保护红线				√		√		√		3
	水土流失						√				1
	石漠化							√			1
	坡度				√		√	√			3
农业资源	水库			√						√	2
	耕地面积	√		√		√	√	√	√	√	7
	村庄规划			√					√		2
	农业产值		√	√		√			√		4
	现代化农业基地规模		√					√			2
	人均可支配收入	√	√	√		√	√	√	√	√	8
文化旅游资源	非物质文化遗产				√		√	√	√		4
	文保单位				√			√	√		3
	乡村建设示范村								√		1
	乡村建设整治村								√		1
人口结构	人口数量	√	√	√	√	√	√	√	√	√	9
	老人和小孩占比		√	√							2
	空心化率				√	√				√	3
	从业人员数	√									1
	个体工商户、企业单位数	√	√	√							3
	人均宅基地面积	√		√							2
基础设施	宽带覆盖率		√						√		2
	通水电气率		√	√		√		√	√	√	6
	学校医院数量	√		√	√	√	√	√	√	√	8
	养老设施数量	√				√			√		3
	建设用地规模				√			√	√	√	4
	垃圾集中处理率	√	√					√	√	√	5
	公路密度/长度		√			√	√				3
	人均公共图书馆图书藏量					√			√		2
	综合商超数	√	√								2
	电子商务配送站点数		√								1

续表

维度	指标	①	②	③	④	⑤	⑥	⑦	⑧	⑨	频次
交通区位	与中心城区距离	√		√	√			√	√	√	6
	与主干道距离				√		√	√	√	√	5
	与火车站距离	√			√		√	√	√	√	6
	与高速公路出入口距离	√			√		√	√	√	√	6
	与政府部门距离			√							1

出现频次较高的指标包括生态保护红线、耕地面积、农业产值、人均可支配收入、非物质文化遗产、人口数量、空心化率、通水电气率、学校医院数量、建设用地规模、与中心城区距离、与火车站距离与高速公路出入口距离等指标，在构建指标体系时应着重考虑。

二 识别指标体系的构建

根据表 5-9 中指标的频次统计及资料可得性，整体形成生态资源、农业资源、文化旅游资源、人口结构、村庄规模、基础设施、交通区位共 7 类识别条件，并构建指标体系。资源衰落型村庄主要是生态资源、农业资源、文化旅游资源不佳的村庄。生态资源方面，考虑到农业发展和人居环境中水土质量的重要性，优先选取生态保护红线、石漠化等级、水土流失等级作为衡量生态资源的指标，并加入能够实地调研的生活环境的垃圾处理点数量和村庄坑塘水质好坏两个指标；农业资源方面，用有无坝区和水库反映农业发展潜力，并加入耕地撂荒率、人均农业产值、从事农业人数占比、人均耕地面积、人均粮食产量衡量农业产业质量；文化旅游资源方面，参考《关于统筹推进村庄规划工作的意见》及各地方政策中特色保护类村庄认定标准，选用是不是政府设定的国家级、省级或市级的历史文化名村、森林乡村、乡村旅游重点村及文保单位作为衡量文化旅游资源的指标。人口衰落型村庄主要是人口结构不良或村庄规模收缩的村庄，对人口结构的变化用人口流失率、人口自然增长率、常住人口老龄化率、户均人口、人均可支配收入来衡量，村庄规模用村庄常住人口、村庄建设用地面积、人均宅基地面积、房屋空置率四个指标来衡量。基建衰落型村庄主要指基础设施落后或者交通区位不便利的村庄，基础设施落后的村庄用自来水入户率、宽带网络安装率、购物商店数量、村庄小学师生人数比、每百人卫生室人员数进行衡量，并根据调研结果判断村庄的公共服务条件；交通区位在地图上用地理信息系统（GIS）工具获取，包括距离中心城区车程、距离镇（街道）中心车程、公路里程、与主干道距离、距离高速公路出入口车程、距离火车站车程等指标，并用公路里程衡量当地的交通便利性。最终设定的识别指标体系如表5-10所示，然后对每一个指标设定资源匮乏基准值，当某村庄的指标值大于基准值时说明其处于资源匮乏状态，具体如表5-11所示。

表5-10 资源匮乏型村庄的识别指标体系

	分类	指标名称	指标解释	正逆
资源衰落型	生态资源	生态保护红线	生态保护红线占村域面积	逆
		石漠化	1=无石漠化，2=潜在石漠化，3=石漠化	正
		水土流失	1=无，2=轻度，3=中度，4=重度	正
		垃圾处理点数量	村庄垃圾处理数量	逆
		村庄坑塘水质好坏	1=好，2=一般，3=不好	正
	农业资源	500亩以上坝区	1=有，2=无	正
		水库	1=有水库，2=无水库	正
		耕地撂荒率	抛荒面积/耕地总面积×100%	正
		人均农业产值	村庄农业总产值×村庄总人数	逆
		从事农业人数占比	从事农业生产人数×劳动力人数	逆
		人均耕地面积	村庄总耕地面积×村庄总人口数	逆
		人均粮食产量	村庄粮食总产量×村庄总人数	逆
	文化旅游资源	历史文化名村	1=国家级，2=省级，3=市级，4=无	正
		森林乡村	1=国家级，2=省级，3=市级，4=无	正
		乡村旅游重点村	1=国家级，2=省级，3=市级，4=无	正
		文保单位	1=国家级，2=省级，3=市级，4=无	正

续表

分类		指标名称	指标解释	正逆
人口衰落型	人口结构	人口流失率	外流人口数÷村庄总人口数	正
		人口自然增长率	（出生人口数-死亡人口数）÷总人口数÷1000‰	逆
		常住人口老龄化率	常住人口65岁以上人数÷常住总人数	正
		户均人口	村庄总人口数÷村庄总户数	逆
		人均可支配收入	可支配总收入÷村庄总人数	逆
	村庄规模	村庄常住人口	全年在村庄居住6个月以上的人数	逆
		村庄建设用地面积	进行各项非农业建设所使用的土地面积	逆
		人均宅基地面积	村庄总宅基地面积÷村庄总人口数	正
		房屋空置率	村庄房屋空置户数÷村庄总户数	正
基建衰落型	基础设施	自来水入户率	安装自来水户数÷村庄总户数	逆
		宽带网络安装率	村庄安装宽带户数÷村庄总户数	逆
		购物商店数量	村庄购物商店数量	逆
		村庄小学师生人数比	村庄小学老师人数÷学生人数	正
		每百人卫生室人员数	村庄每百人医生数量	逆
		公共服务条件	1=好，2=一般，3=不好	逆
	交通区位	距离中心城区车程	通过GIS工具测量获得	正
		距离镇（街道）中心车程	通过GIS工具测量获得	正
		公路里程	通过GIS工具测量获得	逆
		与主干道距离	通过GIS工具测量获得	正
		距离高速公路出入口车程	通过GIS工具测量获得	正
		距离火车站车程	通过GIS工具测量获得	正

表 5-11 识别指标的资源匮乏基准值及依据

分类		指标名称	资源匮乏基准值	依据
资源衰落型	生态资源	生态保护红线	50%	《泉州市村庄分类指引（试行）》
		石漠化	1（无石漠化）	生态环境基本要求
		水土流失	1（无水土流失）	生态环境基本要求
		垃圾处理点数量	1（垃圾已处理）	该区域2020年统计年鉴
		村庄坑塘水质好坏	2（一般）	以水质一般程度为基准
	农业资源	500亩以上坝区	1（有坝区=1）	农业生产实际需要
		水库	1（有水库=1）	农业生产实际需要
		耕地撂荒率	30%	邵俊（2019）
		人均农业产值	当地平均值	该区域2020年统计年鉴
		从事农业人数占比	当地平均值	该区域2020年统计年鉴
		人均耕地面积	当地平均值	该区域2020年统计年鉴
		人均粮食产量	当地平均值	该区域2020年统计年鉴
	文化旅游资源	历史文化名村	3（市级）	相关政策、规划、新闻
		森林乡村	3（市级）	相关政策、规划、新闻
		乡村旅游重点村	3（市级）	相关政策、规划、新闻
		文保单位	3（市级）	相关政策、规划、新闻
人口衰落型	人口结构	人口流失率	50%	冉逸箫等（2017）
		人口自然增长率	当地平均值	该区域2020年统计年鉴
		常住人口老龄化率	7%	《人口老龄化及其社会经济后果》（联合国，1956）
		户均人口	当地平均值	该区域2020年统计年鉴
		人均可支配收入	当地平均值	该区域2020年统计年鉴
	村庄规模	村庄常住人口	2000人	周兆安、张蕴洁（2018）
		村庄建设用地面积	当地平均值	该区域2020年统计年鉴
		人均宅基地面积	当地平均值	该区域2020年统计年鉴
		房屋空置率	30%	"农村绿皮书"（中国社会科学院）

续表

分类		指标名称	资源匮乏基准值	依据
基建衰落型	基础设施	自来水入户率	50%	一般达到一半为最低要求
		宽带网络安装率	50%	一般达到一半为最低要求
		购物商店数量	1（有商店）	生活基本需求
		村庄小学师生人数比	0.04	国家标准
		每百人卫生室人员数	当地平均值	该区域2020年统计年鉴
		公共服务条件	2（一般）	生活基本需求
	交通区位	距离中心城区车程	40分钟	交通基本需求
		距离镇（街道）中心车程	20分钟	交通基本需求
		公路里程	当地平均值	该区域2020年统计年鉴
		与主干道距离	10分钟	交通基本需求
		距离高速公路出入口车程	60分钟	交通基本需求
		距离火车站车程	40分钟	交通基本需求

本章从村庄发展的历史阶段、村庄分化的影响因素和村庄资源匮乏的学术价值等角度，阐释了资源匮乏型村庄的特征并构建了资源匮乏型村庄识别指标体系，目的在于科学、准确、客观地定量把握资源匮乏型村庄的类型与状态。

三 指标权重的计算

为了尽量全面描述村庄资源匮乏的变化，规避单一指标信息量不足的缺点，本章采用构建指标体系的方式对村庄资源匮乏进行判断，前文已构建资源匮乏型村庄的识别指标体系，此指标体系涉及资源、人口、基建3个方面的7个维度，具体指标有37个，因此，资源匮乏型村庄识别属于多属性判断问题，针对这种问题，目前也有多种解决方法，常见的解决方法如表5-12所示。

表 5-12　多属性判断问题的常见解决方法

方法类型	方法名称	具体原理/操作
定性描述法	德尔菲法	针对问题设计问卷向专家调研，专家在互不知情的情况下填写；问卷回收后，将各专家的意见分别告知所有专家，以便各专家对自己的意见做出相应调整，直至所有专家的结果大致相同
运筹学法	数据包络分析	通过数学规划模型确定相对有效的生产前沿面，在生产前沿面上将各决策单元映射，并通过各决策单元偏离生产前沿面的程度衡量其相对有效性
系统工程法	层次分析法	将决策和影响因素分为目标层、方案层、标准层等，以各层元素之间的相互关系建立判断矩阵，并将特征向量作为各因素的权重
系统工程法	关联矩阵法	使用矩阵形式，搜寻替代方案中的相关评价指标并计算其评价值，评价值加权和最大方案即为最优方案
模糊数学方法	模糊综合评价法	构建等级评语集与因素评价矩阵，对指标因素定量计算，然后利用模糊线性变换原理对各指标进行综合评价，得到最大隶属度的结果为最优结果
灰色综合评价法	灰色关联分析法	根据与参照系列曲线比较的系列曲线的相似性判断相关度，相关度越高，其评价效果越好
灰色综合评价法	灰色聚类分析法	将聚类对象与各聚类所拥有的白化函数按多个灰类进行归纳，从而判断聚类对象的所属种类
人工智能法	BP 神经网络法	人工神经网络（ANN）衍生出的新算法，首先对参数进行初始化，并对输入数据归一化处理，并以此为训练样本，若在给定训练模式下，期望输出与实际输出的差距在误差范围内，则无须对该训练模式调整，最后调整权系数并进行反向传播
可拓学方法	可拓物元评价法	以物元理论为基础，通过物元与事元来描述问题或对象，由关联程度决定其所属区间

以上方法为解决多属性判断问题时的常见解决方法，这些方法各有优劣，并适用于不同情形。例如，德尔菲法操作过程复杂，需要和数位专家进行长时间、持续的沟通，且结果具有专家的个人主观性；层次分析法、关联矩阵法在面对影响因素众多的方案优选问题时，判断矩阵较大，处理过程复杂且判断矩阵一致性检验的调整过程较为烦琐；BP神经网络法虽然具有较强的客观性，且在多指标的决策问题上表现较好，但需要大量的数据作为训练样本，而目前我国长期运营的综合管廊

项目较少，无法提供大量的数据，此外，BP 神经网络法的普适性较差，一旦环境发生改变，原方法型则不再适用。因此，经过对各种方法的科学比较，本书最终采用一种新兴而科学的多属性降维法——基于加速遗传算法的投影寻踪（Real-coded Accelerating Genetic Algorithm-Projection Pursuit，RAGA-PP）法（Projection Pursuit，PP）来对指标体系进行赋权。

（一）投影寻踪法

投影寻踪法是一种能够有效处理多指标决策问题的方法，常用于农业、环境等领域，下面对投影寻踪法的原理进行阐述。

在研究一个对象与其众多影响因素的关系 $F=f(X_1, X_2, \cdots, X_n)$ 时，常使用若干观测样本 $\{x_{i1}, x_{i2}, \cdots, x_{in}\}$ 进行分析，为提升分析结果的精度，通常还会加入一个随机误差，即 $F=f(X_1, X_2, \cdots, X_n)+\varepsilon$。

若二者的关系 f 为线性关系，则此模型为线性模型，其表达式为

$$F = c_0 + c_1 X_1 + c_2 X_2 + \cdots + c_n X_n + \varepsilon \tag{5-1}$$

令 $H=F-c_0$，则 $H = c_1 X_1 + c_2 X_2 + \cdots + c_n X_n + \varepsilon$，此关系可使用矩阵形式表达：$H = X \cdot C + \varepsilon$。其中

$$H = \begin{pmatrix} h_1 \\ h_2 \\ \cdots \\ h_m \end{pmatrix}, X = \begin{pmatrix} x_{11} & x_{12} & \cdots & x_{1n} \\ x_{21} & x_{22} & \cdots & x_{2n} \\ \cdots & \cdots & \cdots & \cdots \\ x_{m1} & x_{m2} & \cdots & x_{mn} \end{pmatrix}, C = \begin{pmatrix} c_1 \\ c_2 \\ \cdots \\ c_n \end{pmatrix}, \varepsilon = \begin{pmatrix} \varepsilon_1 \\ \varepsilon_2 \\ \cdots \\ \varepsilon_n \end{pmatrix}$$

参数 C 可使用最小二乘法进行求解，其表达式为 $C = (X^T X)^{-1} X^T H$。

但当二者的关系 f 为非线性关系，且其影响因素众多时，此关系的求解将变得十分困难。此时，由于投影寻踪法在解决此类非线性、非正态的高维数据时表现优异，因此常被采用其具体赋权方法如下。

1. 指标数据的标准化

令各指标的样本集为 $\{x(i,j) | i=1, \cdots, p, j=1, 2, \cdots, n\}$，其中，$x(i,j)$ 表示第 i 个年份的第 j 个指标的数据，p、n 分别表示年份

和指标的总数,处理方式如下:

$$正向指标:xx_{正}(i,j) = \frac{x(i,j) - x_{min}(i)}{x_{max}(i) - x_{min}(i)}$$

$$逆向指标:xx_{逆}(i,j) = \frac{x_{max}(i) - x(i,j)}{x_{max}(i) - x_{min}(i)}$$

正向指标也称为效益性指标,其值越大对最终结果越有利;而逆向指标也称为成本性指标,其值越小,对最终结果越有利。其中,$xx(i,j)$表示第i年的第j个指标的标准化评定结果,$x_{max}(i)$表示第i年所有指标中的最大值,$x_{min}(i)$表示第i年所有指标中的最小值。

2. 建立投影指标函数

首先需要将高维数据向低维空间投影。n维数据$\{x(i,j) | j = 1, 2, \cdots, n\}$在方向向量$a = \{a(1), a(2), \cdots, a(n)\}$上的投影值为$z(i)$

$$z(i) = \sum_{j=1}^{n} a(j)x(i,j), i = 1,2,\cdots,p$$

不同的方向向量将得到不同的一维投影值。为更好地描述投影值$z(i)$的分布状态,可以建立投影指标函数$Q(a)$进行量化描述,其表达式为

$$Q(a) = S(z) \cdot D(z)$$

其中,$S(z)$为各投影值函数$z(i)$的标准差,$D(z)$为各投影值函数$z(i)$的局部密度,其表达式为

$$S(z) = \sqrt{\frac{\sum_{i=1}^{n}[z(i) - E(z)]^2}{n - 1}}$$

$$D(z) = \sum_{i=1}^{n}\sum_{j=1}^{p}[R - r(i,j)] \cdot u[R - r(i,j)]$$

其中,$E(z)$是投影值$z(i)$的均值;R为局部密度的窗口半径,一般取值为$0.1S(z)$,可根据情况进行适当调整;$r(i,j)$为任意两个投影值之间的距离,即$r(i,j) = | z(i) - z(j) |$。

3. 界定投影指标函数的优化方向

对于某一确定的样本集 $\{x(i,j) | i=1,\cdots,n, j=1,2,\cdots,p\}$，其投影目标函数 $Q(a)$ 的唯一自变量为方向向量 a。不同数据结构特征会产生不同的投影方向向量，其中，最佳投影方向向量能充分体现数据的结构特征，因此，可用最大化投影目标函数的方法来确定最佳投影方向向量，得到的最佳投影方向向量即为各指标因素的权重。

目标函数的最大化：$\max Q(a) = S(z) \cdot D(z)$，约束条件：s.t. $\sum_{j=1}^{p} a^2(j) = 1$，这是一个以 $\{a(j) | j=1,2,\cdots,p\}$ 为优化变量的复杂非线性优化问题，传统优化方法处理起来较为困难，因此，本书决定采用基于实数编码的加速遗传算法来破解此类高维全局寻优问题。

（二）加速遗传算法

遗传算法（Genetic Algorithm，GA）是一种借鉴生物界中优胜劣汰、不断择优的进化原理，利用现代计算机技术进行模拟更新迭代的方法，主要用于解决目标优化问题。对于本书而言，遗传算法主要用于寻找投影寻踪模型的最优解。与其他传统的优化方法相比，标准遗传算法有明显的优势，但它仍存在一些不足。例如，在计算过程中容易出现"早熟"的现象，即还未搜寻到全局最优解时，种群内已不能再产生优于父代的个体，从而只能搜寻到局部最优解而非全局最优解，且"早熟"现象的产生是随机的、不可预见的。此外，标准遗传算法使用二进制进行编码，不仅编码过程复杂，而且字符串长度的增加会使运算速度降低。鉴于此，学者们利用基于实数编码的加速遗传算法（Real-coded Accelerating Genetic Algorithm，RAGA）来改进上述缺陷。它避免了标准遗传算法中常出现的易于早熟、编码复杂、运算速度慢等问题，具有更加稳定和高效的寻优能力。

本书中，加速遗传算法的作用是为投影寻踪法寻找到全局最优解，从而确定最佳方向向量。下面以一个实际的全局寻优问题来阐述加速遗传算法的运行原理。

$$\begin{cases} \min f(x) \\ \text{s.t.} \ a(j) < x(j) < b(j) \end{cases}$$

1. 生成父代群体

令父代群体的总规模为 n，总规模 n 一般根据经验或多次尝试后自行设定，n 的值过小会导致不宜寻找到全局最优解；而 n 的值过大则会降低运算速度和精度。在 [0, 1] 内生成均匀的 n 组随机数，每组均匀随机数都包含 p 个值。之后将产生的均匀随机数代入上式中，得到与之对应的函数值，即

$$\{x(j,i) \mid j = 1,2,\cdots,p, i = 1,2,\cdots,n\}$$

2. 父代个体的适应度评价

各组父代群体有不同的值，这些值分别对应着不同的目标函数值。本案例需要寻求最小函数值，因此令目标函数值 $f(i)$ 的值越小，个体的适应度越高。按照下式计算得到所有父代个体的适应度函数值 $F(i)$。由此可知，适应度函数值 $F(i)$ 越大，个体的适应度越高。

$$F(i) = \frac{1}{f^2(i) + 0.0001}$$

式中，0.0001 是为了避免 $f(i) = 0$，导致无法得到适应度函数值 $F(i)$ 的情况发生，将 $f(i)$ 进行平方是为了放大各个目标函数值之间的差异，便于后续的观察。

3. 定义各父代个体的选择概率

第 i 个父代个体被选择参与繁殖的概率的表达式为

$$P(i) = \frac{F(i)}{\sum_{i=1}^{n} F(i)}$$

4. 父代群体进行杂交

杂交概率 pc 决定了种群的杂交范围，种群的杂交范围为 $n \times pc$，由

此可见，种群的总规模 n 确定之后，杂交概率 pc 越高，种群更新迭代的速度越快。对于任意两组被选中进行杂交的父代个体，首先会随机生成两个数字 $U1$、$U2$，此随机数字的作用是确定两个父代个体进行杂交的位置。其次将其转化为十进制 $int(U1,e)$、$int(U2,e)$，同时被选中进行杂交的父代个体也转化为二进制，即

$$\{ia(j,i) \mid j = 1,2,\cdots,p, i = 1,2,\cdots,n\}$$

将进行杂交的两个父代个体的第 $int(U1,e)$ 位至第 $int(U2,e)$ 位的数字信息进行交换，而其他位置的数字信息保持不变，如下式所示，从而生成两个新的子代个体。至此，父代个体的杂交过程结束。

$$ia1(j,i) = \begin{cases} ia2(j,i) & k \in [int(U1,e), int(U2,e)] \\ ia1(j,i) & k \notin [int(U1,e), int(U2,e)] \end{cases}$$

$$ia2(j,i) = \begin{cases} ia1(j,i) & k \in [int(U1,e), int(U2,e)] \\ ia2(j,i) & k \notin [int(U1,e), int(U2,e)] \end{cases}$$

5. 随机变异

变异参数 pm 决定了群体中的变异规模，一个总规模为 n 的种群，其群体内将会有 $pm \times n$ 个个体产生变异。变异参数要合理确定，过大将导致寻优过程变为随机寻优，降低寻优效率；而太小则将导致群体内更新迭代速率降低，可能导致无法寻找到最优值。变异方向以 d 表示，变异步长用 m 表示，二者皆为随机产生，变异后的子代表达式为

$$Ia(j,i) = ia(j,i) + md$$

6. 演化迭代

将得到的所有子代个体与群体中所有的原有父代个体代入上式中计算适应度函数，将适应度函数值从大到小排列，将前 n 个个体选取出来作为下一轮迭代的父代群体。然后将此父代群体重新进行步骤②~⑥的流程，随着迭代次数的增加，父代群体的差异将越来越小，局部最优值也越来越接近全局最优值，直至达到设定的加速次数或得到小于设定的函数值，此时的最优个体即为全局最优个体。

四 村庄资源匮乏指数

经加权计算得到资源、人口、基建 3 个方面以及生态资源、农业资源、文化旅游资源、人口结构、村庄规模、基础设施、交通区位 7 个维度的指标权重，进一步构建村庄资源匮乏指数对村庄资源匮乏程度进行衡量，其表达式为

$$S_i = \frac{\sum_{i=1}^{n} w_j xx_{ij} - U}{U}, i = 1,2,3,\cdots,p$$

其中，U 为资源匮乏标准值，xx_{ij} 为指标 j 的标准化值，w_j 为指标权重，S_i 为乡村资源匮乏指数。若 $S_i<0$，则说明村庄不处于资源匮乏状态；$S_i>0$ 则说明村庄为资源匮乏型村庄，且数值越大，说明资源匮乏程度越深。村庄综合资源匮乏指数为各年村庄资源匮乏指数的平均值。结合各个步骤、指标权重及村庄资源匮乏指数，村庄资源匮乏类型识别指数的模型运算机理如图 5-5 所示。

通过在中国知网、万方数据、维普期刊等知识平台上对数百篇相关研究的搜索，结合相关政策规划，从生态资源等方面筛选出 6 个方面 100 余个指标，并通过频次统计的方式精选出 37 个指标，构建了涉及资源、人口、基建 3 个方面 7 个维度的指标体系；以指标体系为基础，结合相关政策、规划、文献、研究报告等客观资料划定了指标的资源匮乏基准值，构建村庄资源匮乏指数模型并采用客观赋权法中的基于加速遗传算法的投影寻踪模型计算指标权重，以求对村庄分类的指标体系和方法足够全面、科学、客观和准确。

第四节 贵州省贵定县资源匮乏型村庄的类型识别

一 案例概况

贵定县是滇桂黔石漠化集中连片地区贫困县，隶属于贵州省黔南布

资源匮乏型村庄振兴：路径与模式

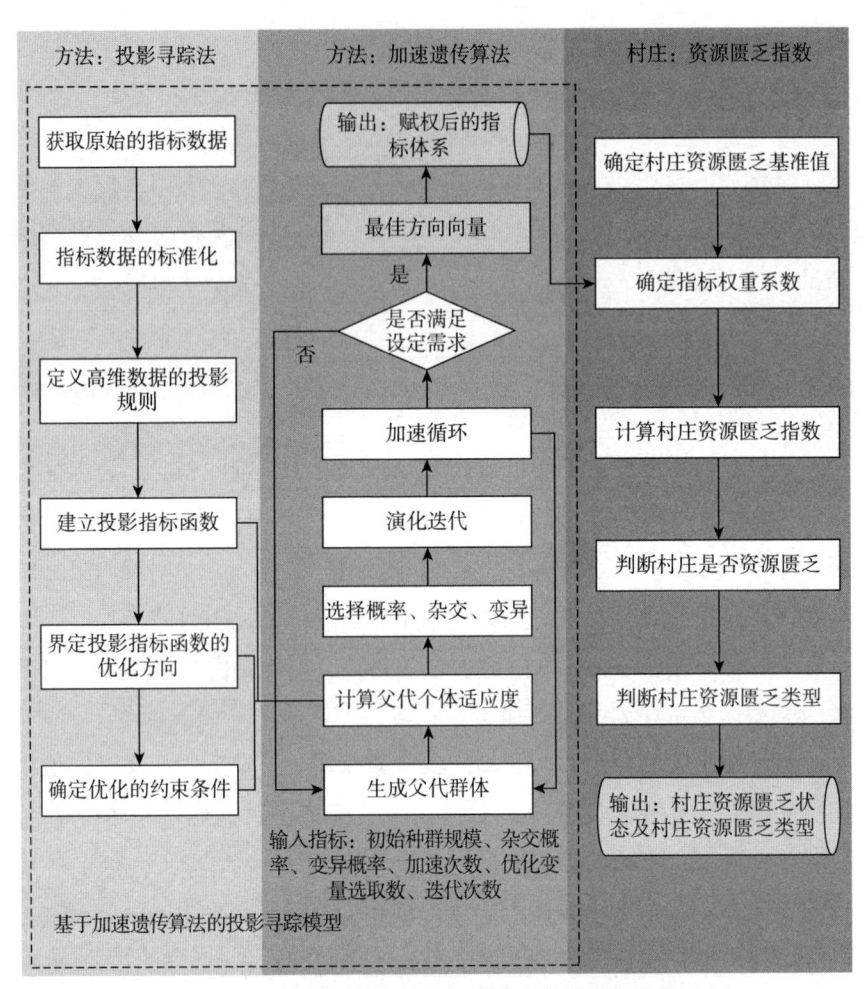

```
方法：投影寻踪法          方法：加速遗传算法         村庄：资源匮乏指数

获取原始的指标数据         输出：赋权后的指标体系      确定村庄资源匮乏基准值
      ↓                        ↑                        ↓
指标数据的标准化           最佳方向向量               确定指标权重系数
      ↓                        ↑是                       ↓
定义高维数据的投影规则   是否满足设定需求            计算村庄资源匮乏指数
      ↓                   否    ↑                        ↓
建立投影指标函数           加速循环                   判断村庄是否资源匮乏
      ↓                        ↑                        ↓
界定投影指标函数的         演化迭代                   判断村庄资源匮乏类型
优化方向                        ↑                        ↓
      ↓                 选择概率、杂交、变异         输出：村庄资源匮乏状态
确定优化的约束条件              ↑                    及村庄资源匮乏类型
                         计算父代个体适应度
                                ↑
                         生成父代群体

输入指标：初始种群规模、杂交概率、变异概率、加速次数、优化变量选取数、迭代次数

基于加速遗传算法的投影寻踪模型
```

图 5-5　村庄资源匮乏类型识别指数的模型运算机理

依族苗族自治州，地处云贵高原东部的黔中山原中部，总人口约 30 万人，总面积为 1631 平方千米。2020 年贵定县政府工作报告显示，全县地区生产总值为 117.51 亿元，社会消费品零售总额为 20.63 亿元，一般公共预算收入为 6.66 亿元，城镇、农村居民人均可支配收入分别为 32841 元、11953 元。

（一）地形崎岖

全县境内丘陵、低山、中山相间，群山林立，其中山地面积占比，如表 5-13 所示。

表 5-13 贵定县山地面积占比

地形地貌类型		占全域面积的比重（%）
丘陵	低丘陵	13.02
	高丘陵	34.67
低山		33.87
中山		18.44

（二）生态脆弱

贵定县水土流失面积为 875.68 平方千米，占全域面积的 53.69%，覆盖所有村庄，生态脆弱（敏感）性区域同样涉及贵定县所有 95 个村庄。贵定县石漠化区域面积为 66.95 平方千米，占全域面积的 4.12%，覆盖全县 94.7%的村庄。

（三）人口流失

从 2015 年到 2018 年，平均每年约 1000 人迁往省外，5000 多人迁往省内其他区域，2017 年后，全县整体上迁出人口多于迁入人口，迁入人口与迁出人口总数逐年下降，全县人口在以每年约 2%的速度加快流失，且人员流动性在减弱（见图 5-6）。

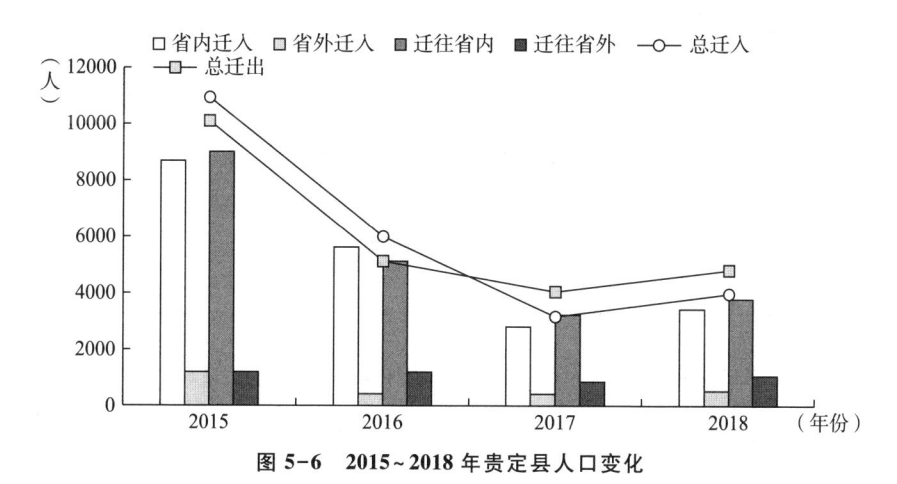

图 5-6 2015~2018 年贵定县人口变化

（四）乡村用地不集约

山区耕地和村寨分布分散，户均村庄建设用地面积过大（贵定县为

433.13米²/户，贵州省户均村庄建设用地面积如表5-14所示），不利于集约利用土地资源和配套服务。目前，村庄建设缺乏规划，私自建房现象严重，与基本农田、生态保护红线都有冲突。其中，与基本农田冲突3.09平方千米，与生态保护红线冲突0.36平方千米。

表5-14　贵州省户均村庄建设用地面积

单位：米²/户

区域名称	户均村庄建设用地面积
城郊、坝子地区	≤130
丘陵地区	≤170
山区、牧区	≤200

（五）农业产业链延伸不足，附加值不高

贵定县北部以烤烟、果蔬种植为主，中部以水果、蔬菜种植为主，南部以茶叶种植为主，农产品加工业（农副食品加工业，食品制造业，酒、饮料和精制茶制造业）总产值逐年上升，2018年虽达12.84亿元，但仍远低于周边的龙里县、惠水县，需要进一步完善产业链，提升农产品附加值。

综上所述，贵定县水土流失严重、村庄建设粗放、经济发展滞后、人口流失较快，适合作为村庄资源匮乏的典型案例进行研究。

根据政策指引及贵定县各村发展情况，本次村庄资源匮乏案例研究对象为贵定县6镇2街道的共95个行政村（见表5-15）。

表5-15　贵定县行政村数量

单位：个

镇（街道）	村名	数量
宝山街道	农庄村、高原村、新场村、宝花村、竹坪村、城北村、城东村、龙岗村	8
金南街道	小河村、乐芒村、鼓坪村、胜利村、新良田村、虎场村、金山村、南平村、荷花村	9
盘江镇	清定桥村、狮扑村、音寨村、红旗村、马场河村、新峰村、新沿村、兴隆村、白龙村、长江村	10

续表

镇（街道）	村名	数量
沿山镇	和平村、星溪村、春光村、香山村、杨柳村、底至村、沿山村、石板村、乐雍村、森山村、新龙村、威远村	12
昌明镇	都六村、马踏屯村、铁锁岩村、栗山村、光辉村、九百户村、良田村、贾戎村、摆耳村、打铁村、红光村、永和村、摆龙村、火炬村、谷凌村、秀河村、白马村、猛安村、桐荡村、文江村、古城村、黄土村、新安村、高坡村、友谊村	25
德新镇	德新村、丰收村、宝山村、新铺村、晓丰村、高枧坝村、四寨村、莲花村、光明村、喇哑村	10
新巴镇	乐邦村、幸福村、谷兵村、新华村	4
云雾镇	摆谷村、抱管村、大塘村、东坪村、谷丰村、关口村、江比村、鸟王村、塘满村、铁厂村、小普村、茶山村、铁厂东坪村、燕子岩村、营上村、平伐村、摆城村	17
合计		95

二 贵定县资源匮乏型村庄识别

贵定县资源匮乏型村庄的识别流程，如图5-7所示。首先，需要对案例中在资源、人口、基建方面具有典型特色的村庄进行梳理，这部分资源禀赋有一定优势的村庄不属于资源匮乏型村庄。其次，需要对剩下的可能处于资源匮乏状态的村庄进行资源匮乏指数验算，若小于等于0则确定其为不处于资源匮乏状态的村庄，即不属于资源匮乏型村庄；若大于0则确定其属于资源匮乏型村庄。

（一）资源子系统

1. 文旅资源优质类村庄

省级历史文化名村、国家乡村旅游重点村均为盘江镇的音寨村。贵定县有4个国家级森林乡村，主要位于盘江镇、沿山镇、昌明镇。含省级文保单位的村庄有5个，主要位于宝山街道、新巴镇、昌明镇、云雾镇；含州级文保单位的村庄有5个，主要位于宝山街道、盘江镇、昌明镇、沿山镇等地（见表5-16）。

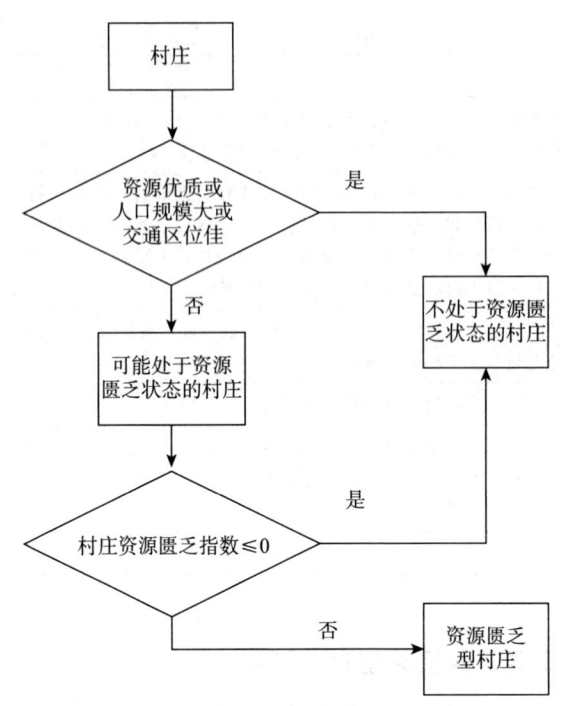

```
                    ┌──────┐
                    │ 村庄 │
                    └──┬───┘
                       │
                  ╱─────────╲
                 ╱ 资源优质或 ╲      是     ┌──────────────┐
                ╱  人口规模大或 ╲──────────→│ 不处于资源匮 │
                ╲  交通区位佳  ╱            │ 乏状态的村庄 │
                 ╲─────────╱              └──────────────┘
                       │否                       ↑
                ┌──────────────┐                 │
                │ 可能处于资源 │                 │
                │ 匮乏状态的村庄│                │
                └──────┬───────┘                │
                       │                         │是
                  ╱─────────╲                    │
                 ╱ 村庄资源匮  ╲─────────────────┘
                 ╲ 乏指数 ≤ 0  ╱     是
                  ╲─────────╱
                       │否
                       ↓
                ┌──────────┐
                │ 资源匮乏 │
                │ 型村庄   │
                └──────────┘
```

图 5-7　贵定县资源匮乏型村庄识别流程

表 5-16　贵定县文旅资源优质类村庄

单位：个

文旅资源优质类村庄		所属镇（街道）	村名	合计
历史文化名村/国家乡村旅游重点村	省级/国家级	盘江镇	音寨村	1
森林乡村	国家级	盘江镇	音寨村、红旗村	4
		沿山镇	石板村	
		昌明镇	火炬村	
文保单位	省级	宝山街道	宝花村、城东村	5
		新巴镇	谷兵村	
		昌明镇	红光村	
		云雾镇	鸟王村	
	州级	宝山街道	宝花村	5
		盘江镇	清定桥村	
		昌明镇	古城村	
		沿山镇	石板村、新龙村	

2. 生态资源脆弱类村庄

生态保护红线占村域面积较大（25%~50%）的村庄有33个，主要分布于昌明镇、云雾镇等地，生态保护红线占村域面积大（>50%）的村庄有2个，主要分布于昌明镇、盘江镇。石漠化脆弱（敏感）等级为1级的区域覆盖36个村庄，主要分布于盘江镇、昌明镇等；石漠化等级为2级的区域覆盖93个村庄。水土流失脆弱（敏感）等级为1级、2级的区域覆盖贵定县所有行政村（见表5-17）。

表5-17 贵定县生态资源脆弱类村庄

单位：个

生态资源脆弱类村庄		所属镇（街道）	村名	合计
生态保护红线占村域面积的比重（%）	较大	宝山街道	农庄村、竹坪村	33
		金南街道	胜利村、鼓坪村	
		昌明镇	白马村、秀河村、谷凌村、友谊村、打铁村、火炬村、光辉村、都六村、良田村、贾戎村、栗山村、高坡村、永和村	
		德新镇	喇哑村、德新村、丰收村	
		新巴镇	幸福村	
		沿山镇	杨柳村、新龙村、石板村、森山村、威远村	
		云雾镇	塘满村、燕子岩村、抱管村、摆谷村、谷丰村、茶山村、大塘村	
	大	昌明镇	铁锁岩村	2
		盘江镇	音寨村	
石漠化脆弱（敏感）等级	1级	新巴镇	乐邦村、新华村	36
		盘江镇	音寨村、清定桥村、狮扑村、长江村、白龙村、兴隆村、马场河村等	
		沿山镇	乐雍村、底至村、杨柳村、石板村、威远村	
		昌明镇	谷凌村、友谊村、打铁村、光辉村、马踏屯村、永和村、摆龙村	
		德新镇	宝山村、四寨村、光明村、喇哑村、丰收村	

续表

生态资源脆弱类村庄		所属镇（街道）	村名	合计
石漠化脆弱（敏感）等级	1级	宝山街道	高原村、新场村、宝花村	36
		云雾镇	燕子岩村、抱管村、摆城村、茶山村	
		金南街道	金山村、荷花村	
	2级	宝山街道	高原村、农庄村、竹坪村、龙岗村、新场村、宝花村	93
		昌明镇	古城村、文江村、猛安村、白马村、秀河村、谷凌村、新安村等	
		德新镇	宝山村、新铺村、晓丰村、高枧坝村、四寨村、莲花村、光明村等	
		金南街道	小河村、乐芒村、胜利村、新良田村、虎场村、金山村等	
		盘江镇	红旗村、音寨村、清定桥村、狮扑村、长江村、白龙村等	
		新巴镇	乐邦村、新华村、幸福村、谷兵村	
		沿山镇	沿山村、乐雍村、春光村、和平村	
		云雾镇	平伐村、营上村、塘满村、江比村、燕子岩村等	
水土流失脆弱（敏感）等级	1级	宝山街道	宝花村、城北村、城东村、高原村等	95（覆盖所有村庄）
		金南街道	鼓坪村、荷花村、虎场村等	
		盘江镇	白龙村、红旗村、马场河村等	
		沿山镇	春光村、底至村、和平村、乐雍村等	
		昌明镇	白马村、摆耳村、摆龙村、打铁村等	
		德新镇	宝山村、德新村、丰收村等	
		新巴镇	谷兵村、乐邦村、新华村等	
		云雾镇	摆城村、摆谷城、抱管村等	
	2级	宝山街道	宝花村、城北村、城东村、高源村等	95（覆盖所有村庄）
		金南街道	鼓坪村、荷花村、虎场村等	
		盘江镇	白龙村、红旗村、马场河村等	

续表

生态资源脆弱类村庄		所属镇（街道）	村名	合计
水土流失脆弱（敏感）等级	2级	沿山镇	春光村、底至村、和平村、乐雍村等	95（覆盖所有村庄）
		昌明镇	白马村、摆耳村、摆龙村、打铁村等	
		德新镇	宝山村、德新村、丰收村等	
		新巴镇	谷兵村、乐邦村、新华村等	
		云雾镇	摆城村、摆谷城、抱管村等	

3. 农业资源优质类村庄

500亩以上坝区的村庄有50个，主要分布于昌明镇、盘江镇、沿山镇、云雾镇等地。有水库的村庄有26个，主要分布于昌明镇、盘江镇、云雾镇等地（见表5-18）。

表5-18 贵定县农业资源优质类村庄

单位：个

农业资源优质类村庄	所属镇（街道）	村名	合计
有500亩以上坝区	宝山街道	新场村	50
	昌明镇	古城村、文江村、猛安村、白马村、谷凌村、新安村等	
	德新镇	德新村、丰收村	
	金南街道	小河村、乐芒村、新良田村	
	盘江镇	红旗村、音寨村、清定桥村、狮扑村等	
	新巴镇	谷兵村	
	沿山镇	沿山村、乐雍村、香山村、和平村等	
	云雾镇	平伐村、鸟王村、营上村、塘满村等	
有水库（1级）	宝山街道	宝花村	26
	昌明镇	秀河村、光辉村、摆耳村	
	盘江镇	红旗村、音寨村、长江村、马场河村、新沿村	
	新巴镇	新华村、谷兵村	
	沿山镇	新龙村、石板村、森山村	
	云雾镇	平伐村、鸟王村、营上村、铁厂东坪村、燕子岩村、抱管村等	

(二) 人口子系统

贵定县常住人口多的村庄有12个，主要分布于宝山街道、盘江镇等地；常住人口较多的村庄有64个，主要分布于昌明镇、德新镇等地。贵定县建设用地多的村庄有7个，主要分布于新巴镇、盘江镇等地；建设用地较多的村庄有57个，主要分布于德新镇等地（见表5-19）。

表5-19 贵州县人口规模较大类村庄

单位：个

人口规模较大类村庄		所属镇（街道）	村名	合计
常住人口	多	宝山街道	新场村、宝花村	12
		昌明镇	都六村、九百户村	
		德新镇	宝山村、德新村	
		盘江镇	清定桥村、兴隆村、马场河村	
		云雾镇	平伐村、抱管村	
	较多	宝山街道	高原村、农庄村、城北村、龙岗村、城东村	64
		昌明镇	古城村、文江村、白马村、秀河村、谷凌村、新安村、友谊村等	
		德新镇	高枧坝村、四寨村、莲花村、光明村、丰收村	
		金南街道	小河村、乐芒村、胜利村、新良田村等	
		盘江镇	红旗村、音寨村、狮扑村、长江村等	
		新巴镇	乐邦村、新华村、幸福村、谷兵村	
		沿山镇	沿山村、乐雍村、香山村、春光村等	
		云雾镇	鸟王村、营上村、铁厂东坪村、燕子岩村等	

续表

人口规模较大类村庄		所属镇（街道）	村名	合计
建设用地	多	新巴镇	新华村	7
		昌明镇	都六村	
		沿山镇	星溪村	
		盘江镇	兴隆村、马场河村	
		德新镇	德新村	
		云雾镇	抱管村	
	较多	新巴镇	谷兵村、乐邦村	57
		德新镇	光明村、莲花村、四寨村、高枧坝村等	
		盘江镇	白龙村、新峰村、狮扑村等	
		宝山街道	新场村、龙岗村、高原村等	
		金南街道	鼓坪村、虎场村、小河村等	
		沿山镇	春光村、底至村、和平村等	
		昌明镇	白马村、摆耳村、打铁村等	
		云雾镇	摆城村、摆谷村、茶山村等	

（三）基建子系统

距离镇（街道）中心近的村庄有24个，主要分布于宝山街道、金南街道等地；距离镇（街道）中心较近的村庄有30个，主要分布于沿山镇、云雾镇等地。距离高速公路出入口近的村庄有29个，主要分布于宝山街道、昌明镇、金南街道等地；距离高速公路出入口较近的村庄有44个，主要分布于盘江镇、沿山镇、云雾镇等地。距离火车站近的村庄有29个，主要分布于宝山街道、昌明镇、金南街道等地；距离火车站较近的村庄有46个，主要分布于昌明镇、沿山镇等地（见表5-20）。

表 5-20 贵定县交通区位较好类村庄

单位：个

交通区位较好类村庄		所属镇（街道）	村名	合计
距离镇（街道）中心	近	宝山街道	城北村、龙岗村、新场村、城东村、宝花村	24
		昌明镇	秀河村、谷凌村、桐荡村、九百户村	
		德新镇	德新村	
		金南街道	乐芒村、金山村、荷花村、南平村	
		盘江镇	红旗村、清定桥村、音寨村	
		新巴镇	幸福村、谷兵村	
		沿山镇	沿山村	
	较近	宝山街道	高原村	30
		昌明镇	古城村、文江村、猛安村、白马村等	
		德新镇	新铺村、丰收村	
		金南街道	小河村、新良田村、虎场村	
		盘江镇	音寨村、狮扑村、兴隆村	
		新巴镇	谷兵村	
距离镇（街道）中心	较近	沿山镇	乐雍村、香山村、春光村、和平村、星溪村	30
		云雾镇	鸟王村、铁厂东坪村、江比村、抱管村、小普村	
距离高速公路出入口	近	宝山街道	高原村、城北村、龙岗村、新场村、城东村	29
		昌明镇	古城村、文江村、猛安村、白马村、秀河村、谷凌村、新安村等	
		金南街道	小河村、乐芒村、新良田村、虎场村、金山村、荷花村、南平村	
		云雾镇	抱管村	
		德新镇	宝山村、四寨村、光明村、喇哑村、丰收村	
	较近	宝山街道	农庄村	44
		昌明镇	打铁村、光辉村、都六村、良田村、马踏屯村、铁锁岩村、高坡村等	
		德新镇	新铺村、高枧坝村、四寨村、德新村、丰收村	

续表

交通区位较好类村庄		所属镇（街道）	村名	合计
距离高速公路出入口	较近	金南街道	鼓坪村	44
		盘江镇	红旗村、音寨村、清定桥村、狮扑村、长江村、白龙村、兴隆村等	
		沿山镇	沿山村、乐雍村、香山村、春光村、和平村、底至村、星溪村等	
		云雾镇	平伐村、营上村、铁厂东坪村、小普村、铁厂村、摆谷村、东坪村	
距离火车站	近	宝山街道	高原村、城北村、龙岗村、新场村、城东村、宝花村	29
		昌明镇	古城村、文江村、猛安村、白马村、秀河村、谷凌村、新安村等	
		德新镇	新铺村、德新村	
		金南街道	小河村、乐芒村、金山村、荷花村、南平村	
		盘江镇	长江村	
		云雾镇	抱管村	
	较近	宝山街道	农庄村	46
		昌明镇	打铁村、火炬村、光辉村、都六村、马踏屯村、铁锁岩村等	
		德新镇	宝山村、晓丰村、高枧坝村、四寨村、莲花村、光明村、丰收村	
		金南街道	新良田村、虎场村、鼓坪村	
		盘江镇	红旗村、音寨村、清定桥村、狮扑村、白龙村、兴隆村、马场河村	
		沿山镇	沿山村、乐雍村、香山村、和平村、底至村、星溪村、杨柳村等	
		云雾镇	平伐村、营上村、铁场东坪村、燕子岩村、小普村、铁厂村、东坪村	

（四）识别结果

经过三个子系统分析，贵定县音寨村等 4 个村庄具有较为优质的文旅资源，城北村等 25 个村庄交通区位较便利，高原村等 40 个村庄在农业资源等资源状况方面具备优势，共 69 个村庄识别为不处于资源匮乏状态的村庄。而贵定县的农庄村等26个村庄在资源、人口、区位、交通等方面均表现不佳，因此，识别为可能处于资源匮乏状态的村庄，需进一步通过村庄资源匮乏指数验证其是否属于资源匮乏型村庄（见表5-21）。

表5-21 资源匮乏型村庄识别结果

单位：个

类型	识别因素	村名	合计
不属于资源匮乏型村庄	根据历史文化资源综合识别	音寨村、红旗村、石板村、火炬村	4
	根据交通区位综合识别	城北村、龙岗村、新场村、城东村、宝花村、小河村、乐芒村、新良田村、虎场村、金山村、荷花村、南平村、清定桥村、沿山村、秀河村、谷凌村、桐荡村、九百户村、德新村、幸福村、谷兵村、平伐村、营上村、铁厂村、东坪村	25
	根据资源状况综合识别	高原村、鼓坪村、狮扑村、长江村、白龙村、马场河村、和平村、森山村、威远村、香山村、星溪村、都六村、光辉村、黄土村、猛安村、新安村、友谊村、打铁村、高坡村、摆耳村、贾戎村、白马村、摆龙村、红光村、良田村、古城村、文江村、宝山村、丰收村、新铺村、四寨村、新华村、抱管村、江比村、塘满村、小普村、燕子岩村、铁厂东坪村、鸟王村、摆城村	40
可能属于资源匮乏型村庄	根据资源、人口、区位、交通综合识别	农庄村、竹坪村、胜利村、新峰村、新沿村、兴隆村、春光村、底至村、乐雍村、新龙村、杨柳村、栗山村、马踏屯村、铁锁岩村、永和村、高枧坝村、光明村、喇哑村、莲花村、晓丰村、乐邦村、谷丰村、关口村、茶山村、大塘村、摆谷村	26

注：本表结果是根据资源匮乏型村庄识别流程逐步制定而得出。

（五）资源匮乏型村庄识别

前文根据贵定县各村庄在资源、人口、基建等方面的情况，对95

个行政村进行判定,其中 26 个村庄可能处于资源匮乏状态,占比为 27.37%。进一步定量判定资源匮乏型村庄,将本章第三节介绍的基于实数编码的加速遗传算法的投影寻踪模型编译为编程语言,录入 Matlab R2019b 软件中,然后对贵定县实地调研数据、统计年鉴数据以及通过 GIS 测量的数据进行标准化,作为自变量输入至 Matlab R2019b 中的 RAGA-PP 模型中,即可得到由 Matlab R2019b 软件生成的最佳投影方向向量。在此模型中,加速遗传算法设定的相关参数,如表 5-22 所示。

表 5-22 模型参数设定

项 目	参数值
初始种群规模 n	400
杂交概率 pc	0.8
变异概率 pm	0.2
加速次数 Ci	20
选取的优化变量数	20
迭代次数	100

用最佳投影方向向量换算出指标体系权重,得出资源匮乏标准值,并计算村庄资源匮乏指数。经测算,26 个可能处于资源匮乏型状态的村庄资源匮乏指数均大于 0,这一结果说明 26 个村庄均属于资源匮乏型村庄(见表 5-23)。定性识别的资源匮乏状态的村庄全部通过了村庄资源匮乏指数认定,这是因为定性研究中排除了不处于资源匮乏型状态的村庄,剩下的村庄是在生态资源、农业资源、文化旅游资源、人口结构、村庄规模、基础设施、交通区位 7 个维度都不具备优势的村庄。可见,根据村庄资源禀赋对村庄是否处于资源匮乏状态的判定结果比较严格且可靠。

表 5-23 贵定县资源匮乏型村庄判定结果

单位：个

类型	判定条件	村庄（资源匮乏指数）	合计
资源匮乏型村庄	村庄资源匮乏指数>0	农庄村（0.46）、竹坪村（0.33）、胜利村（0.71）、新峰村（1.11）、新沿村（1.02）、兴隆村（0.84）、春光村（1.16）、底至村（0.63）、乐雍村（1.16）、新龙村（0.12）、杨柳村（0.72）、栗山村（0.49）、马踏屯村（0.94）、铁锁岩村（1.29）、永和村（1.42）、高枧坝村（0.59）、光明村（1.44）、喇哑村（1.58）、莲花村（0.52）、晓丰村（0.66）、乐邦村（0.91）、谷丰村（0.98）、关口村（0.09）、茶山村（1.32）、大塘村（0.86）、摆谷村（1.51）	26

三 贵定县资源匮乏型村庄分类

根据指数范围区间进行频数分析，按照计算结果对资源匮乏型村庄进行分类，村庄资源匮乏类型优先判定为其资源匮乏值较大的类型，结果如表 5-24、表 5-25 所示。可见，贵定县的资源匮乏型村庄同时存在资源、人口、基建方面的资源匮乏，识别为资源衰落型和人口衰落型的村庄数量更多。从频数分布来看，资源匮乏指数大的村庄的数量越多，说明该维度的资源匮乏情况越严重，由表 5-25 知，在生态资源、农业资源、文化旅游资源、人口结构、村庄规模、基础设施、区位交通等 7 个维度，资源匮乏指数较高的区间村庄数量较多，说明应优先优化这几个维度的资源匮乏状况。

表 5-24 贵定县资源匮乏型村庄分类

资源匮乏类型	村庄
资源衰落型村庄	竹坪村、杨柳村、乐邦村、大塘村、马踏屯村、铁锁岩村、新峰村、高枧坝村、农庄村
人口衰落型村庄	兴隆村、春光村、关口村、新龙村、永和村、栗山村、乐雍村、晓丰村、新沿村、茶山村、光明村
基建衰落型村庄	摆谷村、莲花村、喇哑村、胜利村、底至村、谷丰村

表 5-25 贵定县资源匮乏型村庄频数统计

分类		资源匮乏指数	村庄数量（个）
资源衰落型	生态资源	(0, 1)	3
		(1, 2)	6
		(2, 3)	16
		(3, 4)	1
	农业资源	(0, 1)	2
		(1, 2)	5
		(2, 3)	17
		(3, 4)	2
	文化旅游资源	(0, 1)	3
		(1, 2)	9
		(2, 2.5)	8
		(2.5, 4)	6
人口衰落型	人口结构	(0, 0.4)	4
		(0.4, 0.7)	3
		(0.7, 1.1)	8
		(1.1, 1.3)	11
	村庄规模	(0, 1)	5
		(1, 1.5)	9
		(1.5, 2)	2
		(2, 2.5)	10
基建衰落型	基础设施	(0, 1)	2
		(1, 2)	7
		(2, 3)	14
		(3, 4)	3
	区位交通	(0, 0.3)	2
		(0.3, 0.6)	4
		(0.6, 0.9)	9
		(0.9, 1.1)	11

续表

分类	资源匮乏指数	村庄数量（个）
综合资源匮乏指数	(0, 0.4)	3
	(0.4, 0.8)	8
	(0.8, 1.2)	9
	(1.2, 1.6)	6

四 贵定县不同类型资源匮乏型村庄的干预方向

（一）贵定县资源匮乏型村庄发展的总体设计

1. 引导中心村带动基层村联动发展

综上所述，贵定县资源匮乏型村庄在区位交通、生态资源、农业资源、人口结构等方面资源匮乏较为严重，这些村庄主要分布在县界边缘，且分布比较分散，距离县城中心城区较远，难以直接承接县城中心城区溢出功能。针对出现这种情况的村庄，根据资源匮乏型村庄发展干预方向成果及第三章中村庄发展系统的动态干预机理的相关成果，可以采用中心带动边缘、整体联动发展的方式。具体而言，可以选择现状社会基础设施条件较好、具有一定人口规模、交通和资源条件较好的村庄作为中心村，其他村庄作为基层村，交通优先联通中心村，以县城为核心、中心村为骨干重构村庄空间布局，引导中心村带动基层村联动发展，人口按村级结构聚集。其中，基层村配置最基本的发展需求设施，中心村在基层村配置的基础上，重点构建乡村生活圈服务中心，增加旅游服务及相关配套设施，保障贵定县所有村庄村民的生活需求。

2. 优化村庄基础设施和人居环境

贵定县资源匮乏型村庄在基础设施维度资源匮乏较为严重，根据资源匮乏型村庄发展干预方向成果及第三章中村庄发展系统的动力学机制的相关成果，可完善基础设施以赋能村庄发展。具体而言，争取扶贫专项资金和社会资本建设村庄公共服务设施，为贵定县资源匮乏型村庄注入发展原动力,并根据村庄实际需求和不同村庄类型,以提高村庄生活质量为目标,制定差别化的村庄公共服务设施配置标准,形成完善的村庄公共服务设施体系。除常规的文化、教育、体育、卫生设施外,旅游型村庄应配置游客服务中心、餐饮、民宿、银行等设施。集中布局村庄建设用地,避免过度分散,合理安排村庄各类用地,人口集聚的村庄可适当新增建设用地指标,同时鼓励合理降低人均村庄建设用地水平,实现集约化发展。

3. 发展现代农业和旅游业

贵定县资源匮乏型村庄主要分布于距离县城较远的县域边缘,资源禀赋不佳,难以依靠内生动力发展,根据资源匮乏型村庄发展干预方向成果及第三章中村庄发展的系统论的相关成果,贵定县可采用推动全域发展的模式带动资源匮乏型村庄发展。具体而言,为降低贵定县村庄的综合资源匮乏程度,各村庄可重点聚焦自身资源特色发展规模化农业种植和旅游业。在现代农业方面,建议依托古城村、文江村、猛安村、白马村、谷凌村、新安村等50个有500亩以上坝区的村庄充分发挥"大坝"的生态价值,在不用于非农建设、不破坏耕作层的前提下,通过农业现代化改造或农旅融合改造提升土地综合价值,并依托镇区发展农副产品加工与物流产业,构建农产品原料生产、农产品加工、农副食品物流产业链。在旅游产业方面,对贵定旅游风貌整体打造、连片开发,充分利用当地近山亲水、花园之城的地域特色,丰富旅游产品和旅游产业链,完善旅游景点周边配套设施,充分挖掘和利用当地少数民族文化和农业文化,联动所有村庄发展旅游业。同时,挖掘农业农村的生态涵养、休闲观光、乡愁体验等多种功能,延长游客停留时间,发展"生态旅居经济"。

(二)贵定县资源衰落型村庄发展的干预方向

贵定县土地存在石漠化现象,水土流失严重,根据第三章中村庄发展系统的动态干预机理的相关成果,应优先治理生态问题,对存在中度以上水土流失的村庄重点监管,禁止乱砍滥伐、野外用火、污染土壤,采取自然恢复、退耕还林、打坝淤地等多种措施。宝花村、秀河村、光辉村、摆耳村等 26 个有水库的村庄，需要充分利用水库资源发展现代化农业，带动周边村庄发展，并依托水库调节水资源分配，减少干旱。贵定县村庄由于地形限制，耕地较为分散，可根据区域资源划片发展农业经济，利用修复耕地、农业产业组织化、农业基础设施修建等方式提高农业生产力，改变原有以独立家庭为生产单元的模式，并由村委会牵头进行联合生产、共用农业基础设施，引入企业完善农业产业链，实现专业公司指导农户种植、产供销"一条龙"的目标。

（三）贵定县人口衰落型村庄发展的干预方向

贵定县人口流失现象突出，存在房屋空置、耕地撂荒的情况，根据资源匮乏型村庄发展干预方向成果及第三章中村庄发展系统演化的生命周期理论的相关成果，建议多管齐下干预人口流失。具体而言，首先要在制度层面上留住人口，保证土地流转机制运行畅通，宅基地制度落实有力，农村居民保险等福利制度普惠充分，同时健全农村医疗和教育体系，做到医疗服务和教学水平能与城镇的医疗教育资源有效对接。其次要大力发展产业以提供工作岗位，贵定县村庄以农旅产业为主，结构较为单一，村民人均收入较低，建议通过农业现代化改造或农旅融合改造带动资源匮乏型村庄产业优化提质，如引进智能温室大棚、无土栽培、鱼菜共生、水肥一体化等技术。最后，利用田园产业留住人口，依托河流、森林等自然风光，以及苗族等民族风情和刺梨等特色农产品，积极打造各具特色的田园综合体，建设生态公园型农业、花田观光型农业、设施粮田科普型农业、农林塘互作型农业、互动采摘型农业、鱼塘体验型农业，挖掘乡村文化特色，发展文创型、观赏型、体验型乡村旅游。

（四）贵定县基建衰落型村庄发展的干预方向

贵定县的部分村庄建设用地效率低，基础设施不够完善，存在不断衰败的现象，根据资源匮乏型村庄发展系统演化干预方向成果及第三章中村庄发展的动力学机制的相关成果，建议增强基础设施投资，助力长远发展。具体而言，贵定县属于西部经济发展滞后县，基建投入财政资金有限，除了运用新型项目开发模式引入社会资本、发行特别债券并提高资金使用效率外，需要充分重视资源匮乏型村庄的基础设施利用效率，可根据中心村—基层村分级布置基础设施，基层村基础设施主要是水电气、农业生产等基本设施，中心村则进一步增加文旅、商业、活动广场、卫生室、托幼等配套设施，依托村委会形成村级服务中心，并划分中心村、基层村的30分钟、15分钟设施布局圈层，形成步行可达的乡村布局体系，提升基础设施利用效率。在此基础上，构建"中心城区—城郊村—中心村—基层村"四级的交通运输体系，畅通偏远村庄的商品、资本、劳动力流动。此外，对村民聚集点统一规划整理，在尊重村民意愿的情况下进行旧村改造、迁村并点，引导村民向通信和水电气公共设施已覆盖区域集中，并优先配置该区域的水利、交通设施，改善基建条件。

综上所述，贵定县不同类型资源匮乏型村庄发展的干预方向如图5-8所示。

第五节 本章小结

本章首先通过系统梳理改革开放以来不同时期村庄分化的动力、不同学者对村庄分化影响因素的研究以及村庄分类的政策依据总结了资源匮乏型村庄分类的依据。其次，基于村庄分化的动力以及资源匮乏型村庄的特征，从依托中心城区和高能级村庄联动发展、科学规划村庄建设并高效利用资源、促进农业提质增效并发展特色产业等方面提出资源匮乏型村庄发展引导路径的总体设计，并按照资源匮乏型村庄的分类分别提出其发展的干预方向。再次，通过归纳统计村庄分化的相关研究，综合考虑数据的可得性，形成生态资源、农业资源、文化旅游资源、人口结构、村庄规模、基础设施、交通区位7类识别条件，构建了资源匮乏型村庄的识别指标体系。经过科学比较用于解决多属性判断问题的研究

资源匮乏型村庄振兴：路径与模式

图 5-8 贵定县不同类型资源匮乏村庄发展的干预方向

贵定县资源匮乏型村庄发展的总体设计：
- 引用中心村带动基层村联动发展
- 优化村庄基础设施和人居环境
- 发展现代农业和旅游业

不同类型资源匮乏型村庄发展设计：

资源衰落型村庄：
- 优先治理生态问题
- 充分利用水库资源发展现代化农业
- 农业产业组织化，完善农业产业链
- 健全制度、医疗、教育保障体系

人口衰落型村庄：
- 发挥大坝生态价值，提质产业创造岗位
- 打造田园综合体，留住人口

基建衰落型村庄：
- 分级布置基础设施，提升设施利用效率
- 统一规划聚集点，改善基建条件

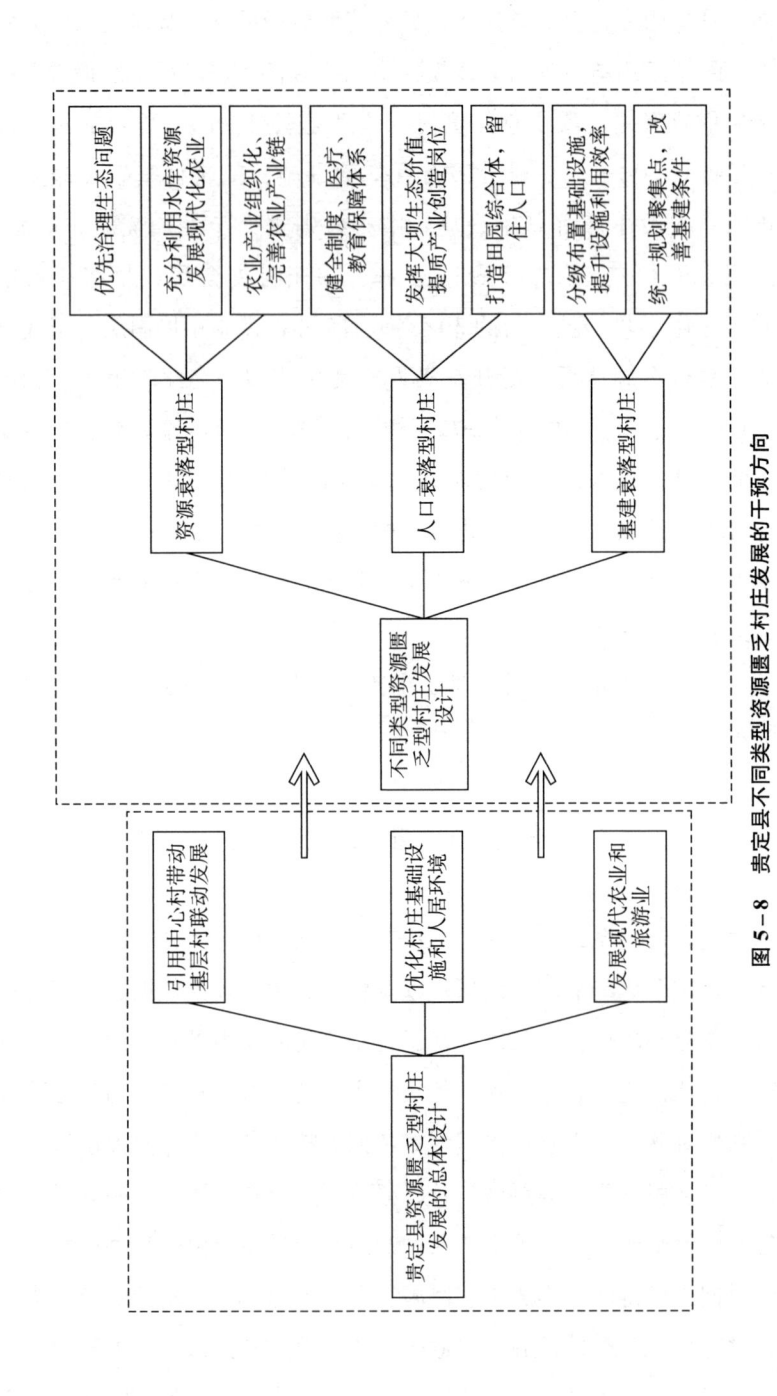

方法的优缺点，采用基于加速遗传算法的投影寻踪模型来对指标体系进行赋权，并进一步构建村庄资源匮乏指数对村庄资源匮乏程度进行衡量。最后，以贵州省贵定县为例，检验了资源匮乏型村庄类型的识别及其发展干预方向设置的可行性。

第六章 资源匮乏型村庄发展路径的经验挖掘及发展路径匹配

第一节 村庄发展路径的经验挖掘模型构建

一 问题描述

乡村是由自然、经济、社会等多种要素交互作用构成的复杂地域空间系统，具有区别于城市地域的诸多特征，与城市共同构成人类赖以生存的主要空间。乡村发展是世界性的重大区域问题，呈现一定的弱质性特征，且普遍落后于城市地区的发展，因此受到各个国家和地区的重视。自2002年党的十六大提出"统筹城乡发展"战略以来，我国相继推出新农村建设、美丽乡村、新型城镇化和城乡一体化等战略，"三农"问题得到党中央的高度重视。2017年，党的十九大进一步提出实施乡村振兴战略，从根本上破解城乡发展不平衡和乡村地区发展不充分的问题。《乡村振兴战略规划（2018~2022年）》指出，要顺应村庄发展规律和演变趋势，根据不同村庄的发展现状、区位条件、资源禀赋等，实行分类施策。中国幅员辽阔，不同地区村庄发展阶段与基础条件差别较大，在村庄转型发展的关键时期，探索不同类型村庄的差异化发展路径对实施乡村振兴战略具有重要的现实意义。

国外对乡村发展的研究起步较早，1977年，Cloke首次提出从人口

第六章　资源匮乏型村庄发展路径的经验挖掘及发展路径匹配

结构、就业结构、区位格局等方面构建乡村性指数评价乡村发展水平，并对英格兰和威尔士农村地区的发展程度开展了评价研究。此后，不同学者从乡村性评价、乡村地域空间类型、乡村行为主体、乡村建设等方面开展了系统性的研究，并取得了一定的研究成果。20 世纪 90 年代，张小林将乡村性的概念引入中国，从职业、生态、社会文化多重角度对乡村概念进行了系统分析，并基于城乡连续体的背景，构建了乡村性指数测算模型。进入 21 世纪，随着我国对"三农"问题的重视与深入实践，大量学者在借鉴国外乡村发展经验的基础上，对农业生产、农民增收、农村治理、土地整治、乡村旅游等乡村发展与建设问题进行了研究。

既有研究在研究视角上，以静态评价为主，主要通过构建评价地域发展状况的指标体系与分析模型，从乡村发展的内涵出发，聚焦乡村发展的状态、演进格局、发展潜力等问题，较少有研究顺应乡村发展的演进规律开展过程性的动态评估并分类施策。在研究尺度上，已有研究多以县域、镇域等宏观、中观尺度为研究单元评价乡村发展状态与特征，忽视了区域发展阶段与内部发展环境存在的地域性差异，以及村庄的小尺度性与区位分散性导致的异质性特征，更具实际指导意义的村域微观尺度的研究亟待深入探讨。在研究方法上，半结构化访谈、案例分析、扎根理论等定性研究方法与熵权 TOPSIS 法、SOFM 网络模型、投影寻踪法、探索性空间分析、地理加权回归分析等定量研究方法均得到了广泛应用，研究方法呈现多样化的趋势，但将案例推理技术应用于乡村发展领域的研究几乎没有。而对于发展阶段与资源禀赋相近的村庄，发展状态与发展方向却差异较大，若基于案例推理技术进行研究则有利于挖掘优秀案例的经验数据，为具有共性特征的村庄提供发展路径的经验借鉴，实现知识共享。基于此，本书把握转型期村庄发展演化的阶段特征，将转型期村庄的发展阶段划分为"衰退期""停滞期""增长期"，从扭转村庄发展状态和挖掘村庄发展潜力的视角，构建基于案例推理的村庄发展路径经验挖掘系统，以此实现转型期村庄在不同发展阶段的动态干预目标。

基于对村庄发展系统动态干预机理的分析，并结合本书提出的村庄发展系统的优化重组干预模型，从而选择村庄发展路径。其主要分为以下两步。第一步，从村庄发展的阶段性特征出发，由发展特征识别村庄的现状发展阶段。第二步，对不同发展阶段的村庄分类施策。对于处于"衰退期"的村庄，首先从村庄的人口数量、村域面积、资源规模等方面判断其是否具备安居乐业的发展条件，对于那些发展基础不足以支撑村庄发展系统良性演化的村庄，积极探索迁村并居的模式；对发展条件较好的村庄适用村庄发展状态的阶段演进模型，重点在于完善系统的生活功能，制定符合村庄发展阶段与发展条件的治理模式，满足村民日益增长的生活需求，以生活功能驱动村庄多项功能的提升，进而实现发展阶段的良性跃迁（见图6-1）。对处于"停滞期"与"增长期"的村庄适用村庄发展潜力的势能评估模型，重点在于强化村庄发展系统的生产功能，挖掘村庄发展的可能性隐性空间，通过整合、重组、优化村庄发展的资源要素，实现内源性动力与外源性动力的合力最大化，探索不同类型村庄的产业可持续发展模式，充分发挥村庄发展的潜力（见图6-2）。

二 基于案例推理的经验挖掘系统

为了解决村庄发展路径相似案例的匹配与经验借鉴问题，本书构建了一个基于案例推理的村庄发展路径经验挖掘系统，如图6-3所示。首先，运用层次分析法选取案例结构化表示的特征指标，并将历史案例根据不同的发展阶段，分别存储于不同的案例数据库中；其次，在运用熵值法计算出指标客观权重的基础上，根据村庄的发展目标和发展状态，采用主客观综合赋权的方法求得指标的主客观综合权重，并计算出目标案例与历史案例的相似度；再次，基于妥协策略构建系统的案例检索与匹配机制；最后，根据匹配结果的实际应用情况实现案例的重用与更新。

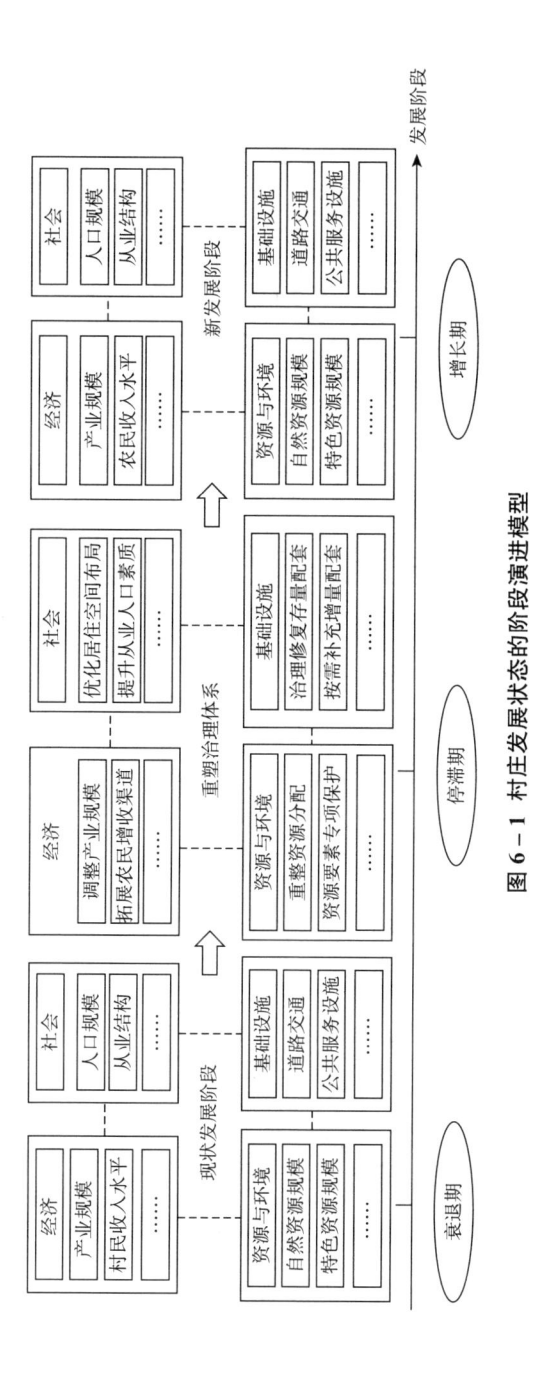

第六章 资源匮乏型村庄发展路径的经验挖掘及发展路径匹配

图 6-1 村庄发展状态的阶段演进模型

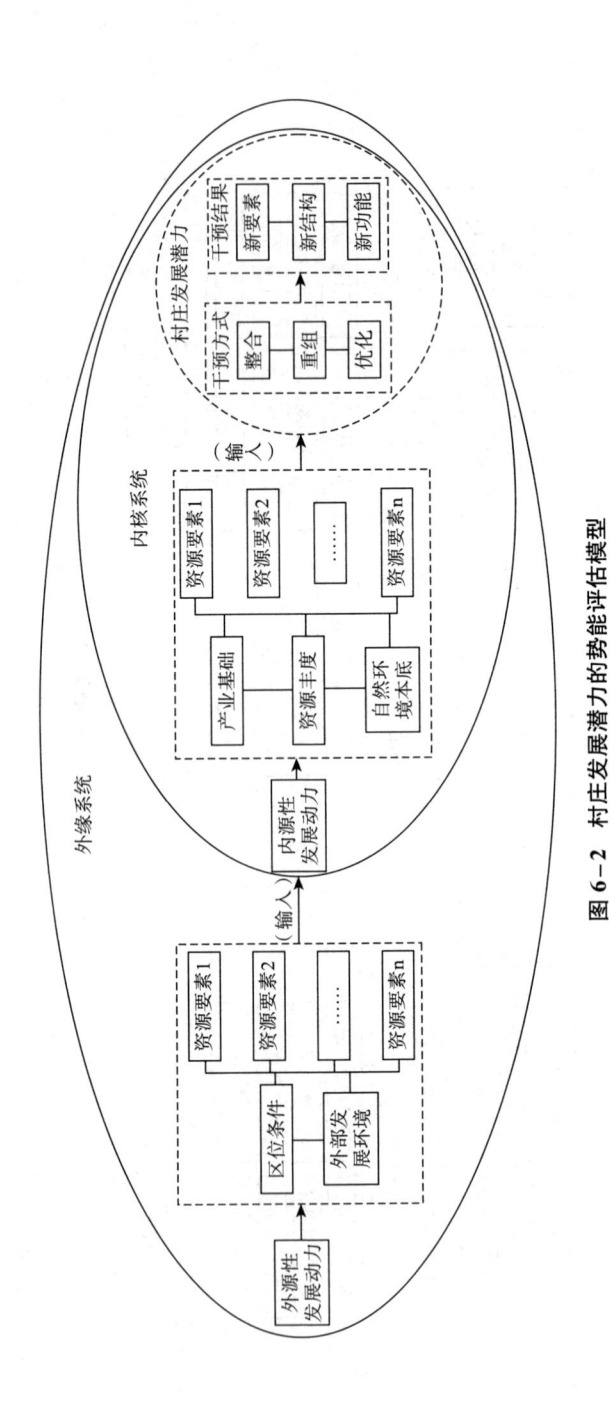

图 6-2 村庄发展潜力的势能评估模型

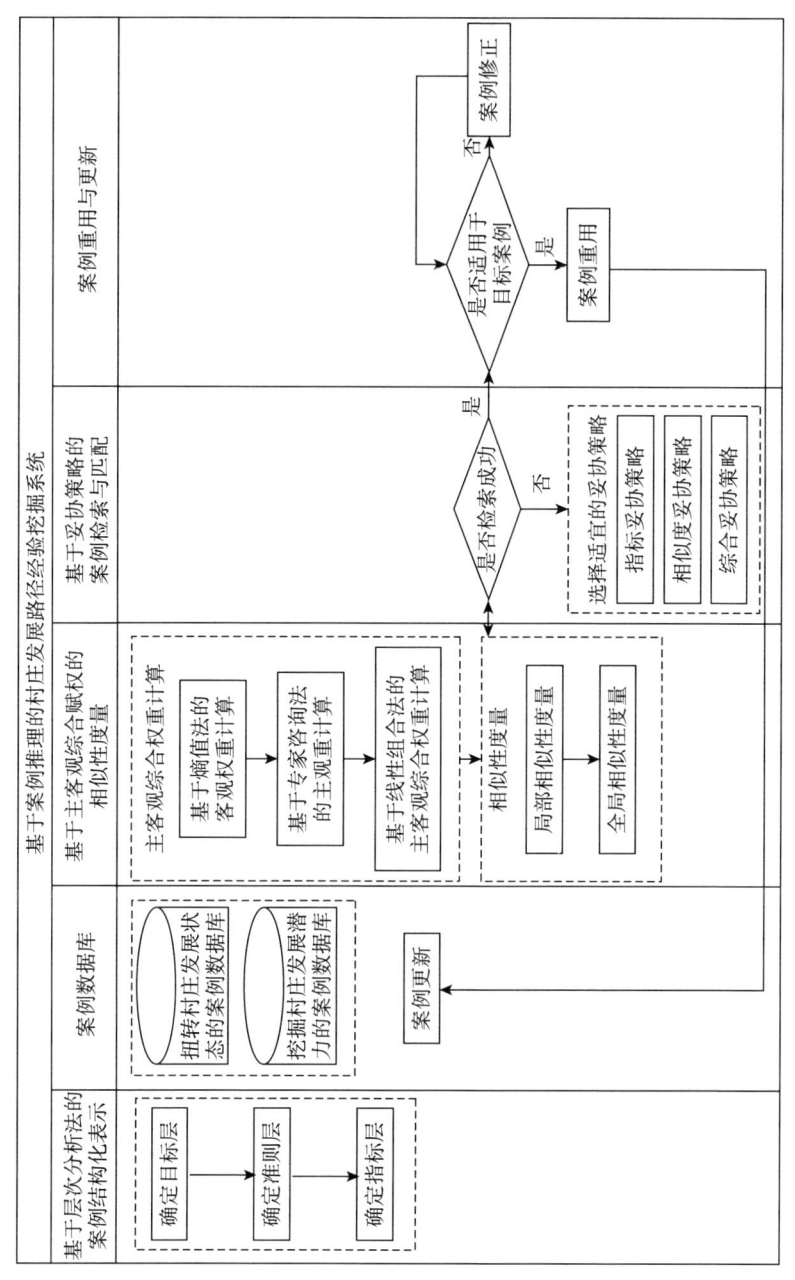

图 6-3 基于案例推理的村庄发展路径经验挖掘系统

第二节 案例来源与案例表示

一 初始案例来源

为了保证案例数据库的质量，应严格把控初始案例的有效性、代表性和完整性。初始案例应遵循以下选取原则。

（1）村庄社会经济发展水平相对较高，并得到广泛认可。

（2）村庄的治理模式或产业发展模式科学可靠，符合可持续发展的要求。

（3）村庄的统计数据较为完整。

基于以上案例选取原则，初始案例可以从以下渠道获取。

（1）政府在官方网站上报道的村庄优秀建设案例，如地方村镇建设发展中心发布的村镇建设优秀案例。

（2）地方规划局或规划设计研究院关于村庄规划的报告，如重庆市规划局发布的《重庆市南川区大观镇金龙村村庄规划报告》。

（3）涉及村庄发展与治理案例的期刊论文。

二 案例表示的结构

本书采用二元组的结构存储案例，即"问题描述，解决方案"，基于不同发展阶段探索村庄发展路径的两种情形，将扭转村庄发展状态案例数据库（K_1）中的历史案例表示为"村庄发展状态，发展路径"，将挖掘村庄发展潜力案例数据库（K_2）中的历史案例表示为"村庄发展潜力，发展路径"，初始案例存储表分别如表 6-1 和表 6-2 所示。其中，历史案例集是为解决当前村庄发展问题而存储在数据库中的可供参考的案例，分别表示为 $Z = \{Z_1, Z_2, \cdots, Z_n\}$、$C = \{C_1, C_2, \cdots, C_m\}$；目标案例是基于当前需要解决的问题而设定的案例，分别表示为 Z^*、C^*；设 $S_i = \{S_{i1}, S_{i2}, \cdots, S_{in}\}$、$T_i = \{T_{i1}, T_{i2}, \cdots, T_{in}\}$ 分别表示第 i 个历史案例的指标集，其中 S_{in}、T_{in} 分别表示第 i 个历史案例的第 n 个指标。

表 6-1　扭转村庄发展状态的初始案例存储表

数据库	案例编号	特征指标描述				发展路径描述
		S_1	S_2	…	S_n	
K_1	Z_1					
	Z_2					
	…					
	Z_n					

表 6-2　挖掘村庄发展潜力的初始案例存储表

数据库	案例编号	特征指标描述				发展路径描述
		T_1	T_2	…	T_n	
K_2	C_1					
	C_2					
	…					
	C_m					

三　案例特征指标的选取

问题描述部分所含的特征指标越多，案例表述越精确，但需要匹配的时间也越长，对特征指标的噪声数据越敏感。为了保证案例表示结构的精简性、检索与匹配机制的准确性，本书基于层次分析法的原理构建出村庄发展状态与村庄发展潜力的层次结构指标体系，实现案例的结构化表示并存储于案例数据库中。

处于"衰退期"的村庄，出现村民收入水平降低、人口老龄化程度提高、资源集约利用程度降低、基础设施落后等一系列村庄发展问题，村庄行为主体的社会生活也受多种要素的影响，不同要素及要素间的耦合协调作用最终决定了村庄发展状态的基本格局与演进过程。在参考已有研究的基础上，本书选取村庄发展系统中的经济、社会、资源与环境三大主导要素,以及服务于村庄社会行为主体基本生活需求的基础设施要素,共四个准则层构建村庄发展状态评价指标体系(见表6-3)。在具体指标的选取上,围绕"衰退期"的村庄影响村民生活质量的众多因素展开,旨在评价村庄发展系统的生活功能。其中,经济要素是村民基本生活的物质保障,也是村庄发展的基石与驱动力,主要由产业规模和村民收入水平来表征,体现了村庄产业发展的规模效应与村民的收入水平;社会要素表征为人口规模、人口老龄化程度、人口聚集程度及从业人口规模,用以直观衡量村庄行为主体的发展状态;资源与环境要素是村民生活与村庄发展的空间载体,体现了村民赖以生存的生态环境、文化环境和村庄资源集约利用的基础条件,包括耕地资源、水域资源、林地资源、特色资源等;基础设施要素选取道路交通、环卫设施和公共服务设施来表征,其建设情况在很大程度上体现了村民生活的硬件条件与村庄的综合发展水平。

表6-3 村庄发展状态评价指标体系

目标层	准则层	指标层	具体指标
村庄发展状态	经济	产业规模	S_1 农业产值(万元)
			S_2 非农业产值(万元)
			S_3 农村经济总收入(万元)
		村民收入水平	S_4 人均年收入(万元/人)
	社会	人口规模	S_5 村庄总人口(人)
		人口老龄化程度	S_6 60岁以上人口占比(%)
		人口聚集程度	S_7 人口密度(人/平方千米)
		从业人口规模	S_8 劳动力人口数(人)
			S_9 务农人口数(人)
	资源与环境	耕地资源	S_{10} 耕地面积(公顷)
		水域资源	S_{11} 水域面积(公顷)
		林地资源	S_{12} 林地面积(公顷)
		特色资源	S_{13} 村域内自然景观、特色建筑、历史文化遗迹数量(个)

续表

目标层	准则层	指标层	具体指标
村庄发展状态	基础设施	道路交通	S_{14} 道路用地占村庄建设用地面积比重（%）
		环卫设施	S_{15} 垃圾有无集中处理
			S_{16} 村域内有无公厕
		公共服务设施	S_{17} 村域内有无小学
			S_{18} 有无供应自来水
			S_{19} 村域内有无卫生机构
			S_{20} 村域内有无老年人活动中心

处于"停滞期"的村庄，人地关系相对稳定，要突破村庄发展系统进一步演化的临界值，重点在于强化生产功能的带动作用，通过提升生产功能来激发系统内部功能冲突的协同作用。处于"增长期"的村庄，系统要素处于优化调整期，人地关系较为和谐，该阶段的工作重点在于进一步挖掘生产功能提升的可能性空间，并规范产业发展模式，实现功能值的量级积累与可持续发展目标。因此，无论是"停滞期"还是"增长期"的村庄，都需要挖掘村庄发展潜力，依据其发展阶段与发展条件确定生产功能提升的潜力空间，探索能够使内源性动力与外源性动力合力最大的产业可持续发展模式。

村庄发展系统具有非线性、开放性的特点，内核系统与外缘系统不断进行物质流、能量流和信息流的交换，内核系统中的要素及其交互作用方式构成了村庄发展的内源性动力；外缘系统构成了村庄发展的外部环境，推动或制约着村庄的发展，构成村庄发展的外源性动力。因此，本书遵循系统性、可操作性、科学性等原则，基于影响村庄发展潜力的多维要素，选取产业基础、资源丰度和自然环境本底表征的内生性发展要素及区位条件与外部发展环境评价外生性发展要素，构建出村庄发展潜力评价指标体系（见表6-4）。其中，内生性发展要素的产业基础由经济规模、农业基础与非农业基础来衡量，表征村庄经济发展的规模效应与产业发展的生产效率；资源丰度是村庄发展的基石，直接影响了村庄产业发展的方向与能力，主要由劳动力资源、国土开发强度、特色资源、耕地资源、林地资源、水域资源等指标表征；自然环境本底由地形与地貌、气候条件来评价，影响着产业发展模式的选择。外生性发展要素的区位条件反映了村庄发展的交通便捷度，对生产要素的流动具有重要影响；外部发展环境主要由城区经济辐射效应、县域地均经济产出水平和政策环境来衡量，体现了村庄所处区域的经济发展水平、政策背景、市场环境和技术发展条件。

表6-4 村庄发展潜力评价指标体系

目标层	准则层	准则层分类	指标层	具体指标
村庄发展潜力	内生性发展要素	产业基础	经济规模	T_1 农村经济总收入（万元）
			农业基础	T_2 农业劳动生产率（万元/人）（农业产值÷农业从业人员）
				T_3 农地生产率（万元/公顷）（农业产值÷耕地面积）
				T_4 有无特色农业
			非农业基础	T_5 非农业产值（万元）
				T_6 劳动力非农就业率（%）（务工为主的劳动力人数÷劳动力总人口）
		资源丰度	劳动力资源	T_7 劳动力人口占村庄农村总人口比重（%）
			国土开发强度	T_8 村庄建设用地面积占比（%）（村庄建设用地面积÷村域面积）
			特色资源	T_9 村域内自然景观、特色建筑、历史文化遗迹数量（个）
			耕地资源	T_{10} 人均耕地面积（公顷/人）
			林地资源	T_{11} 林地面积占村域面积比重（%）
			水域资源	T_{12} 水域面积占村域面积比重（%）
		自然环境本底	地形与地貌	T_{13} 主要地形（平原、丘陵、盆地、山地、高原）
				T_{14} 平均海拔（m）
			气候条件	T_{15} 年平均降水量（mm）
				T_{16} 年平均气温（℃）

续表

目标层	准则层	准则层分类	指标层	具体指标
村庄发展潜力	外生性发展要素	区位条件	交通便捷度	T_{17} 到最近高铁站的距离（km）
		外部发展环境	城区经济辐射效应	T_{18} 到县城的距离（km）
			县域地均经济产出水平	T_{19} 县域地均产值（万元/公顷）（县域 GDP÷县域总面积）
			政策环境	T_{20} 是否为县域重点发展村庄

第三节 基于主客观综合赋权的案例相似度计算

一 确定指标权重

在案例检索与匹配机制中，案例特征指标的权重计算结果直接影响案例检索的性能。指标权重的分配方法主要有主观法、客观法和主客观结合法。主观法是根据不同专家对研究问题的评估完成权重的分配，可以合理利用专家丰富的实际工作经验，但具有较强的主观性；客观法是根据数据间的数学关系确定权重，计算结果较为客观，但不能反映决策者对不同指标的重视程度。村庄的发展具有地域性、阶段性和异质性的特征，不同村庄或同一村庄不同发展阶段的发展目标均不同。因此，结合指标数据内在的统计规律、领域专家的经验及决策者的规划偏好，本书采用主客观结合的方法来计算指标权重，在客观赋权的基础上，决策者根据村庄的发展目标与专家的工作经验科学合理地调整指标权重的分配。

1. 计算指标客观权重

熵值法根据客观真实的数据，运用差异驱动的原理确定各个指标的最佳权重，可以较好反映指标间信息熵的效用价值，具有较好的鲁棒性和单调性。以案例数据库 K_1 为例，本书首先采用极差法对历史案例数据库的指标数据进行归一化处理，然后运用熵值法计算案例特征指标的客观权重，其表达式为

$$Y_{ij} = (S_{ij} - \min S_j)/(\max S_j - \min S_j)$$

$$Y_{ij} = (\max S_j - X_{ij})/(\max S_j - \min S_j)$$

其中，S_{ij} 和 Y_{ij} 分别为第 i 个历史案例的第 j 项指标的原始值和归一化值，$\max S_j$ 和 $\min S_j$ 分别为第 j 项指标的标准最大值和标准最小值。

$$h_j = -k \sum_{i=1}^{m} f_{ij} \ln f_{ij}$$

其中，h_j 是第 j 项指标的信息熵，$f_{ij} = Y_{ij}/\sum_{i=1}^{m} Y_{ij}$，$k = 1/\ln m$，且假定 $f_{ij} = 0$ 时，$f_{ij}\ln f_{ij} = 0$。

$$\beta_j = (1 - h_j)/(n - \sum_{j=1}^{n} h_j)$$

其中，β_j 是第 j 项指标的熵权，h_j 是第 j 项指标的信息熵。

2. 计算指标综合权重

为了实现不同村庄以及同一村庄在不同发展阶段的差异化发展目标，在客观确定指标权重的基础上，根据目标村庄的基础条件与发展需求，基于层次分析法征询专家意见，对权重进行调整，再通过组合赋权法得到可信度较高的权重分配结果。常用的权重组合方法有乘积组合法和线性组合法，本书采用线性组合法计算指标的主客观综合权重，其表达式为

$$w_j = \theta \beta_j + (1 - \theta) \lambda_j$$

其中，w_j 为主客观综合权重，θ 为客观权重的偏好系数，β_j 为客观赋权法求得的第 j 个指标的权重，λ_j 为主观赋权法得到的第 j 个指标的权重。

二 确定案例相似度

1. 指标相似度

本书在案例特征指标选取时，选择了符号型与数值型两种类型的指标，不同类型的指标其相似度计算方法存在差异。以案例数据库 K_1 为

例,对于符号度量的特征指标,可以通过判断目标案例与历史案例的该项指标是否完全一致来计算指标之间的相似度;对于数值度量的特征指标,一般通过测算两个指标之间的距离来衡量两者相似度的大小,在案例推理技术的应用中通常采用海明距离来计算数值型指标间的相似度。

$$Sim(S_{ij},S_{oj}) = \begin{cases} 1, S_{ij} = S_{oj} \\ 0, S_{ij} \neq S_{oj} \end{cases}$$

$$Sim(S_{ij},S_{oj}) = 1 - |S_{ij} - S_{oj}|/(\varepsilon - \alpha), S_{ij}, S_{oj} \in [\alpha, \varepsilon]$$

其中,S_{ij} 表示第 i 个历史案例的第 j 项指标,S_{oj} 表示目标案例的第 j 项指标,α 和 ε 分别是指标 S_{ij} 取值区间的最小值和最大值。

2. 案例相似度

在指标相似度计算的基础上,基于每个指标相应的主客观综合权重,通过线性加权的方法得到目标案例与历史案例的全局相似度,以案例数据库 K_1 为例,其表达式为

$$Sim(Z_i, Z_o) = \sum_{i=1}^{n} w_j Sim(S_{ij}, S_{oj})$$

其中,Z_i 表示数据库 K_1 中的第 i 个历史案例,Z_o 表示目标案例,w_j 为第 j 项指标的权重,$Sim(Z_i, Z_o)$ 表示目标案例与第 i 个历史案例的全局相似度。

第四节 基于妥协策略的案例检索与匹配

一 妥协策略描述

村庄的发展具有明显的地区性差异和阶段性差异,导致不同村庄的发展状态与发展潜力存在较大差异,基于案例相似度完成案例检索与匹配的方式时常会遇到检索失败的问题,例如,目标案例与案例数据库中的历史案例相似度较低,不满足匹配阈值要求,或者检索并匹配成功的案例却无法为目标案例提供有效的发展路径参考。检索失败的原因主要

有两个方面：一方面是由于一味地追求较高的相似度标准；另一方面是由于检索机制不能准确反映专家与决策者在实际应用过程中对该问题可能做出的"妥协"。因此，在以目标案例与历史案例相似度为检索标准的基础上，根据专家对实际应用问题的判断，选择适当的妥协策略，检索出专家可以接受的备选案例，可以为村庄发展路径的选择提供更多参考。

在妥协策略的选择上，主要包括指标妥协策略、相似度妥协策略和综合妥协策略。当以案例的相似度大小为检索标准时，如果出现检索失败或匹配到的案例无法提供有价值的发展路径借鉴时，指标妥协策略是指从案例表示结构中去除专家基于对目标案例村庄的认知准备做出妥协的指标；相似度妥协策略是指根据实际情况适当降低专家对案例匹配的相似度阈值要求；综合妥协策略则是综合使用指标妥协策略与相似度妥协策略。具体妥协策略的选择需要综合考虑专家意见、决策者意愿以及村庄发展的实际情况。

二 案例检索与匹配机制

为了确保经验挖掘系统中案例检索与匹配机制的准确性和可靠性，应尽量使用更少的妥协条件，获得更多可供参考的案例信息。因此，需要根据实际应用的需要选择适当的妥协策略，本书在经验挖掘系统中构建了基于妥协策略的案例检索与匹配机制，如图6-4所示。

第五节 检索结果的经验借鉴方法

一 案例的重用与修正

经过前文案例检索与匹配机制处理后，输出的结果是一个或多个历史案例对其"发展路径的描述"，这时需要将匹配到的案例与目标案例的特征进行比较，如果相似程度较大且经过专家分析后也认为该

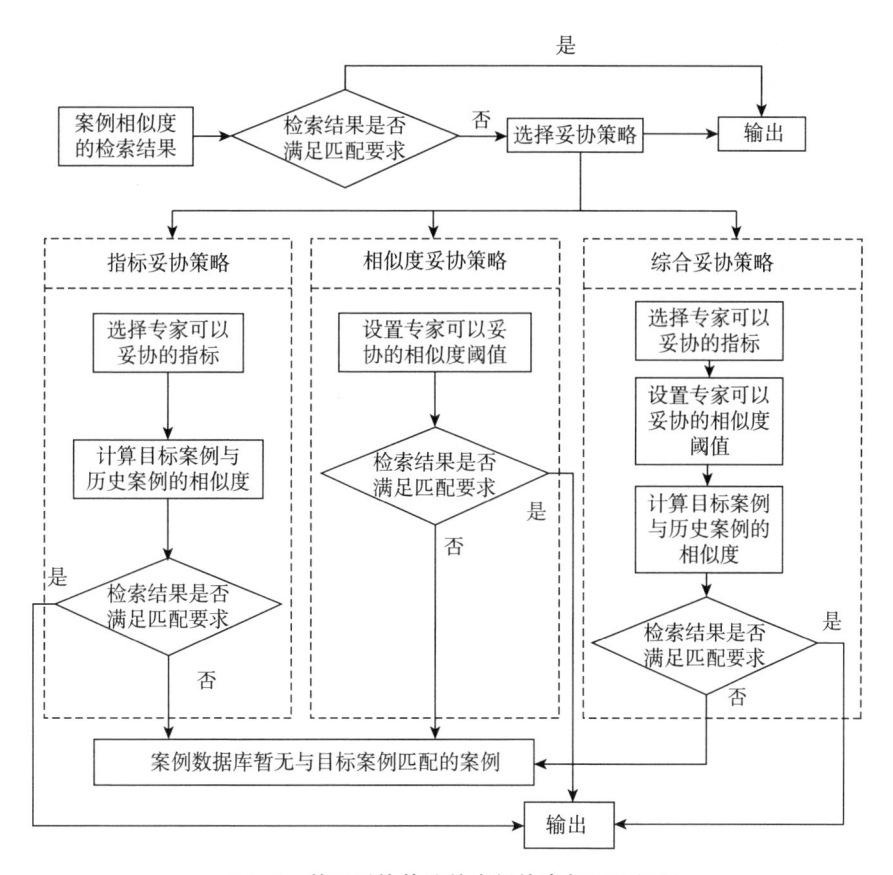

图 6-4　基于妥协策略的案例检索与匹配机制

案例中的村庄发展路径可以直接解决目标案例的问题，则可以直接参考该案例的做法；如果匹配到的案例与目标案例之间存在较大的差异，则需要根据目标案例的实际情况进行相应的修正，然后再用于解决目标案例的发展问题。

二　案例的存储与更新

案例库具有可扩充性和可维护性。匹配案例经过修正后的发展路径，如果被用来解决目标案例的问题，就会形成一个新案例。新案例是否存储于案例数据库中，需要综合权衡案例数据库的质量与数量，在尽可能丰富案例数据库的同时，又要尽量减少冗余信息，保障检索与匹配机制的效率。案例存储的方法包括替换和新增：对于相似度高于一定阈值的新案例，可以选择不加入新案例或采用替换的方式实现案例数据库的更新；对于相似度低于一定阈值的新案例，则应采用新增的方式将新案例存储于案例数据库中。

第六节　算例分析

为了更好地说明本书提出的经验挖掘系统的功能，本节分别选取了处于"衰退期"和"停滞期"的两个目标案例，以此验证基于案例推理的村庄发展路径经验挖掘系统的有效性。

一　初始案例数据库的构建

基于本章第二节提出的初始案例选取原则，本章选取了 34 个村庄发展的案例，每个案例包含了较为详细的调研数据、现状概述、发展问题与发展路径等信息。根据本章第二节提出的案例结构化表示的基本要求，将 34 个历史案例结构化处理后，分别存储于相应的数据库中。其中，将处于"衰退期"的 13 个历史案例存储到"扭转村庄发展状态的案例数据库（K_1）"，将处于"停滞期"的 13 个历史案例与处于"增长期"的 8 个历史案例存储到"挖掘村庄发展潜力的案例数据库（K_2）"，构建出初始案例数据库。

二　目标案例信息的输入

1. 目标案例 Z^*：山东省济南市莱芜区高庄街道坡草洼村

实地调研数据显示，坡草洼村的青壮年劳动力大量外流，60 岁以上人口占比高达 24%，远高于莱芜区的平均水平，人口老龄化现象严重；村民人均年收入低于莱芜区农村的平均水平，且年收入中务农收入仅占 20%，外出打工收入占 66%，存在产业消亡的风险；村内道路系统性较差，覆盖面不足，公共服务设施匮乏，基础设施落后。由坡草洼

第六章　资源匮乏型村庄发展路径的经验挖掘及发展路径匹配

村的现状发展特征可知，其发展阶段属于"衰退期"，但坡草洼村邻近镇驻地，对外交通条件较好，且村庄人口基数较大，居民点较聚集，具备安居乐业的基本发展条件，因此适合保留整治，通过完善生活功能，驱动村庄发展系统多项功能的提升，扭转村庄发展状态，致力于实现发展阶段的跃迁。因此，将坡草洼村的基本信息根据本章选取的村庄发展状态评价指标输入"扭转村庄发展状态的案例数据库（K_1）"，实现目标案例的结构化表示。

2. 目标案例 C^*：福建省龙岩市连城县宣和乡培田村

培田村位于福建旅游大县连城县境内，受旅游发展辐射影响较大，具有良好的旅游区位和交通区位优势，气候温暖，光热充足，古街、古建筑等特色资源丰富。调研数据显示，培田村近几年的总人口数量变化不大。虽然具有较好的旅游发展条件和丰富的农林用地资源，但经济发展水平增速较慢。全村农田种植均以传统模式生产经营，产业关联性较差，不能实现"以农促旅、以旅助农"的良性互动，产业结构完全由第一产业和第三产业构成，且均处于起步阶段，发展情况符合"停滞期"的发展特征，如何挖掘村庄发展的潜力，强化村庄发展系统的生产功能，探索适宜的产业可持续发展模式是该村当前发展阶段的工作重点。因此，将培田村的基本信息根据本章选取的村庄发展潜力评价指标，实现目标案例的结构化表示后，输入"挖掘村庄发展潜力的案例数据库（K_2）"。

三　案例检索与匹配

（一）特征指标权重的计算

1. 计算指标客观权重

为了消除指标间量纲的影响，首先运用极差法对指标数据进行归一化处理，然后运用熵值法计算出指标的客观权重。村庄发展状态评价指标的熵值法权重计算结果如表6-5所示，村庄发展潜力评价指标的熵值法权重计算结果如表6-6所示。

表 6-5 村庄发展状态评价指标的熵值法权重计算结果

指标	信息熵值	信息效用值	权重
S_1 农业产值（万元）	0.8078	0.1922	0.0408
S_2 非农业产值（万元）	0.8423	0.1577	0.0335
S_3 农村经济总收入（万元）	0.9169	0.0831	0.0176
S_4 人均年收入（万元/人）	0.9309	0.0691	0.0147
S_5 村庄总人口（人）	0.8611	0.1389	0.0295
S_6 60岁以上人口占比（%）	0.8851	0.1149	0.0244
S_7 人口密度（人/平方千米）	0.9362	0.0638	0.0136
S_8 劳动力人口数（人）	0.9152	0.0848	0.0180
S_9 务农人口数（人）	0.8933	0.1067	0.0227
S_{10} 耕地面积（公顷）	0.5708	0.4292	0.0911
S_{11} 水域面积（公顷）	0.7627	0.2373	0.0504
S_{12} 林地面积（公顷）	0.6358	0.3642	0.0773
S_{13} 村域内自然景观、特色建筑、历史文化遗迹数量（个）	0.7432	0.2568	0.0545
S_{14} 道路用地占村庄建设用地面积比重（%）	0.8472	0.1528	0.0324
S_{15} 垃圾有无集中处理	0.3838	0.6162	0.1308
S_{16} 村域内有无公厕	0.3838	0.6162	0.1308
S_{17} 村域内有无小学	0.7236	0.2764	0.0587
S_{18} 有无供应自来水	0.7236	0.2764	0.0587
S_{19} 村域内有无卫生机构	0.9388	0.0612	0.0130
S_{20} 村域内有无老年人活动中心	0.5883	0.4117	0.0874

表 6-6 村庄发展潜力评价指标的熵值法权重计算结果

指标	信息熵值	信息效用值	权重
T_1 农村经济总收入（万元）	0.7443	0.2557	0.0804
T_2 农业劳动生产率（万元/人）	0.8926	0.1074	0.0338
T_3 农地生产率（万元/公顷）	0.4849	0.5151	0.1620
T_4 有无特色农业	0.8537	0.1463	0.0460
T_5 非农业产值（万元）	0.6962	0.3038	0.0955

续表

指标	信息熵值	信息效用值	权重
T_6 劳动力非农就业率（%）	0.9406	0.0594	0.0187
T_7 劳动力人口占农村总人口比重（%）	0.9631	0.0369	0.0116
T_8 村庄建设用地面积占比（%）	0.8926	0.1074	0.0338
T_9 村域内自然景观、特色建筑、历史文化遗迹数量（个）	0.6111	0.3889	0.1223
T_{10} 人均耕地面积（公顷）	0.9039	0.0961	0.0302
T_{11} 林地面积占村域面积比重（%）	0.9068	0.0932	0.0293
T_{12} 水域面积占村域面积比重（%）	0.6748	0.3252	0.1022
T_{13} 主要地形（平原、丘陵、盆地、山地、高原）	0.8373	0.1627	0.0511
T_{14} 平均海拔（m）	0.9688	0.0312	0.0098
T_{15} 年平均降水量（mm）	0.91	0.09	0.0283
T_{16} 年平均气温（℃）	0.9635	0.0365	0.0115
T_{17} 到最近高铁站的距离（km）	0.9467	0.0533	0.0167
T_{18} 到县城的距离（km）	0.9715	0.0285	0.0090
T_{19} 县域地均产值（万元/公顷）	0.7044	0.2956	0.0929
T_{20} 是否为县域重点发展村庄	0.9524	0.0476	0.0150

2. 计算指标综合权重

在熵值法权重计算结果的基础上，根据目标案例村庄的基础条件与发展需求，运用层次分析法设定 10 位专家对不同特征指标的权重进行打分，以平均值作为指标的主观权重值，再通过线性组合法，取客观权重的偏好系数 $\theta = 0.5$，村庄发展状态评价指标的主客观综合权重计算结果如表 6-7 所示，村庄发展潜力评价指标的主客观综合权重计算结果如表 6-8 所示。

表 6-7 村庄发展状态评价指标的主客观综合权重计算结果

指标	客观权重	主观权重	综合权重
S_1 农业产值（万元）	0.0408	0.0436	0.0422
S_2 非农业产值（万元）	0.0335	0.0238	0.0287
S_3 农村经济总收入（万元）	0.0176	0.0334	0.0255

续表

指标	客观权重	主观权重	综合权重
S_4 人均年收入（万元/人）	0.0147	0.0552	0.0350
S_5 村庄总人口（人）	0.0295	0.0542	0.0419
S_6 60 岁以上人口占比（%）	0.0244	0.0803	0.0524
S_7 人口密度（人/平方千米）	0.0136	0.0356	0.0246
S_8 劳动力人口数（人）	0.0180	0.0473	0.0327
S_9 务农人口数（人）	0.0227	0.0395	0.0311
S_{10} 耕地面积（公顷）	0.0911	0.0747	0.0829
S_{11} 水域面积（公顷）	0.0504	0.0423	0.0464
S_{12} 林地面积（公顷）	0.0773	0.0521	0.0647
S_{13} 村域内自然景观、特色建筑、历史文化遗迹数量（个）	0.0545	0.0623	0.0584
S_{14} 道路用地占村庄建设用地面积比重（%）	0.0324	0.0616	0.0470
S_{15} 垃圾有无集中处理	0.1308	0.0342	0.0825
S_{16} 村域内有无公厕	0.1308	0.0284	0.0796
S_{17} 村域内有无小学	0.0587	0.0757	0.0672
S_{18} 有无供应自来水	0.0587	0.0614	0.0601
S_{19} 村域内有无卫生机构	0.0130	0.0382	0.0256
S_{20} 村域内有无老年人活动中心	0.0874	0.0562	0.0718

表 6-8　村庄发展潜力评价指标的主客观综合权重计算结果

指标	客观权重	主观权重	综合权重
T_1 农村经济总收入（万元）	0.0804	0.0653	0.0729
T_2 农业劳动生产率（万元/人）	0.0338	0.0478	0.0408
T_3 农地生产率（万元/公顷）	0.1620	0.0926	0.1273
T_4 有无特色农业	0.0460	0.0574	0.0517
T_5 非农业产值（万元）	0.0955	0.0621	0.0788
T_6 劳动力非农就业率（%）	0.0187	0.0313	0.0250
T_7 劳动力人口占农村总人口比重（%）	0.0116	0.0672	0.0394
T_8 村庄建设用地面积占比（%）	0.0338	0.0312	0.0325
T_9 村域内自然景观、特色建筑、历史文化遗迹数量（个）	0.1223	0.1035	0.1129

续表

指标	客观权重	主观权重	综合权重
T_{10} 人均耕地面积（公顷）	0.0302	0.0437	0.0370
T_{11} 林地面积占村域面积比重（%）	0.0293	0.0273	0.0283
T_{12} 水域面积占村域面积比重（%）	0.1022	0.0482	0.0752
T_{13} 主要地形（平原、丘陵、盆地、山地、高原）	0.0511	0.0463	0.0487
T_{14} 平均海拔（m）	0.0098	0.0237	0.0168
T_{15} 年平均降水量（mm）	0.0283	0.0248	0.0266
T_{16} 年平均气温（℃）	0.0115	0.0235	0.0175
T_{17} 到最近高铁站的距离（km）	0.0167	0.0470	0.0319
T_{18} 到县城的距离（km）	0.0090	0.0384	0.0237
T_{19} 县域地均产值（万元/公顷）	0.0929	0.0849	0.0889
T_{20} 是否为县域重点发展村庄	0.0150	0.0338	0.0244

（二）案例相似度的计算

1. 计算目标案例 Z^* 与案例数据库 K_1 中历史案例的相似度

基于表6-7村庄发展状态评价指标的主客观综合权重计算结果，对符号型指标和数值型指标分别计算，求得各个指标的相似度。再运用线性加权的方法，求得目标案例 Z^* 坡草洼村与"扭转村庄发展状态的案例数据库（K_1）"中历史案例的全局相似度，根据专家意见，相似度阈值设置为0.8，经过系统检索与匹配后，推荐案例为 Z_6：上海市奉贤区四团镇拾村，且 Sim（Z_6，Z^*）= 0.8139。

2. 计算目标案例 C^* 与案例数据库 K_2 中历史案例的相似度

基于表6-8村庄发展潜力评价指标的主客观综合权重计算结果，采用本章第三节案例相似度的计算方法，求得目标案例 C^* 培田村与"挖掘村庄发展潜力的案例数据库（K_2）"中历史案例的全局相似度，并设置相似度阈值为0.8，经过系统检索与匹配后，暂未检索到相似度高于阈值的历史案例。因此，基于本章第四节提出的基于妥协策略的案例检索与匹配机制，需要根据专家意见与村庄的发展需求选择适当的妥协策略。

在经过专家对目标案例与数据库中已有历史案例数据的初步对比后,决定选择指标妥协策略。培田村地处中低纬度丘陵山地,与山地村庄相比村域内林地资源较少,不适宜发展林业,因此选择妥协指标"T_{11} 林地面积占村域面积比重(%)",并重新计算其他指标的主客观综合权重与案例间的相似度。经过系统检索与匹配后,推荐案例为 C_{17}:广东省广州市增城区派潭镇邓村,且 $Sim(C_{17}, C^*) = 0.8040$。

四 系统检索结果的讨论

通过对比目标案例 Z^* 与案例数据库 K_1 中所匹配的推荐案例在"发展问题"上的异同,借鉴推荐案例相应的"发展路径",以此来检验系统的有效性及推荐案例具备的参考价值,具体如表6-9所示。

表6-9 目标案例 Z^* 检索结果的讨论

评价准则层	目标案例 Z^* 的"发展问题"	推荐案例 Z_6 的"发展问题"	推荐案例 Z_6 可借鉴的"发展路径"
经济	村民收入水平较低,且低于莱芜区的农村平均水平,年收入中约66%来自外出打工	村民人均年收入低于上海市郊区农村的平均水平(11%),且年收入中,务农收入仅占20%,外出打工收入占比达66%	推动建立村庄内部的造血机制,通过产业发展、新增就业和盘活资产等多种路径,为村民探索增收路径
	第一产业基本处于传统经营方式,集中度不足,附加值低;第二产业几近消亡;第三产业基本为空白	属于奉贤区的经济薄弱村,产业发展水平不高,且以第一产业为主,经营方式落后;第二产业较弱,以传统制造业为主,生产水平不高;第三产业极度缺乏,发育缓慢	挖掘村庄特色,建设主题产业;推动第一产业增效,夯实农业基础,通过机械化生产和智慧化管理,提升农业生产效率和资源的集约利用程度,培育特色农产品;助推第二产业转型,延伸第一产业链,发展符合农业的配套产业;拓展第三产业经营范围,利用良好的区位优势、生产空间与自然生态景观,发展农村养老服务和休闲旅游产业

第六章　资源匮乏型村庄发展路径的经验挖掘及发展路径匹配

续表

评价准则层	目标案例 Z^* 的"发展问题"	推荐案例 Z_6 的"发展问题"	推荐案例 Z_6 可借鉴的"发展路径"
社会	青壮年劳动力流失，人口老龄化现象严重，60岁以上人口占比达24%；村内第一产业从业人员占比35%，第二产业从业人员占比42%，第三产业从业人员占比23%	青壮年劳动力大量外迁，人口老龄化和空巢化现象严重，60以上人口占比达25%；村内第一产业从业人员占比35%，第二产业从业人员占比43%，第三产业从业人员占比22%，从事第二产业、第三产业的村民多为青壮年劳动力	梳理村庄资源，推进农业产业链升级，通过发展养老产业、农家乐经营、第一产业配套服务业、村庄建设等新增就业岗位；强化技术培训，提升村民素质，实现村民家门口就业；推进村企合作，为村民提供就业机会；通过政策扶持吸引乡村人才会聚
资源与环境	现状土地资源散乱混杂，耕地面积小且分散；农林资源、生态景观资源、区位优势有待开发	耕地资源分布零散，集约利用程度不足；景观旅游资源开发程度低	梳理村庄内部空间结构，对资源综合整治与利用；深层挖掘乡土特色资源，实现特色空间布局；根据村庄功能分区，重新调整资源分配
基础设施	基础设施配套不完善，村委会、幼儿园建设面积少；文化设施严重匮乏；缺乏养老设施；道路系统性较差，覆盖面不足；环境杂乱	现状公共服务设施位置较偏，服务半径较大，村民使用不方便，使用率低；道路连贯性较差，覆盖面不足；村内环境卫生条件较差；村民业余文化生活匮乏；村内独户老人较多，养老服务需求较大	结合村民意愿、上位规划及村庄发展需求，新增欠缺的设施，整治修复存量设施，均衡配套设施布局；增建道路，变线为网，促进区域协调发展，结合道路交通生产生活功能，实现分区规划

通过对比坡草洼村与拾村在经济、社会、资源与环境、基础设施四个方面的"发展问题"，领域专家认为两个案例相似度较高，拾村的"发展路径"可直接以"重用"的方式来解决坡草洼村的发展问题，全面提升坡草洼村的生活功能，且两者的实际发展情况相似度较高，为了保证案例数据库信息的精简性，暂时不将目标案例存储于数据库中。

通过对比目标案例 C^* 与案例数据库 K_2 中所匹配的推荐案例在"发展潜力"上的异同，借鉴推荐案例相应的"产业发展模式"，强化村庄的生产功能（见表6-10）。

表 6-10　目标案例 C^* 检索结果的讨论

评价准则层	目标案例 C^* 的"发展潜力"	推荐案例 C_{17} 的"发展潜力"	推荐案例 C_{17} 可借鉴的"产业发展模式"
产业基础	村庄调研数据显示，培田村于调研年份的经济总收入为 893.4 万元，其中非农业产值为 744.5 万元；暂未形成特色农业	村庄调研数据显示，邓村于调研年份的经济总收入为 1232 万元，其中非农业产值为 1164 万元；暂未形成特色农业	产业发展定位为：以现代农业和文化旅游业为主的社会主义新农村；第一产业充分利用村域内的农业资源，发展特色农业种植型和特色农业养殖型产业；第二产业重点发展农产品加工研发型产业，延伸第一产业链，拓展附加值高的产业活动；第三产业主要规划建设农业观光园、文化体验区等特色景观片区，充分挖掘村域内的生态环境潜力，利用村内自然、人文旅游资源，打造集生态体验与生态旅游于一体的生态旅游示范村，同时拓展服务于休闲旅游产业的商旅服务型产业；充分挖掘村域的文化旅游资源核心价值，加强历史建筑的保护，重点保护祠堂、历史建筑，打造文化传承型村庄
资源丰度	培田村至今仍保存着较为完整的明清时期古民居建筑群，位于福建省的世界自然与文化遗产廊道；属于国家 4A 级旅游景区；古村落外围有全长 1000 多米的河源溪似玉带环绕；朱孟坑水库位于培田村域西北部附近，是以水库游玩为主题的休闲度假区；村庄户籍人口为 1489 人，劳动力占比为 72.81%；人均耕地面积为 0.05 公顷；水域面积占村域面积的 1.17%	邓村形成于明清时期，历史文化浓厚，其石屋社是广州市典型的有较大规模的客家古村落，历史遗存丰富，历史建筑保护完好，文物保护单位有石屋炮楼、石焕新民居、武威祠堂和石屋北门楼；村内有一处风水塘，是村内重要的景观；村庄摸查数据显示，村庄户籍人口为 1232 人，劳动力占比为 61.41%；人均耕地面积为 0.07 公顷；水域面积占村域面积的 1.10%	
自然环境本底	培田村地处中低纬度丘陵山地，属于中亚热带山地气候；年平均气温为 18.4℃~19.0℃；年平均总降水量为 1600~2200 毫米。日照平均率为 40%，无霜期平均约 275 天	邓村地处丘陵地带；村内气候温和，年平均气温为 21.9℃，最高温度为 37.5℃，属南亚热带海洋性季风气候；雨水充沛，年降水量为 1600 毫米，雨季集中在 4~10 月，自然环境良好	
区位条件	培田村位于国家风景名胜区冠雪山以西 35 千米，距 319 国道 7 千米，离所属的宣和乡政府 3 千米，距离最近高铁站 17 千米	邓村位于增城区派潭镇南部，县道 292 线从该村南部经过，距离镇区 1 千米左右，距离最近高铁站 63 千米	
外部发展环境	距离县政府 44 千米；上级政府积极推进培田古村落国家 4A 级旅游景区建设，培田村也是国家第一批村庄规划试点村	距离县政府 35 千米；为落实《广州市村庄规划编制指引（试行）》，增城区派潭镇推动村庄规划编制工作，邓村被纳入试行村庄，旨在建设"美丽乡村"	

通过对培田村与邓村在产业基础、资源丰度、自然环境本底、区位条件和外部发展环境方面的比较，发现目标案例与推荐案例除了在产业基础上存在规模差异，以及在资源丰度上与邓村相比，培田村的特色历史文化资源更为丰富外，其他方面的发展条件相似度较高。因此，领域专家建议根据培田村的资源特色，合理"修正"邓村的产业发展模式，在借鉴邓村产业发展模式的基础上，注重特色历史文化资源的开发与经营，深耕客家文化，打造"静客培田"的村庄发展名片。推荐案例的产业发展模式"修正"后用于解决目标案例的问题，从而形成了一个新的案例，通过对比分析可知，培田村所包含的发展路径基本上涵盖了邓村的产业发展模式，且在文旅产业开发模式上信息更为丰富，因此将培田村的案例信息以"替换"邓村案例的方式，存储于案例数据库中，实现了案例数据库的更新。

第七节 资源匮乏型村庄发展路径的决策系统设计

一 需求分析

基于前文所述的理论模型及方法体系，可以构建基于案例推理的资源匮乏型村庄发展路径决策系统，该系统能为政府部门、村集体单位提供决策经验，且其必须在分析使用者的实际需求后才能设计出相应的产品。本系统的核心需求是为决策主体提供准确选择资源匮乏型村庄发展路径的建议，系统自身需要运行流畅、操作简便、迭代及时。具体而言，应满足功能、联通、操作等三个方面的需求。（1）功能需求。案例库能够自动更新、迭代、淘汰案例，输入新案例的特征后能够准确理解并自动筛选出适合的原始案例及对应的模式，通过不断学习新案例的处理方法提高案例处理能力。（2）联通需求。与其他典型的乡村振兴案例库、城市更新案例库及国家案例数据库标准在数据结构方面接轨，能够实现人机交互、互联网联通、数据传输。（3）操作需求。针对系统使用者、系统审核者、系统维护者设计不同的功能，操作界面简明易懂，底层系统稳定。

二 整体结构

一个典型计算机系统的基本分层架构模型往往从上到下依次为应用层、服务层和数据层，原始案例的特征数据作为系统运行的基础设置在数据层；服务层主要是为了实现筛选、更新、淘汰等功能需求；应用层作为最上层，主要是实现系统使用人群的操作需求。具体的系统结构如图 6-5 所示。

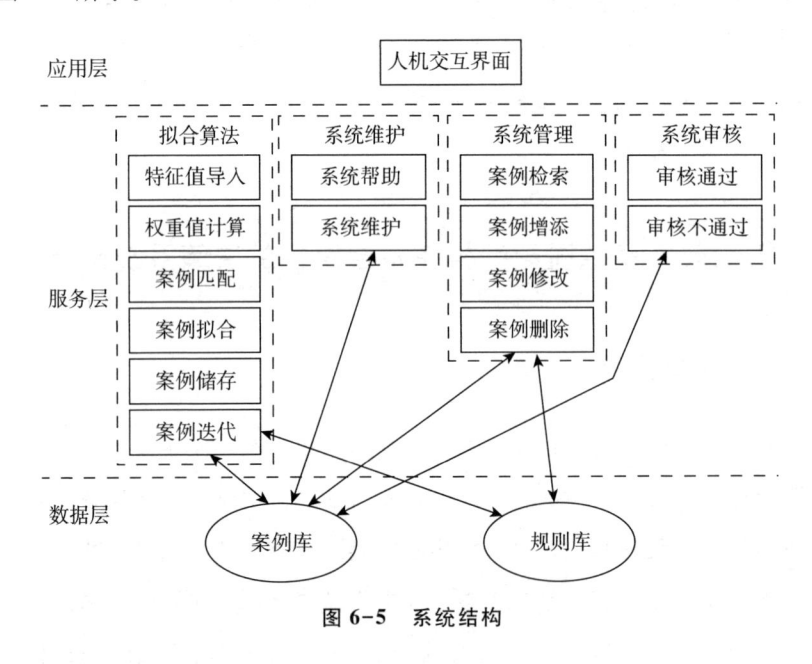

图 6-5 系统结构

三 系统工作流程

根据基于案例推理的资源匮乏型村庄发展路径经验挖掘原理，工作流程包括了案例特征输入、案例匹配、案例拟合、案例储存（通过是否收录选项做出判断）四个核心环节，这是本系统的必备工作流程。此外，案例特征输入需要进行人机交互，因此，需要进入相应的操作界面，在案例匹配时应该基于一定的算法规则，相关算法保存在规则库里。在基于规则库中的算法搜索出案例后，若相似度满足要求，则进行案例拟合，对案例进行修改以满足新案例的实际需求，并提出相应的资源匮乏型村庄发展路径；若相似度不满足要求，说明案例库目前的能力不足以解决新案例，此时需要寻求乡村振兴领域专家的帮助，为新案例的解决提供建议。在新案例得到解决以后，需要判断该最终方案的典型性，以决定是否将其录入案例库。最后，在案例库的日常管理中，需要对规则库和案例库进行维护，包括案例库和规则库的更新、删除、优化等。系统工作流程如图 6-6 所示。

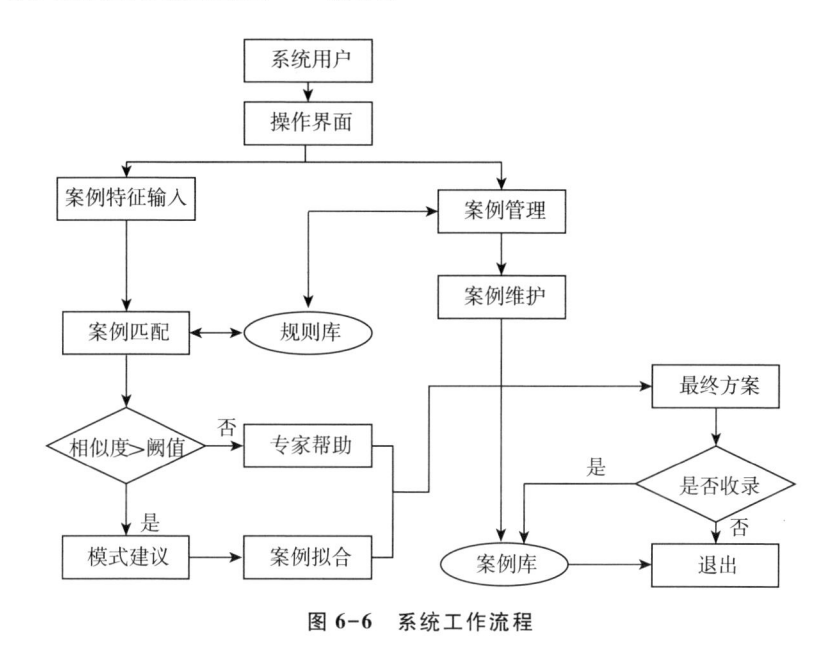

图 6-6 系统工作流程

第八节 本章小结

本章构建了基于案例推理的村庄发展路径经验挖掘系统，致力于实现村庄发展的分类推进和精准施策。对处于"衰退期"的村庄，其村庄发展系统演化的驱动力在于完善生活功能，通过扭转村庄发展状态实现村庄发展阶段的质的转变过程；对于处于"停滞期"与"增长期"的村庄，其村庄发展系统的驱动力在于强化生产功能，通过挖掘村庄发展潜力，实现发展阶段的跃迁。研究分析表明，运用案例推理技术可以实现村庄发展相似案例的智能生成目标；主客观组合赋权的方式可以综合村庄的发展需求、专家意见与决策者的规划偏好，实现不同村庄或同一村庄在不同发展阶段的差异化发展目标；妥协策略可以较好地解决案例检索与匹配失败的问题，准确反映专家与决策者在实际应用过程中可能做出的"妥协"，并通过算例演示说明了基于案例推理的村庄发展路径经验挖掘系统的有效性和可操作性，能够有效挖掘村庄发展成功案例的经验数据。最后，结合上述的理论设计，构建了资源匮乏型村庄发展路径决策系统的系统结构与系统工作流程。

第七章 基于动态干预机理的资源匮乏型村庄发展模式

第一节 理论基础

前文中,已基于文献梳理和案例推理等方法对村庄发展系统动态干预机理和路径进行了研究。(1)资源匮乏型村庄的人口不断流失,但村域建设用地却不断扩张,这种行为缺乏现实考量,应当关注村庄的存量资源和潜在禀赋,最大限度激发村庄内生发展动力;(2)在村庄发展系统演化动力学机制的视角下,村庄的发展演化受到"拉力""推力""阻力"等内外部力量的综合作用;(3)在扭转"态"和挖掘"势"的动态干预机理视角下,分类判定并引导处于衰退期、停滞期或增长期的村庄分别采用"迁村并居""村庄发展状态的阶段演进模型"或"村庄发展潜力的势能评估模型"的方式实现发展阶段的跃迁。

具体而言,影响村庄系统发展和分化的因素包括土地、劳动力、资源、技术、治理、基建、区位等,这些因素既是促使村庄转型的"力"的源头,也是动态干预村庄发展的"势"和"态"的抓手。

一 动态干预机理

(一)动力机制

不同影响因素对资源匮乏型村庄发展演化的作用力包括内核推动

力、外缘拉动力/外缘阻碍力和系统突变力,资源匮乏型村庄发展的动力机制呈现"动力弱、阻力强、波动频"的特征。资源匮乏型村庄的资源环境禀赋普通、产业发展落后、治理水平较低、基础设施破败,因而内核推动力较弱;资源匮乏型村庄往往交通不便、区位偏远,导致新信息接收滞后、生产要素流动阻塞、城镇化红利外溢缺失,难以激发外缘拉动力,且随着城乡二元体制的深化,资源匮乏型村庄发展的外缘阻碍力在逐步增强。此外,部分资源匮乏型村庄生态环境恶劣、地质灾害频发,系统突变力发生概率高。因此,针对资源匮乏型村庄发展模式的动力设计应从增强内核推动力、激发外缘拉动力、抵御外缘阻碍力、减缓系统突变力的角度出发。增强内核推动力主要采取高效利用资源、改善人居环境、增强劳动力素质、赋能产业等优化资源禀赋的措施;激发外缘拉动力主要采取完善信息基础设施、建设交通基础设施、引进龙头企业、承接外溢产业等激活城市互动关系的措施;抵御外缘阻碍力主要采取发展特色产业创造就业岗位和提升教育医疗水平等弥补城乡差距的措施;减缓系统突变力主要采取生态修复、生态搬迁等远离自然灾害的措施。

(二)"态—势"干预机理

村庄转型期包括衰退期、停滞期和增长期,村庄转型期的不同发展阶段呈现不同特点,资源匮乏型村庄主要处于衰退期。资源匮乏型村庄发展系统受到的扰动冲击超过了村庄自我调节的阈值,导致人地关系存在矛盾、生活功能和生产功能相互拮抗,出现了经济发展衰退、人口老龄化加剧、土地撂荒、基础设施破败等问题。实现资源匮乏型村庄的振兴,就是在"态"和"势"二维视角下判断该资源匮乏型村庄的资源禀赋是否具备安居乐业的能力和基础,对资源匮乏型村庄发展进行动态干预。"态"是指村庄自身发展与外界环境作用的累积结果,"势"是指村庄良性演化的基础条件与发展能力。应先扭转"态",以满足基本的生产和生活需求,积累村庄发展底蕴;再挖掘"势",建设村庄的特色产业,实现可持续发展。资源匮乏型村庄发展模式的构建过程中,应充分考虑村庄发展状态和发展潜力,扭转"态"主要采用提升产业质量、拓宽收入渠道、调整资源分配、修缮基础设施等改进现有状态的手段;而挖掘"势"则主要采用引进新产业、改变区域发展格局、开发特色资源等激发发展能力的手段。

二 理论模型

本书在梳理 45 个村庄振兴案例后,基于典型案例、动力机制理论和"态—势"演进动态干预理论,提炼出 5 种适用于资源匮乏型村庄的发展模式,即"土地整理+"模式、"一村一品"模式、农文旅融合模式、"卫星村"互动模式、生态搬迁模式。在动力机制视角下,"土地整理+"模式、"一村一品"模式、农文旅融合模式三种模式从资源和产业角度入手,主要挖掘村庄内核推动力;"卫星村"互动模式着眼于区位和交通,主要激发村庄的外缘拉动力、抵御外缘阻碍力;生态搬迁模式能规避自然灾害和不良气候,主要是减缓系统突变力。在"态—势"动态干预视角下,生活功能、生产功能和资源禀赋状态的改变对应着"态—势"提质、"态—势"转化、"态—势"融合、"态—势"共进、"态—势"重构 5 种形式。总体而言,资源匮乏型村庄发展的动态干预理论模型如图 7-1 所示。本章将详细阐释如何基于理论基础和典型案例构建的各种发展模式,并对发展模式的运营方式进行阐释。

第二节 村庄发展模式的典型案例梳理

在提出基于村庄发展的动力机制和"态—势"视角下的动态干预机理后,需要考量如何把该理论应用到发展模式中,即某一类具体的资源匮乏型村庄应该采取怎样的模式来激发动力和扭转"态—势"。因此,有必要梳理成效较为显著的村庄发展模式,从中提炼出选取不同激发动力方式、采用不同"态—势"动态干预举措的资源匮乏型村庄的发展模式。本书主要从以下三个方面进行村庄发展模式梳理:(1)各

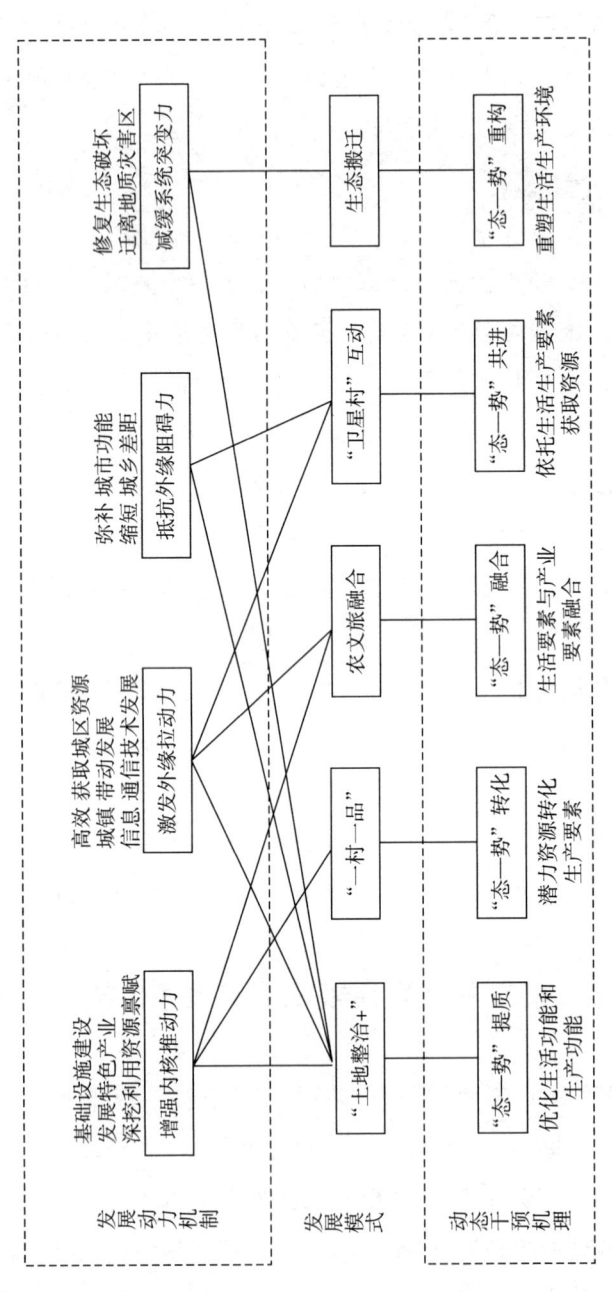

图 7-1 资源匮乏型村庄发展的动态干预理论模型

级政府和社会机构评定的各类示范性村庄中具有参考价值的村庄,如乡村振兴示范村、"一村一品"示范村、特色小镇等;(2)新闻媒体报道的资源匮乏型村庄振兴的典型案例;(3)学术研究中的典型资源匮乏型村庄重新振兴案例。经过资料收集,最终选取了45个村庄发展模式典型案例(见表7-1)。

通过对这45个村庄发展模式的典型案例进行对比和梳理,发现这些村庄的发展模式呈现多样化的特点,由于村庄自身资源禀赋的不同,其适应的发展模式也各不相同。村庄的异质性分为自然资源禀赋异质性和社会资源禀赋异质性两个方面,体现在政治、经济、文化、社会、生态等方面,其中最重要的要素是土地,并且生计资源、自然资源、地理位置、交通建设、非农产业基础等资源要素能够直接赋能村庄发展。综合各个案例的情况,典型案例中村庄发展模式主要存在以下几个方面的共性:(1)依托自身资源禀赋发展特色产业,例如,重庆垫江的月江村依托农业资源发展有机蔬菜产业基地,安徽黄山的西递村依托文旅资源发展徽派传统古建筑和田园风光产业;(2)以土地流转和体制改革等方式引入外部资源,例如,四川成都的战旗村探索"村—企—农"三级生产管理架构,广东梅州的广育村以集约土地、竞价包租的方式发展烤烟和黑木耳等特色产业;(3)以产业融合促发展,例如,上海金山的新义村打造"众创入园"田园综合体促进农旅融合;(4)进行生态搬迁,例如,江西上饶的篁岭村整体搬迁后,消除了地质隐患,建设了篁岭民俗文化村。

表7-1 村庄发展模式的典型案例

编号	村庄	区位	村庄发展模式	典型性依据
1	战旗村	四川成都	积极探索"村—企—农"三级生产管理架构,以股权改革推动农业高质量发展,创新股权制度、成立农村合作社盘活土地经营,集体决策收益分配;农户以土地或资金入股,集体经营土地,村民保底分红,增加工作岗位;形成了面积为550亩的现代农业产业园核心区	四川实施乡村振兴战略工作示范村

续表

编号	村庄	区位	村庄发展模式	典型性依据
2	月江村	重庆垫江	依托自有特色农业旅游资源,向上级政府争取政策、资金、技术支持,以桃、李、糖梨、有机蔬菜产业基地为基本盘,针对全村各户分别制定帮扶政策,增设水产产业,发展特色农业旅游产业	重庆乡村振兴示范村
3	新义村	上海金山	打造"众创入园"田园综合体,由村集体租赁闲置房屋吸引创意企业入驻或开办民宿,发展创意农业、乡村旅游和田园社区,重点突出妇联元素景点和巾帼文化,如女性创客乡园咖啡·梨院、陆家埭美丽埭等	全国首批特色小镇、"一村一品"示范村
4	新民村	四川宜宾	2015年以前是典型的贫困村,人均年收入仅为1400多元,后采用以公共文化建设助力乡村振兴的模式,引入社会专业机构形成"政府—社会组织—村民"三元互补的公共文化建设力量;搭建脱贫攻坚公共文化建设平台,为贫困户提供免费技能培训及推荐就业岗位;以开讲堂、促实践、搭桥梁等方式补齐贫困户就业短板,在提升村民素质的同时增加村庄收入	谢丽君(2020)
5	水库村	上海金山	由上级政府搭桥,引入高校专家制订"新江南田园"乡村振兴战略试点实施方案,并指定专家听取群众意见,全程指导项目落地;与设计院及科研机构长期合作,形成村庄产业、规划、基础设施、人居环境等领域的智库	上海乡村振兴示范村
6	银坑村	浙江衢州	随着塔太线公路、杭新景高速公路的开通,银坑村距离衢州市、杭州市的车程分别仅为0.5小时、1.5小时,村庄依托便利的交通条件主动融入杭州、上海城市圈,定位为"都市后花园",完善旅游基础设施,讲好旅游故事,盘活闲置资产,寻求企业帮扶合作,发展乡村旅游业和度假业	《衢州日报》:《发挥资源优势,打造城市后花园!银坑村借机发展乡村游》
7	白滩寺村	天津西青	依托村庄河流、林木田园生态资源,村委会牵头引进产业规划设计师,与周边村庄联动发展林下经济和水产;对村用地重新规划,划分为老居民区、文化康养区和都市农业观光区;依托河流打造生态带,引入无花果种植,吸引都市居民采摘以提高单位农业产值	天津乡村振兴示范村

第七章 基于动态干预机理的资源匮乏型村庄发展模式

续表

编号	村庄	区位	村庄发展模式	典型性依据
8	下车河村	山西大同	充分利用村庄拥有的独具特色的田园、草场、峡谷、山地、泉水等自然生态景观资源,大力发展以生态康养、生态观光、生态徒步等为核心的文旅产业,打造有机家庭农场和有机农业产业,完善旅游配套基础设施及服务,形成"有机+生态+旅游"链条	山西4A级乡村旅游示范村
9	桃坝村	四川资阳	利用柠檬种植现代农业和石刻佛教文化独特资源,结合"一村一品"发展生态旅游农业,建设柠檬主题公园、桂花长廊、文化大院等特色景点,并修建骑行、农家乐、公共厕所等配套基础设施	四川4A级乡村旅游示范村
10	弓家庄村	山西忻州	由合作社牵头"合作社+致富带头人+农户"管理模式,重点发展467座蔬菜瓜果大棚的设施农业园区;延伸农业产业链,建设果蔬交易中心和加工车间、大棚、采摘园,引进网络销售、数字农业、智能生产等新兴技术,通过"两微一抖"宣传、推广、销售、服务,打造"互联网+农业"	山西乡村振兴示范村
11	园艺村	新疆伊犁	规划"一园两区四主题",发展"交通+旅游""农业+旅游",实现公路修到村里,重视千亩花海特色景观,建设旅游基地、青少年研学基地并配套建设基础设施	新疆乡村振兴示范村
12	吉里格朗村	新疆伊犁	深挖养殖畜牧业,组建合作社发挥集体经济力量,发展产业(红色)、乌斯玛眉笔(绿色)、骆驼奶(白色)、渔业(蓝色)"四色"经济	新疆乡村振兴示范村
13	吴房村	上海奉贤	启动高质量乡村规划,引入润途、中国美院等参与整体设计,描绘江南水乡风貌,营造宜居宜业的"三园"空间,打造乡村振兴示范样板。此外,遵循"不规划,不动工"的原则,国资企业牵头,引领社会资本参与建设运营,形成具有专业社会团队与村集体经济合作开发运营的模式	上海乡村振兴示范村
14	永联村	江苏张家港	作为华夏第一钢材村,曾是张家港市经济最落后的村庄。此后大力发展集体经济,以企带村形成合力,挖塘养鱼、开办企业,因地制宜拓展产业,开办水泥预制品厂、家具厂、枕套厂,收益颇丰	全国"美丽乡村"首批创建试点村

续表

编号	村庄	区位	村庄发展模式	典型性依据
15	高家堂村	浙江湖州	重视自然生态，围绕"生态立村—生态经济村"，充分利用生态资源优势，重点做好改造和提升笋竹产业，全村已形成竹产业生态、生态型观光型高效竹林基地、竹林鸡养殖规模	浙江绿化示范村、第二批国家森林乡村
16	王村	天津西青	坚持"两个文明"齐抓共管，不断推进"经济发展、生活宽裕、乡风文明、环境整洁、管理民主"，做到村民老有所养、老有所医、老有所为、老有所学、老有所乐，人们过着农村城市化的幸福生活；加大精神文明建设投入，组建了文明办，设立文明建设专用经费，建设社会主义核心价值观主题公园，把文明建设纳入《村规民约》条款；做好道德典型的挖掘，先后有11位村民被评为全国道德模范及天津市道德模范、劳动模范、最美家庭等；丰富村民文化生活，开发建设了四大文化活动场所，成立了声乐班、中青年舞蹈队、京剧班、民乐队、村民广场健身舞队、女子鼓乐队、秧歌队；加强未成年人思想道德建设，成立了少年舞蹈培训班少儿绘画班，组织开展道德主题征文演讲比赛、文明手抄报等活动	全国文明村镇、天津市示范村
17	平乐村	河南洛阳	围绕"有名气、有特色、有依托、有基础"的"四有"标准，以牡丹画产业发展为龙头，扩大乡村旅游产业规模，依托文化传承实现村庄经济发展	河南特色文化产业村
18	红岩村	广西恭城	围绕新农村建设"二十字"方针，发展山水风光游览、田园农耕体验、住宿、餐饮、休闲和会议商务观光等生态特色旅游，建造80多栋独立别墅，客房300多间，餐馆近40家，建成了瑶寨风雨桥、滚水坝、梅花桩、环形村道、灯光篮球场、游泳池、旅游登山小道等公共设施；村庄环境优美，村后是岩溶地貌，山清水秀，村前是恭城最大的无公害水果生产基地	全国生态文化村、中国乡村名片
19	三坪村	福建漳州	发挥竹林等林地资源优势，创新"林药模式"，打造金线莲等中药材培育养殖基地，以玫瑰花和兰花种植产业占领花卉市场提升产值，大规模种植柚子、竹林，形成特色农业旅游景点	第一批国家级森林乡村、国家级生态村

第七章 基于动态干预机理的资源匮乏型村庄发展模式

续表

编号	村庄	区位	村庄发展模式	典型性依据
20	广育村	广东梅州	组织农民成立产业合作社、土地合作社、资金合作社、劳务合作社等多种合作社，解决承包地分散化和低效使用问题；农民以土地的承包经营权入股，村级土地合作社集约土地竞价出租，发展烤烟、水稻、黑木耳种植等特色产业，由合作社牵头进行收益分红；以合作社为主体引进农业技术和专业公司，集中采购农业资源，延长产业链；与高校合作，吸引高校的教授、博士等前来调研，促进产学研融合	全国民主法治示范村、设有博士工作站、"蕉岭模式"发源地
21	万涧村	安徽安庆	由中国城市规划设计研究院和北京大学专家组成工作团队，以"陪伴式规划"的形式，在土地资源整治、村落治理机制建设、乡村产业培育与反哺、传统建筑改造与合理利用、传统建造技术传承与创新、公益力量及社会资本引入、传统文化传承与活化等领域展开合作；由合作社牵头，将生态皇菊、野茶、金丝皇菊花茶、笋干等做成特色产品在"两微一抖"上宣传，并在互联网平台销售	第五批中国传统村落
22	鲁家村	浙江湖州	2011年还是一个远近闻名的贫困村，负债达150万元，近年来发展成为融合一二三产业的标准田园综合体，创造了新时代推进乡村振兴的"鲁家模式"；以特色家庭农场集群为产业支撑，培育家庭农场、农家乐、民宿等新型经营主体；联合社会资本，协调旅游经营主体、政府部门、项目建设主体，以"公司+村集体+家庭农场"模式，启动了全国首个家庭农场集聚区和示范区建设	国家田园综合体试点项目
23	东塔村	天津蓟州	延伸驴养殖产业链，发展大型菜园、蔬菜大棚、养驴场观光，让游客尤其是小孩近距离感受喂小驴，发展驴肉产业	"一村一品"示范村
24	象溪一村	浙江丽水	历史悠久，始建于唐朝，过去基础设施破败，从2009年开始，该村启动全域土地整治，推进"土地整治+古村落旅游"的模式。由政府主导，严格控制古村落核心区的拆建，复垦30多亩宅基地；引入设计院统一规划村庄风貌，促使新建房与传统住宅在布局、色彩、高度等方面相协调；利用老石门排列组成"忆古寻梦"广场公园，还用老瓦片、老砖头、老酒坛垒起"三片墙"	浙江省风情特色村

续表

编号	村庄	区位	村庄发展模式	典型性依据
25	湾里村	山西临汾	建设了1000万片翅果油片剂生产线，完成了包括厂房建设、设备购置及相关生产线的建设，以及萃取车间升级改造等翅果片剂的生产线建设；建成了翅果油系列功能性食品生产线，提升了产品附加值；建设翅果油系列化妆品加工厂，延伸产业链，促进产业融合	"一村一品"示范村
26	汉塘村	广西钦州	已发展成全国闻名的"电商果苗村"，在互联网上推广及售卖果苗，改进包装方法，在苗圃、包装间、办公室安装摄像头，实时直播树苗从选定、包装、运输等全过程	"一村一品"示范村
27	仙人洞村	北京昌平	2012年前后村里垃圾遍地，村两委班子整治村容村貌，拆除私搭乱建，美化村域景观；2017年成立旅游合作社，引入专业民宿管理公司，以收取房租和利润分红的形式将闲置的房屋与民宿公司进行合作，形成了特色民宿产业	"一村一品"示范村
28	四宫村	新疆霍城	曾因砂石遍地、土地贫瘠被称为"石头滩"，后尝试引导村民种植薰衣草，经过10年耕耘成为当地有名的富裕村，是霍城县发展"紫色经济"产业的缩影。目前，霍城县薰衣草种植约5.6万亩，每年可实现产值约10亿元	"一村一品"示范村
29	木头冲村	广东珠海	开展人居环境改造提升工程，保留了20世纪60年代建设的岭南石屋建筑群，石屋在维持原貌的基础上进行了简单修葺，外墙添加了蓑衣、鱼篓等体现渔村元素的装饰，成为网红打卡点	珠海市金湾区乡村振兴示范村
30	下山头村	浙江乐清	以数智赋能为抓手，建立了"三生融合、三产联动、三金共富"机制，推进智慧健康驿站、居家养老照料中心、数字管理"一张图"；持续做强共富产业，打造成为有产业、有环境、有生活的共同富裕"村域样板"	浙江省未来乡村试点村
31	下姜村	浙江杭州	曾经交通闭塞、产业落后、污水横流，依靠修公路、治理环境、辟果园逐渐走上了一条"绿富美"的乡村振兴道路，修建"猪栏餐厅"，开办书房；吸引人才发展文创产业——在党员的带头示范下，借助中国美院团队打造景点式村庄，布局了35个美丽乡村精品建设项目，大力发展民宿产业	中国美丽休闲乡村、全国乡村治理示范村

第七章　基于动态干预机理的资源匮乏型村庄发展模式

续表

编号	村庄	区位	村庄发展模式	典型性依据
32	葛家村	浙江宁波	通过艺术振兴乡村，提升了村民的文化素养，邀请中国人民大学副教授丛志强驻村开展"艺术试验"，成了"网红村"；打造"财富、赋能、友好"的共富版未来乡村，与社会团队合作实行专业的整村运营，"桂语零号乐园"是第一个正式运营的乡村产业化项目	《人民日报》点赞宁波宁海葛家村：《小山村的艺术活力》
33	余村	浙江湖州	关闭矿山，修复土地资源，将生态资源优势转化为经济发展优势，在村里发展漂流项目，打造农家乐连锁品牌；修建文化大舞台、文化礼堂、数字电影院等文体设施，组建老年门球队、青年篮球队、妇女排舞队等多支文体队伍，举办全民运动会、余村村晚等各类文体活动	2021年首批联合国世界旅游组织"最佳旅游乡村"
34	西递村	安徽黄山	西递村通过探索文化遗产在保护中活化利用，"人、物、景"良性互动的可持续发展路径，重点开发徽派传统古建筑和田园风光产业	2021年首批联合国世界旅游组织"最佳旅游乡村"
35	月洲村	福建福州	加大招商引资，引进文旅企业，培育"旅游+"特色业态，提供就业岗位；引进专业公司，与晓风书屋合作投资建设"月溪花渡"最美乡村图书馆；与途家合作租用土地，开展共享农庄项目建设，通过土地入股、出租等方式创收	福建省生态村、福建省最美休闲乡村
36	李窑村	上海奉贤	修整土地资源，改建房屋和道路桥梁、疏浚河道、建设景观绿化及公共服务配套设施，重构"农林水田路桥房"；建立"租金+股金+就业收入"收益模式，流转空余房屋，引入新兴产业	上海市乡村振兴示范村
37	西道村	河北承德	规划整合四季草莓、森林温泉、田园风光、特色餐饮、民俗展演等优势资源，实行"公司+基地+农户"经营方式；集中发展休闲农业、创意农业、草莓香草等特色产业，实现了"美丽乡村+扶贫攻坚+乡村旅游+产业发展+农村特色文化开发+农村电商+沟域经济+城乡统筹"八合一融合发展	国家级美丽休闲乡村

续表

编号	村庄	区位	村庄发展模式	典型性依据
38	泰山村	河南郑州	采用"村集体与社会资本共同撬动模式",引进专业公司建设景区,按照"原味乡村""民国风情""激情岁月"三大主题,布局农耕文化演艺等六大产品业态,布局地方名小吃、农副产品、创意农场采摘园等多元主题业态;采用合作经营的方式打造万亩农场;与专业公司合作建设乡村养老项目,打造"城市老人到乡村居家养老"特色示范村	全国"一村一品"示范村、全国生态文化村
39	乌村	浙江嘉兴	布局精品农副种植加工区、农事活动体验区、知青文化区、船文化区四大板块,完善"食住行游购娱"等旅游接待服务设施	浙江省2016年度乡村旅游示范乡（镇）
40	小城子村	河北承德	依托小城子村历史、村民生产生活,以满族风情为主题元素进行博物馆展览设计,利用空置民居,分满族、皇家不同风格打造民宿、客栈;提炼皇家文化中的精髓来突出"皇家驿栈"的舒适感	国家级美丽休闲乡村
41	四坪古村	福建宁德	将"村落文创"作为一个突破点,建立传统村落文化创意产业项目运行机制,依靠原味闽东老宅、开放的文化氛围和自由的新乡村生活吸引新村民租赁房屋,对村庄进行整体水系和房屋修复改造,新老村民和政府一起开展河道治理、改水改厕、污水处理等人居环境提升行动,推动医疗站建设、小学复办、文化场馆配套建设等	新华社点赞屏南古村新生——客从何处来 山间有归处
42	东林村	成都郫都	"拆小院并大院""并小田改大田",集体建设用地（宅基地）使用权上市拍租,高效盘活集体经营性建设用地、宅基地、农用地这"三块地",实现了居住环境改善、公共服务配套提升、资产增值、收入增加的目标	成都市"一村一品"示范村镇
43	莲麻村	广东广州	作为典型的大都市远郊衰败型村庄,从"重空间、轻发展"转向"产业再造"实现自我"造血",依托传统农林业形成产业链条;引入市场力量,吸引乡贤、本村大学生及务工村民返乡投资和创业	第二批全国乡村旅游重点村

续表

编号	村庄	区位	村庄发展模式	典型性依据
44	篁岭村	江西上饶	交通十分不便，物资匮乏，曾是地质灾害监测点，多次山体滑坡。由县政府指导、婺源县乡村文化发展有限公司出资整体搬迁，对村庄进行全面产权收购，消除地质隐患，建设篁岭民俗文化村，整体盘活了古村旅游开发经营权，"晒秋文化"享誉世界；"新屋换旧宅""老屋寄养"等方式创造了"篁岭模式"	央广网：《篁岭模式：开创全国乡村旅游转型升级新典范》
45	贺柯新村	云南临沧	2016年形成的搬迁新村，通过能人带动形成"一个能人带群众、两个机制理寨子、三个群体（帮扶单位、能人、农户）共参与、四个享有显著成效"的一套示范体系，打造成了远近闻名的民族特色示范村	人民网：《"火车头"带动搬迁新村变示范村》

资料来源：学术论文、官方介绍、媒体文章等。

第三节 基于典型案例归纳资源匮乏型村庄的发展模式

本章第二节列举了村庄发展模式的典型案例，本节将从理论基础出发，归纳已梳理案例的共同点，以构建资源匮乏型村庄的发展模式。

一 "土地整治+"模式

（一）"土地整治+"模式典型案例分析

在45个村庄发展模式的典型案例中，有大量村庄着眼于村庄的土地资源，集聚分散的居住用地和生产用地，腾挪出的闲置土地可整体规划发展不同产业。例如，天津西青的白滩寺村主要从土地功能重构的角度出发，村委会牵头引进产业规划设计师，对村庄用地重新规划，划分为老居民区、文化康养区和都市农业观光区，依托河流打造生态带，引入无花果种植，吸引都市居民采摘以提高单位农业产值；安徽安庆的万涧村引入了专家团队进行"陪伴式规划"，由中国城市规划设计研究院和北京大学专家组成工作团队，在土地资源整治、村落治理机制建设、乡村产业培育与反哺、传统建筑改造与合理利用、传统建造技术传承与创新、公益力量及社会资本引入、传统文化传承与活化等领域展开合作；北京昌平的仙人洞村整治村容村貌，拆除私搭乱建，美化村域景观，引入专业民宿管理公司，以收取房租和利润分红的形式将闲置的房屋与民宿公司进行合作，形成了特色民宿产业；浙江湖州的余村关闭矿山，修复土地资源，将生态资源优势转化为经济发展优势，在村里发展漂流项目，打造农家乐连锁品牌；上海奉贤的李窑村修整土地资源，改建房屋和道路桥梁、疏浚河道、建设景观绿化及公共服务配套设施，重构"农林水田路桥房"，流转空余房屋，引入新兴产业；成都郫都的东林村"拆小院并大院""并小田改大田"，集体建设用地（宅基地）使用权上市拍租，高效盘活集体经营性建设用地、宅基地、农用地这"三块地"，实现了居住环境改善、公共服务配套提升、资产增值、收入增加的目标。

运用"土地整治+"模式的村庄中，浙江省丽水的象溪一村运用的土地整治模式最为典型。象溪一村历史悠久，始建于唐朝，素有"进士村""秀才村""耕读村"等美誉。过去基础设施破败，巷道狭窄、垃圾遍地，管线杂乱，还存在大量危房。从2009年开始，该村启动全域土地整治，推进"土地整治+古村落旅游"的模式。由政府主导，严格控制古村落核心区的拆建，拆除外围危旧房，利用7.8亩的溪滩地建新房，复垦30多亩宅基地；集聚原先居住分散的农房，集中碎片化的耕地，完善基础设施，修整道路，埋设电缆和水管，修建公园、球场、公厕等生活设施；引入设计院统一规划村庄风貌，新建房的选址与古村落"天人合一"的理念一致，促使新建房与传统住宅在布局、色彩、高度等方面相协调，对达到风貌标准的房屋给予改造补助；利用拆除老屋留下的50座石门排列组成"忆古寻梦"广场公园，还用老瓦片、老砖头、老酒坛垒起"三片墙"，以保留古村遗迹，古老村落、进士文化、半亩方塘相映成趣。象溪一村依托古村落和田园风光资源，构建"生态+景区+农业"模式，建成了集农家乐、访学、采摘等于一体的旅游目的地，先后被授予浙江省风情特色村、丽水市新农村示范村等荣誉称号。

从以上典型案例分析中可以看出，整合利用土地资源发展产业在村庄发展中的重要性。村庄首先引入专业团队对土地资源进行规划和重整，完善基础设施和统一村庄风貌，再结合自身的生态资源、文旅资源、区位资源等优势引入文创、民宿、康养等产业，让闲置的土地发挥出经济价值。这一系列案例都采用了土地资源结合特色产业发展的方式，可以基于此提出"土地整治+"模式。

（二）"土地整治+"发展模式构建

"土地整治+"模式的核心在于土地资源利用与产业的链接，土地是村庄发展的最基本要素。在村庄振兴的动力机制中，土地属于村庄的核心资源禀赋，属于内核推动力的范畴。在"态"和"势"二维视角下，土地随着生产活动、建设活动或自然灾害的变化而变化，推动"态"的演进；土地质量与土地利用效率参差不齐，决定"势"的能级。土地整治是指对未利用或未合理利用的土地采用生态修复、"一整三还"、建设用地整理等措施，增加耕地面积和提升土地质量。土地整治能推动村庄资源禀赋重构，强化村庄发展的内核推动力，优化现有"态—势"格局。"土地整治+"模式是指在土地整治过程中融入"互联网+"的思维，以土地整治为纽带，促进生态保护、乡村旅游、现代农业等全面发展，促使土地利用价值聚变。"土地整治+"模式拓宽了促进村庄振兴的力的来源，以土地整治为基础的一系列活动能够助力实现生态产品价值、健全基础设施、优化生态功能，最终激发外缘拉动力，平缓外缘阻碍力，减少系统突变力，积累村庄能级跃迁的"势"。

资源匮乏型村庄的土地撂荒率较高，土地资源浪费严重，土地整治对土地质量和土地利用的提升空间较大。首先，需要修复污染严重的土地资源，改善水土流失、滑坡等自然灾害频发地段的生态环境，恢复土地使用功能。其次，规划居住区、观光旅游区、农业生产区等不同土地功能分区，分类有序开发土地；在此基础上，可围绕"土地整治+"的理念开展一系列活动。（1）"土地整治+现代农业"，规划农业用地片区，整理零碎田块，规模化种植农作物，科学运用间种、套种、混种、复种、轮种等立体种植技术；拓展农业用地功能，发挥农业用地的观光、康养、科教功能；改进农业用地经营方式，以家庭农场、企业联营、集体经营等方式增强市场竞争力。(2)"土地整治+休闲旅游"，推动村级规划、城乡规划、旅游规划"三规合一"，通过垦造耕地、土地整治等方式获取城乡建设用地增减挂钩指标，依托本村特色文旅资源或生态风光修建乡村旅游项目，发展全域旅游；(3)"土地整治+生态修复"，土地综合整治与生态修复项目相结合，控制水土流失，恢复村庄植被和景观，建立新型绿地生态系统，修建集自然保护、田园风光、农耕体验、生态涵养于一体的绿色农业园区。参与主体方面，"土地整治+"模式由政府牵头，村民参与，引入设计院及运营公司，把零碎的闲置土地合并整治，集中发展特色农业、畜牧业、农旅业等。"土地整治+"模式有利于集中村民资源，能够调动村民参与治理的积极性，村民能够参与到村庄的规划和更新中，实现村庄功能区丰富、人居环境美丽、产业兴旺的愿景。"土地整治+"模式整体流程如图7-2所示。

二 "一村一品"模式

(一) "一村一品"模式典型案例分析

在梳理的村庄发展模式典型案例中，有很多村庄属于"一村一品"示范村、乡村振兴示范村，这些村庄深挖自身资源禀赋拓展了一条适合自身发展的新路子。例如，山西临汾的湾里村大力发展翅果油产业，建设了1000万片翅果油片剂生产线、翅果油系列功能性食品生产线、翅果油系列化妆品加工厂，延伸产业链，促进产业融合；新疆伊犁的园艺村重视千亩花海特色景观，发展"交通+旅游""农业+旅游"，实现公路修到村里，建设旅游基地、青少年研学基地并配套建设基础设施；天津蓟州的东塔村延伸驴养殖产业链，发展大型菜园、蔬菜大棚、养驴场观光，发展驴肉产业；广西钦州的汉塘村打造"电商果苗村"，在互联网上推广及售卖果苗，改进包装方法，在苗圃、包装间、办公室安装摄像头，实时直播树苗从选定、包装、运输等全过程；河南郑州的泰山村

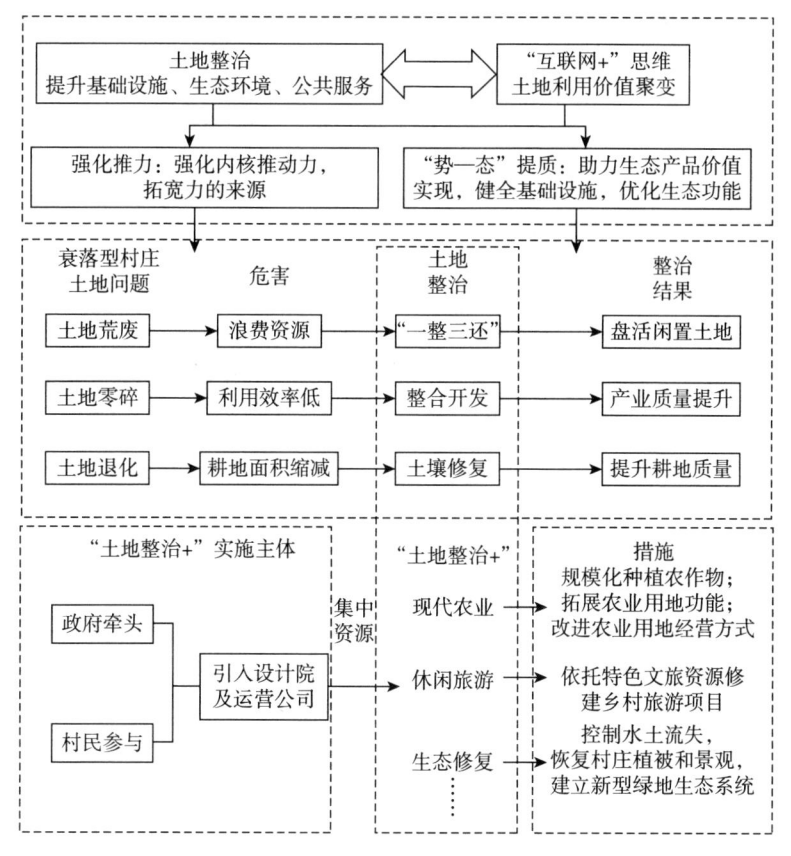

图 7-2 "土地整治+"模式整体流程

发展本土特色文旅产业，按照"原味乡村""民国风情""激情岁月"三大主题，布局农耕文化演艺等六大产品业态，布局地方名小吃、农副产品、创意农场采摘园等多元主题业态。

在"一村一品"示范村中，新疆霍城的四宫村运用"一村一品"模式实现了脱贫致富，其发展过程被新闻媒体多次报道，闻名各地。新疆霍城的四宫村因土地贫瘠、地土层薄，土壤下方全是石头，曾被称为"石头滩"，发展农业种植每亩收入不到 500 元，全村 735 户村民中贫困户占比超过 10%。为脱贫致富，村集体深挖资源禀赋，调研周边产业，村子地处伊犁河谷，气候温和湿润，与法国薰衣草基地普罗旺斯处于相似的纬度，具有种植薰衣草的最佳气候条件。2009 年，村庄试种 60 亩薰衣草，取得了高亩产和高旅游附加值的成果。2010年，种植面积扩大到700亩，亩产收益超过4000元，还吸引了大量游客。此后，四宫村打造"合作社+企业+农户+电商"模式，引进薰衣草精油加工企业，开发薰衣草精油、香皂、香水、香枕产品，提升产品附加值；打造四宫村解忧薰衣草农场4A级景区，配套建设精品民宿、牛圈酒吧、薰衣草产品专卖店、农家餐厅，构建起集薰衣草种植、加工、销售、农业观光、旅游于一体的全产业链发展模式。通过发展"紫色经济"，四宫村2019年接待游客超过20万人次，村民人均收入达25700元，成为薰衣草生态示范区、"中国薰衣草之乡""一村一品"示范村。

从以上典型案例分析中可以看出，村庄结合自身优势重点打造特色产业的重要性，具有差异化的小众特色产业往往具有较高的单位产值，进一步拓展特色产业链也能够获取较高的产品附加值。这些村庄都深挖自身特色资源禀赋、集中力量发展一两个特色优势产业，成本相对较小，收益却比较可观，可归纳出"一村一品"模式是适用于资源匮乏型村庄发展的模式之一。

（二）"一村一品"发展模式构建

"一村一品"的发展理念于1979年由日本大分县提出，是指一个村庄深挖资源禀赋，规模化、标准化、品牌化地发展某一个或几个高附加值的特色产品。"一村一品"主要特点在于"内生性"，即充分挖掘村庄资源禀赋利用自身资源优势集中力量打造主导产品，推动区域内生发展。"一村一品"的产品具有专业、新颖、独特、小众等特点，如薰衣草、骆驼、玫瑰园、无花果、羊驼、毛笔、特色民宿等，产品发展具备从无到有、从零散化到规模化的特点。从村庄振兴的动力机制来看，"一村一品"的思路是深挖村庄发展内核推动力的潜力，凝聚推动村庄发展的合力，一方面，把固有资源禀赋转化为村庄发展的内核推动力；另一方面，集中村庄力量发展特色产品，形成比较优势。从村庄发展的动态干预机理角度来看，"一村一品"实现了"态"和"势"的转化，把村庄历史累积但未利用的特色资源转化为提升村庄能级的特色产品，挖掘和利用"态"的底蕴，形成引导村庄能级跃迁的"势"。

"一村一品"的核心在于"内生性"，与上级政府主导的发展模式相比，"一村一品"顺应"自下而上"的管理方式，采用"村民自愿、统一规划、合理布局、相对集中、形成规模"的发展方式，贯彻产品类型自主、销售模式自主、参与方式自主"三个自主"方针，农户具有较强的参与感和积极性。"一村一品"主要根据气候、地形、区位、景观、文化等资源禀赋选择主导产业，优先探索园艺业、特色畜牧业、水产业和林业等产业类型占比较小的产业。"一村一品"的运营采用"平台公司+合作社+农户"模式，由村庄与高校、研究院、科技公司等合作成立特色产业平台公司，为村庄产品发展提供持续的人才、技术、信息、资金、管理模式，由合作社集中农户意见、协调农户利益、开拓产品销路，农户负责具体的生产、服务、销售活动。"一村一品"模式整体流程如图7-3所示。

三 农文旅融合模式

（一）农文旅融合模式典型案例分析

农业和生态观光资源是绝大多数村庄都具备的在城市中稀缺的资源，在梳理的村庄发展模式典型案例中，有很多村庄充分利用自身特色生态、文旅、农业资源，构建田园综合体、文创园和古村落旅游地，实现了产业升级。例如，上海金山的新义村，打造"众创入园"田园综合体，由村集体租赁闲置房屋吸引创意企业入驻或开办民宿，发展创意农业、乡村旅游和田园社区，重点突出妇联元素景点和巾帼文化，如女性创客乡园咖啡·梨院、陆家埭美丽埭等；山西大同的下车河村，利用村庄拥有的独具特色的田园、草场、峡谷、山地、泉水等自然生态景观资源，大力发展以生态康养、生态观光、生态徒步等为核心的文旅产业，打造有机家庭农场和有机农业产业，完善旅游配套基础设施及服务，形成"有机+生态+旅游"链条；浙江宁波的葛家村，通过艺术振兴乡村，提升了村民的文化素养，成了"网红村"，打造"财富、赋

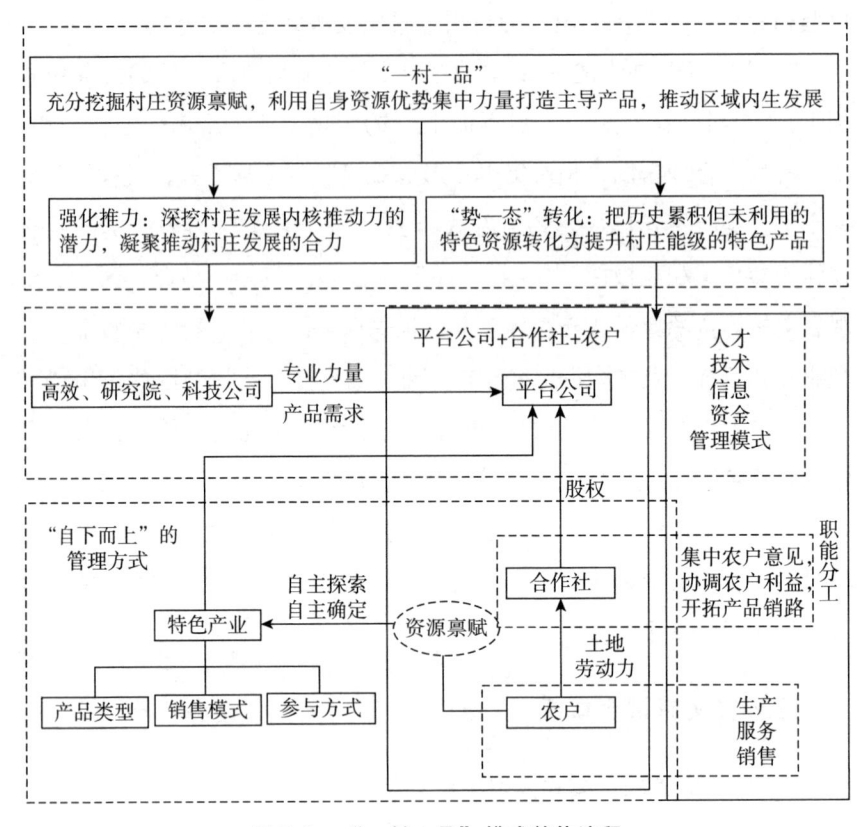

图 7-3 "一村一品"模式整体流程

能、友好"的共富版未来乡村,与社会团队合作实行专业的整村运营,"桂语零号乐园"是第一个正式运营的乡村产业化项目;河北承德的西道村,集中发展休闲农业、创意农业、草莓香草等特色产业,实现了"美丽乡村+扶贫攻坚+乡村旅游+产业发展+农村特色文化开发+农村电商+沟域经济+城乡统筹"八合一融合发展;重庆垫江的月江村,依托自有特色农业旅游资源,向上级政府争取政策、资金、技术支持,以桃、李、糖梨、有机蔬菜产业基地为基本盘,针对全村各户分别制定帮扶政策,增设水产产业,发展特色农业旅游产业。

在运用农文旅融合模式的村庄中,浙江省湖州的鲁家村经过农文旅融合模式发展,创造了新时代推进乡村振兴的"鲁家模式",成功脱贫致富。鲁家村在 2011 年还是一个贫困村,总人口只有 2200 人,村集体经济收入仅有 2 万元,负债却达 150 万元。此后政府主导启动美丽乡村创建工作,促使第一、第二、第三产业融合发展。一是建设家庭农场,规划建设 18 家家庭农场,引入野山羊、花卉、山楂、绿化苗木、药材等特色产业,以特色家庭农场集群为产业支撑,培育家庭农场、农家乐、民宿等新型经营主体,并以环村观光线串联各农场。二是创新运营模式,村集体联合社会资本,协调旅游经营主体、政府部门、项目建设主体,引进企业组建经营公司,构建"公司+村集体+家庭农场"模式,公司占股为 51%,村集体占股为 49%,按"统一设计、统一平台、统一品牌"的理念管理家庭农场。三是促进农旅融合,修建游客服务中心、观光火车环线和观光电瓶车环线,开展林果游、花卉游、牧业游等不同主题的旅游活动。四是建立完整的利益分配机制,村民能获取"经营收入+分红+租金+薪金"四部分收入。经过农文旅融合模式发展,鲁家村村民人均年收入超过 4 万元,成为首批"国家级田园综合体试点项目"。

以上典型案例充分说明,对村庄的农业和生态观光资源充分利用是资源匮乏型村庄发展的重要手段。融合农业和文旅业发展,不仅能够弥补城市功能的欠缺,满足城市消费需求,还能促进第一、第二、第三产业的深度融合,拓宽农业和畜牧业产业链,实现村庄的经济结构改善,可基于此提出农文旅融合发展模式。

(二) 农文旅融合发展模式构建

农文旅融合是"旅游+文创+农业"的旅游发展模式,村庄促使乡村、文化、旅游业要素融合,整合农业发展和乡村旅游,依托特色自然、人文资源形成农文旅产品。农文旅融合模式包括农家乐、田园综合体、文创园、古村落等形式,通过产品包装、服务体系构建、消费模式创新等方式延长产业链条,促进第一、第二、第三产业的深度融合。在村庄振兴的动力机制视角下,农文旅融合模式迎合了城乡各自不同功能定位,既利用要素资源自我"造血"拓展了内核推动力,又有机衔接了工业化和城市化赋能的外缘拉动力。在村庄发展的动态干预机理视角下,农文旅融合模式实现了"势""态"融合,促使村庄的田园风光、民风习俗、文化底蕴等生活要素与旅游产业要素融合，锻造出独具历史文化特色和田园风光景色的产品。

农文旅融合模式以旅游业为引擎，村庄可结合农业特色、历史文化资源禀赋侧重于发展农旅融合模式或文旅融合模式。农旅融合模式主要指打造田园综合体或乡村振兴创新试验区等，由政府主导，采用资金整合、先建后补、以奖代补、政府与社会资本合作、政府引导基金等方式提供启动资金，由村庄建立"村集体+专业机构+农户"的管理模式，建设花卉、水果、牧场等田园基地，发展田园观光、农家乐、采摘园等产业。文旅融合模式主要指古村落和文创园等，部分村庄具有较好的传统村落风貌和历史文化底蕴，引入高校、研究院等专业力量挖掘文旅价值，把村庄文化遗产和民俗文化融入村庄规划，以"陪伴式规划"的方式，在传统村落改造、文创园建设、景区运营等领域提供指导。村庄开办手工艺作坊、民俗商铺、民谣酒吧、民宿等旅游附加产业，修建网红打卡地、民俗服装拍照点、涂鸦墙等文艺景观，以村庄更新促进文旅融合。农文旅融合模式整体流程如图7-4所示。

四 "卫星村"互动模式

（一）"卫星村"互动模式典型案例分析

一些村庄的地理位置邻近城市，或是位于通往城市的交通要道上，充分依托自身区位优势弥补城市功能，实现自身发展。例如，江苏张家港的永联村大力发展集体经济，开办企业，以企带村形成合力，因地制宜拓展产业，开办水泥预制品厂、家具厂、枕套厂等工厂生产城市化进程中大量需求的产品，获取高额产值；广西恭城的红岩村，发展山水风光游览、田园农耕体验、住宿、餐饮、休闲和会议商务观光等生态特色旅游，建造80多栋独立别墅，客房300多间，餐馆近40家，弥补大都市区生态康养产业功能的缺失；浙江杭州的下姜村主动完善交通基础设施，实现与城市便利连通，修公路、治环境、辟果园，修建"猪栏餐厅"，开办书房发展文创产业，布局了35个美丽乡村精品建设项目，大

第七章 基于动态干预机理的资源匮乏型村庄发展模式

```
                    ┌─────────────────────────┐
                    │       农文旅融合        │
                    │ 延长产业链条,促进一二三 │
                    │    产业的深度融合       │
                    └───────────┬─────────────┘
              ┌─────────────────┴─────────────────┐
              ▼                                   ▼
    ┌──────────────────────┐         ┌──────────────────────────┐
    │强化推力,激发拉力:利用│         │"势—态"融合:促使田园风光、│
    │要素资源自我造"血",有机│        │民风习俗文化底蕴等生活要素与│
    │衔接工业化和城市化    │         │旅游产业要素融合          │
    └──────────┬───────────┘         └──────────────────────────┘
```

特色农业 → 政府主导提供启动资金 → 田园综合体 → 农旅融合：建设花卉、水果、牧场等田园基地，发展田园观光、农家乐、采摘园等产业

旅游业 → "村集体+专业机构+农户"管理模式 → 文旅融合

历史文化 → 高校、研究院挖掘文旅价值陪伴式规划 → 古村落、文创园 → 开办手工工艺作坊、民俗商铺、民谣酒吧、民宿等旅游附加产业，修建网红打卡地、民俗服装拍照点、涂鸦墙等文艺景观

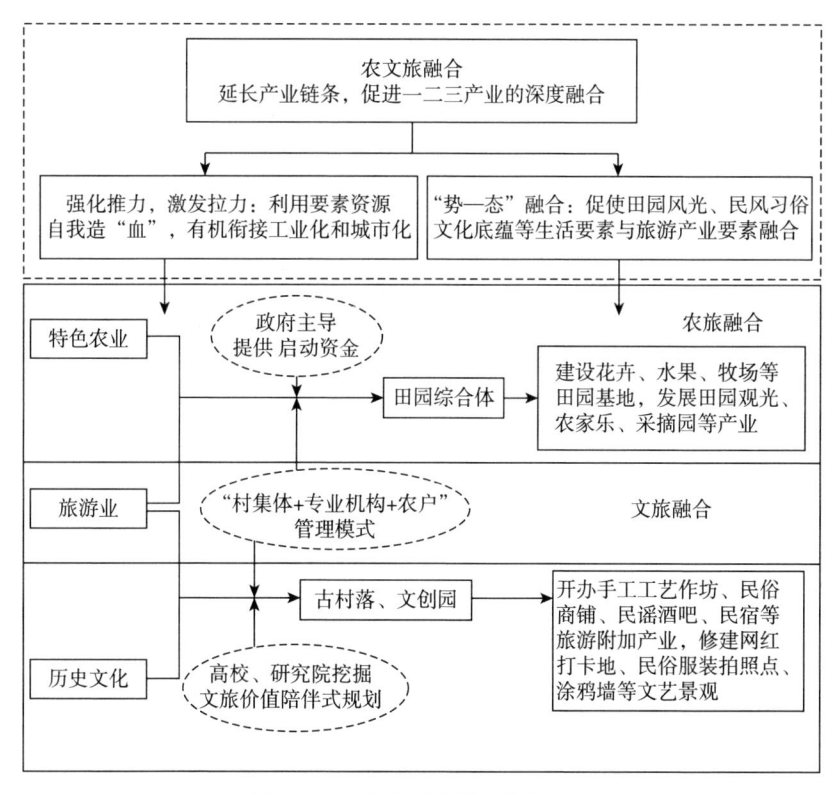

图 7-4 农文旅融合模式整体流程

力发展民宿产业，逐渐走上了一条"绿富美"的乡村振兴道路。

运用"卫星村"互动模式的村庄中，浙江衢州的银坑村充分依托交通优势获取城市资源，精准定位产业功能吸引城市人群消费，实现了村民增收和村庄发展。银坑村位于山脉的深处，空气清新，环境优美，生态资源优越，村庄以石柱峰、古银矿遗址和两棵 600 多年的古银杏树闻名。随着塔太线公路、杭新景高速公路的开通，银坑村距离衢州市、杭州市的车程分别仅为 0.5 小时、1.5 小时，村庄依托便利的交通条件主动融入杭州、上海城市圈，定位为"都市后花园"，发展乡村旅游业和度假业。一是完善旅游基础设施，拆除古树周边的猪舍、牛栏，整治环境，修建银杏公园。二是讲好旅游故事，与旅行社合作，深挖当地人文历史，用古银杏树、古银矿遗址、石柱峰等特色文旅资源对旅游景点

和线路进行包装，每年吸引1.5万人次游客前来观光、度假、疗养。三是盘活闲置资产，对拆后农房、闲置办公楼和厂房等再利用，改造升级闲置厂房为笋干加工厂，通过竹笋产业带动周边近万名农户增收，创设"扶贫资金注入+村集体资产盘活+统一对外承包经营"模式，发展了12间合作期为3年的"共享民宿"，农户每年可收取租金3万元。四是寻求企业帮扶合作，改造老办公楼，创办蓝天拾贰居民宿，设立"中化蓝天"职工疗休养点，利用"中化蓝天"帮扶资金建立中药材基地，为村集体创收18万元。

以上典型案例充分说明，利用交通和区位优势发展大城市缺失的生态康养、乡村旅游、有机果蔬、科教基地产业，能够构建生态优美、游客休养、村民增收的良好格局，助力村庄发展，可基于此归纳出"卫星村"互动模式。

（二）"卫星村"互动发展模式构建

"卫星村"主要指地理位置邻近城镇中心城区，或者位置稍远但交通便利的村庄。"卫星村"在社会治理、产业链条和人文底蕴方面与中心城区一脉相承，能够承接城区产业外溢和弥补城市产业功能。村庄以"卫星村"的模式与中心城区良性互动，即是发挥其城市公园功能、"菜篮子"作用、生态宜居效用和教学研基地潜力，吸引城区居民前来休闲娱乐、康养度假、体验农趣，并为城区提供生鲜农产品。从村庄振兴的动力机制来看，中心城镇的发展具备较强的辐射带动力，"卫星村"与中心城镇互动，主要是依托自身区位和交通优势激发外缘拉动力，抵御外缘阻碍力。一方面，"卫星村"能更高效地获取城区的资源、信息、资本等要素，用于自身发展；另一方面，"卫星村"能通过提供城区稀缺生态农产品和农旅服务发展经济，抵消城乡二元体制的负面影响。从村庄发展的动态干预机理角度来看，"卫星村"模式实现了"势""态"共进，以村庄的秀美环境和田园农趣等生活要素吸引城区居民，以村庄的特色农牧业、水产业、林业等产业要素汲取城区资源，实现了生活功能和生产功能共促村庄发展。

第七章 基于动态干预机理的资源匮乏型村庄发展模式

"卫星村"模式依赖于村庄的区位和交通通达性,应做到规划先行,引导中心城镇辐射带动周边村庄发展,规划囊括"卫星村"的公路体系和产业协同发展廊道,统筹城镇周边村庄的产业定位,避免村庄发展同质化。对离中心城区较近的村庄可优先定位为"城市公园""后花园""采摘园",以弥补城市缺乏的田园风光和农旅体验;对距离稍远但交通便利的村庄可定位为"菜篮子""度假村""科教基地",为城市运输生鲜食品并提供生态康养和科教服务。在经营主体方面,"卫星村"模式采用政府主导和家庭农场互补的方式,由政府对村庄进行规划和定位,选定特色产业基本盘,修建路网、科教基地、城市公园、文旅配套设施等,并在城区推广村庄;村庄内部完善土地流转制度,以家庭为经营单位兴办家庭农场,发展规模化、专业化的农家乐服务体系,有条件的家庭农场可申办发展采摘、康养、度假等特色产业。"卫星村"互动模式整体流程如图7-5所示。

五 生态搬迁模式

(一)生态搬迁模式典型案例分析

在梳理的村庄发展模式典型案例中,有少量村庄由于在资源禀赋和交通区位等多方面都没有竞争力,甚至生态破坏严重、自然灾害频发、生存条件恶劣,只能通过易地搬迁重建的方式实现自身发展。例如,江西上饶的篁岭村由于地理环境恶劣,整体搬迁消除了地质隐患,建设了篁岭民俗文化村,整体盘活了古村旅游开发经营权;云南临沧的贺柯新村是易地搬迁安置点,是2016年形成的搬迁新村,为改善贫困的生活状态,积极争取帮扶单位支持获取资源,培训村民劳动力技能,通过能人带动形成"一个能人带群众、两个机制理寨子、三个群体(帮扶单位、能人、农户)共参与、四个享有显著成效"的一套示范体系,打造成了远近闻名的民族特色示范村。

江西上饶的篁岭村在政府的主导下实现了搬迁致富,原有村落被改造为旅游景点,其不宜居的地形反而成了旅游特色,具有较强的典型

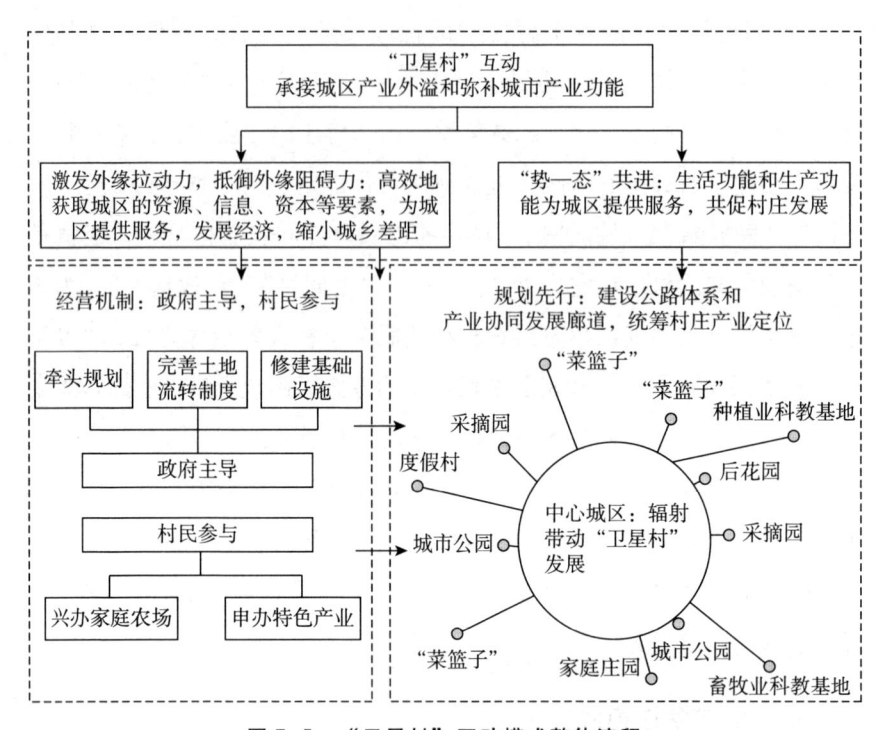

图 7-5 "卫星村"互动模式整体流程

性。篁岭村是具有600多年历史的徽派古村落，所处位置地形陡峭，交通不便，物资匮乏。村内"地无三尺平"，难以发展农业，生活资料与生产资料大部分都来自山下，秋冬季节严重缺水，汛期又时常山体滑坡，是地质灾害的监测点。村庄在实施搬迁前，大部分年轻人外出打工，基础设施破败，房屋年久失修，土地荒芜，独特的"晒秋"历史文化也逐年消失。2009年，由县政府指导、婺源县乡村文化发展有限公司出资对村庄整体搬迁，村民搬迁至山下新村，公司对村庄进行全面产权收购，消除地质隐患后，把120户原居民住址改建为精品酒店，重建20多栋收购的徽派古建筑，打造商业街，提供旅游会展、文物交易、民俗演出、特色餐饮等服务。篁岭村以"新屋换旧宅""老屋寄养"等方式创造了生态搬迁的"篁岭模式"，形成了政府、企业、村民三方合力，政府发布小产权房办证试点和地质灾害村整村搬迁相关政策，推动整村式搬迁，并支持县内古建筑在该村集中收购保护、开发运营，推动创建 4A 级和 5A 级景区；企业具体负责景点打造、道路修缮、地质灾害防护、整村搬迁等，以"篁岭晒秋图"为品牌，打造独具特色的主题品牌符号；村民以土地、资源入股获取分红，并在景区中按"每户至少一人"标准返聘搬迁村民，还可以以经营农家乐、民宿、小餐馆等方式增收。2019 年篁岭村游客量达 144 万人次，村民人均收入超过 35000 元，实现了搬迁致富。

以上典型案例充分说明，即使一些资源匮乏型村庄由于多方面原因处于衰落的恶性循环中，通过生态搬迁的方式放弃原有资源，重新谋求村民的新居住地，也可以实现资源匮乏型村庄的发展，基于此，可提出资源匮乏型村庄的生态搬迁发展模式。

（二）生态搬迁发展模式构建

部分资源匮乏型村庄由于地质灾害频发、高寒缺氧、区位偏远、经济基础薄弱、人口稀少等，村庄发展系统受到的扰动冲击作用远超过自我调节阈值，系统已濒临崩溃，有必要进行村庄整体搬迁，整合资源重新发展。在村庄振兴的动力机制视角下，地质灾害和气候问题导致系统突变力强度剧烈、波动明显、频率较高，生态搬迁从根源上规避了系统突变力，重塑了村庄的内核推动力和外缘拉动力。在村庄发展的动态干预机理视角下，生态搬迁实现了村庄发展的"势""态"重构，保留了村庄的民俗风貌、治理传统、人力资源，更新了村庄的自然条件、农业资源、产业结构、基础设施，"势""态"重构形成村民安居乐业、产业发展兴旺的新格局。

村庄生态搬迁实施前，需要做足准备工作，考虑到我国村民安土重迁的观念，搬迁选址建议选择距离原有村落较近的村落，搬迁前需建设基础设施、改良土壤环境、规划产业，以提供村民安居乐业的环境。在实施生态搬迁过程中，村民与地方政府签订《生态移民搬迁协议书》，政府负责规划建设基础设施和房屋，解决户籍问题，提供土地，修复原村庄的生态破坏问题；村民迁出后自动解除土地承包权，自行拆除原有房屋。此外，有必要引入大型农业企业，构建"企业—合作社—村民"

产业经营主体,以实现新居住地的高效生产。村民根据搬迁条款,可自主选择土地租赁或自持耕种,其余闲置土地集中发展农旅业或用于退耕还林生态修复,形成生产发展、生态良好、生活富裕的新农村风貌。生态搬迁模式整体流程如图 7-6 所示。

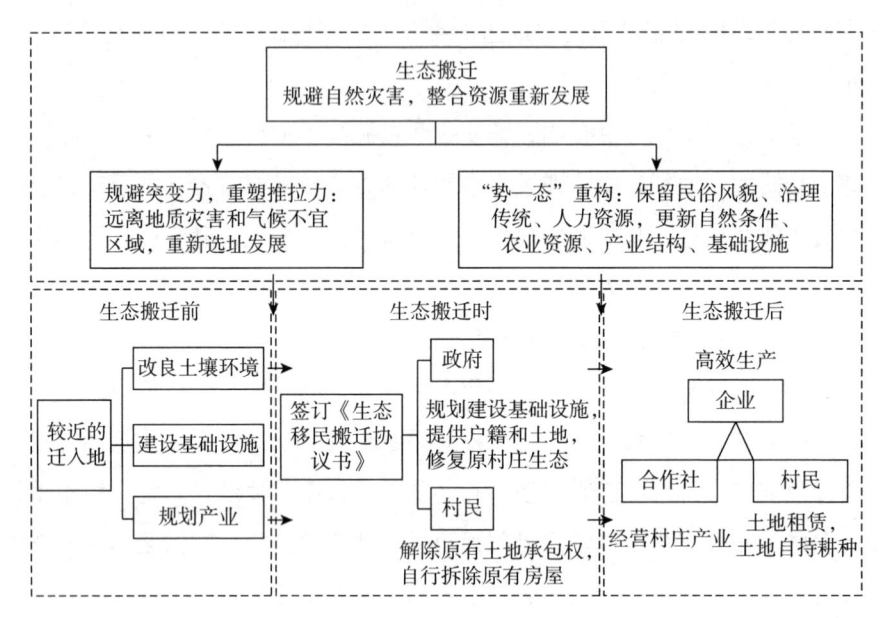

图 7-6 生态搬迁模式整体流程

第四节 资源匮乏型村庄发展模式的应用与优化

前文基于动态干预理论和 45 个典型村庄的发展模式,归纳出资源匮乏型村庄的 5 种发展模式,并分析了每一种发展模式的发展动力机制、动态干预机理且结合典型案例进行了佐证。接下来,将对这 5 种发展模式的具体运营、建设内容、适用情景进行讨论。

一 资源匮乏型村庄发展模式的应用分析

(一)"土地整治+"模式

"土地整治+"模式需要在项目前期结合村庄资源禀赋和土地整治

规划找出土地整治方向,需要投入较大成本,规划、整治、重建主要依赖于政府投资,必须全面统筹村民在土地整治期间的住房安置、复垦补偿、农作物补偿等方式,预防和妥善处理产权纠纷。"土地整治+"模式建设过程的典型举措包括完善基础设施、集聚碎片化用地、拆除危旧房、引入专业公司等,应当结合资源禀赋精选产业,防止链接的产业存在脱节。"土地整治+"模式的优势在于高效利用土地资源,村庄更新较为彻底,能够同时提升村民的生产生活水平。因此,"土地整治+"模式适用于地形适宜、有特色资源、土地潜在利用价值较大的村庄,建议先梳理全区域全要素开发流程,确定土地整治链接的产业内容,规划基于土地价值的差异化村庄更新模式,前置引入社会资本共同开发。

(二)"一村一品"模式

"一村一品"模式源于村庄的内生发展动力,由村集体自行挖掘资源禀赋和探索特色产品,不断拓展特色产品全产业链,该模式运营的核心在于"内生性",采用"自下而上"的管理方式,产品类型、销售模式、参与方式由农户和村集体自主确定,采用"平台公司+合作社+农户"运营模式。"一村一品"模式建设过程的典型举措包括深挖地区资源禀赋、确立特色产业、拓展产业链等,在"自下而上"探索特色产品时可引入高校、研究院、科技公司等专业团队,充分开展产业和市场调研,从理论上设计几种最适宜的特色产品及产业链拓展模式,再通过实践验证并推广。"一村一品"模式的优势在于前期探索成本可控,形成的特色产业单位产值较高,小占比产值产业与村庄生产体量较为匹配。由于自主性的特点,其适用范围较广,具有一定特色资源禀赋或是能够引进吸收特色产品的村庄均可以进行尝试。

(三)农文旅融合模式

农文旅融合模式的核心在于"旅游+文创+农业",运营过程应首先整合当地的文创IP或农业风光资源,然后通过包装宣传、服务优化和创新消费等方式延长产业链,管理模式采取"村集体+专业机构+农户"的模式。农文旅融合模式建设过程中的典型举措包括政府引导规划、完善基础设施和旅游服务设施、包装宣传 IP 等。其优势在于田园综合体或文创园的示范效应显著，融合发展一二三产业，有利于拓展产业链，提升单位产值。农文旅融合模式对村庄的农业资源、生态资源或历史文化资源要求较高，且发展旅游业需修建景点和道路，并配套建设旅游基础设施，前期投资较大。因此，农文旅融合更适用于有条件把原始生态景观和文化遗址改建成旅游目的地的村庄，并可借用村民力量和社会资本，充分鼓励村民投资家庭农场及旅游配套服务设施，引进社会资本开办商业及运营观光路线。

（四）"卫星村"互动模式

"卫星村"互动模式的成功运营在于补充城市缺失的功能，承接城区产业外溢和弥补城市产业功能，运营过程应紧抓城市公园功能、"菜篮子"作用、生态宜居效用和教学科研基地等城市难以实现的重要功能。城郊型村庄的劳动力极易被中心城区吸收，若产业质量不高、增收效应不明显，村民则倾向于进城务工。因此，"卫星村"互动模式在产业规划时应充分研究城乡功能定位，选择能弥补城市功能的、占有议价权的产业进行发展，并协调各村庄定位，避免同质化竞争。"卫星村"互动模式建设过程中的典型举措包括完善交通基础设施、建设采摘园、建设生态果蔬基地、建设教学科研基地等。其适用范围主要是交通和区位良好的村庄，最适用于城市周边的村庄或是距离城市车程较短的村庄。

（五）生态搬迁模式

生态搬迁模式应首先分析当地的自然条件以论证搬迁的必要性，并寻求合适的搬迁地，提前进行搬迁的准备工作，取得当地村民的理解和配合也是至关重要的工作。生态搬迁后，可构建"企业—合作社—村民"产业经营主体，实现新村庄建设的可持续发展。生态搬迁模式的典型举措包括上级政府牵头规划和选址、村庄签署协议书、地区政府解决户籍问题、村集体协助提供土地等。该模式的难点包括新村规划建设、老村拆迁、居民安置等，且投资大、成效慢，其优势在于地方政府在主导生态搬迁模式时，对上级政府政策应用尽用，把村民的基本生活需求和人身安全放在首位，以长远的眼光看待收益。生态搬迁模式主要适用于存在地质灾害频发、高寒缺氧、区位偏远、经济基础薄弱、人口稀少等问题的村庄。其适用情境比较特定，不是普适于所有村庄的发展策略。资源匮乏型村庄发展模式的应用分析如表7-2所示。

表7-2 资源匮乏型村庄发展模式的应用分析

发展模式	运营模式	典型举措	优势	适用情境
"土地整治+"模式	结合村庄资源禀赋和土地整治规划找出土地整治方向，规划、整治、重建主要依赖于政府投资，全面统筹住房安置、复垦补偿、农作物补偿等方式，预防和妥善处理产权纠纷	完善基础设施、集聚碎片化用地、拆除危旧房、引入专业公司等，结合资源禀赋精选产业，防止链接的产业存在脱节	高效利用土地资源，村庄更新较为彻底，提升村民的生产生活水平	地形适宜、有特色资源、土地潜在利用价值较大的村庄
"一村一品"模式	由村集体自行挖掘资源禀赋和探索特色产品，不断拓展特色产品全产业链，模式运营的核心在于"内生性"，采用"自下而上"的管理方式，产品类型、销售模式、参与方式由农户和村集体自主确定，采用"平台公司+合作社+农户"运营模式	深挖地区资源禀赋、确立特色产业、拓展产业链等，在"自下而上"探索特色产品时可引入高校、研究院、科技公司等专业团队，充分开展产业和市场调研。	前期探索成本可控，形成的特色产业单位产值较高，与村庄生产体量较为匹配	适用范围较广，具有一定特色资源禀赋或是能够引进吸收特色产品的村庄均可以进行尝试
农文旅融合模式	核心在于"旅游+文创+农业"，运营过程应首先整合当地的文创IP或农业风光资源，然后通过包装宣传、服务优化和创新消费等方式延长产业链，管理模式采取"村集体+专业机构+农户"的模式	政府引导规划、完善基础设施和旅游服务设施、包装宣传IP	田园综合体或文创园的示范效应显著，融合发展一二三产业，有利于拓展产业链，提升单位产值	有条件把原始生态景观和文化遗址改建成旅游目的地的村庄
"卫星村"互动模式	紧抓城市公园功能、"菜篮子"作用、生态宜居效用和教学科研基地等城市难以实现的重要功能	完善交通基础设施、建设采摘园、建设生态果蔬基地、建设教学科研基地等	产业能弥补城市功能，避免同质化竞争	交通和区位良好的村庄，城市周边的村庄，距离城市车程较短的村庄

续表

发展模式	运营模式	典型举措	优势	适用情境
生态搬迁模式	论证搬迁的必要性，并寻求合适的搬迁地，提前进行搬迁的准备工作，取得当地村民的理解和配合也是至关重要的工作，生态搬迁后，可构建"企业—合作社—村民"产业经营主体，实现新村庄建设的可持续发展	上级政府牵头规划和选址、村庄签署协议书、地区政府解决户籍问题、村集体协助提供土地等	把村民的基本生活需求和人身安全放在首位，以长远的眼光看待收益	存在地质灾害频发、高寒缺氧、区位偏远、经济基础薄弱、人口稀少等问题的村庄

二 不同资源匮乏型村庄的发展模式与优化

第五章中提出了资源匮乏型村庄的类型识别方法，并基于村庄分化的动力、影响因素以及资源匮乏型村庄的特征提出了不同类型资源匮乏型村庄发展的干预方向。本章又基于案例分析和动态干预机理归纳出资源匮乏型村庄的5种发展模式，并经过对5种发展模式的具体运营、建设内容、适用情景等方面进行讨论，厘清了村庄发展模式决策范围的边界和发展模式的实现条件。其中，"一村一品"模式的普适性较强，"土地整治+"和农文旅融合模式的前期投入相对较大，但适用范围也较广；而"卫星村"互动模式和生态搬迁模式的适用范围则较为固定。然而，不同类型的资源匮乏型村庄的资源禀赋存在差异，相应的干预方向侧重点也会各不相同，有必要把5种发展模式与不同类型资源匮乏型村庄的发展引导路径进行匹配，运用资源匮乏型村庄干预方向对发展模型进行优化，以实现分类施策、精准发力。

资源匮乏型村庄分为资源衰落型村庄、人口衰落型村庄和基建衰落型村庄。资源衰落型村庄主要特征包括农业生产低效、生态破坏严重和特色资源浪费等特征，对于农业生产低效的村庄来说，干预和优化方向应从修建农业基础设施和延伸农业产业链入手，相应的发展模式包括"土地整治+"模式和农文旅融合模式，对应的典型案例包括重庆垫江的月江村、上海金山的新义村、浙江湖州的鲁家村等村庄；对于生态破坏严重的村庄来说，应从耕地修复和生态保护方面发力，相应的发展模式包括"土地整治+"模式和生态搬迁模式；对于特色资源浪费的村庄，"一村一品"模式有助于村庄挖掘和利用自身特色资源禀赋，农文旅融合模式有助于村庄利用自然生态风光和历史文化。人口衰落型村庄的典型特征包括人口结构不佳和村庄规模收缩，相应的发展干预方向主要从强化产业、提供就业岗位、改善村居环境等方面入手，相应的发展模式涵盖了"土地整治+"模式、农文旅融合模式、"卫星村"互动模式和"一村一品"模式，典型案例包括四川宜宾的新民村、新疆伊犁的园艺村和四川成都的战旗村等村庄。基建衰落型村庄的主要特征包括基础设施破败和交通不便等特征，引导路径主要是拓宽基础设施修建渠道、促进城乡要素对流、依托高能级区域联动发展等，相应的发展模式包括"土地整治+"模式、农文旅融合模式、"一村一品"模式和"卫星村"互动模式，典型案例包括四川资阳的桃坝村、广西恭城的红岩村和浙江衢州的银坑村等。不同类型资源匮乏型村庄适用的发展模式与干预优化方向及典型案例总结如表7-3所示。

表7-3 不同类型资源匮乏型村庄适用的发展模式与干预优化方向及典型案例

类型		干预和优化方向	适用发展模式	典型案例（括号内为表7-1的案例序号）
资源衰落型	农业生产低效	修建农业基础设施，优先引导农业现代化发展，给予政策倾斜和技术、资金支持，拓展延伸农业产业链	"土地整治+"模式、农文旅融合模式	①重庆垫江的月江村（2）：建设桃、李、糖梨、有机蔬菜产业基地；②上海金山的新义村（3）：打造"众创入园"田园综合体；③天津西青的白滩寺村（7）：重新规划村庄用地，发展林下经济和水产；④山西忻州的弓家庄村（10）：发展蔬菜瓜果大棚的设施农业园区，延伸农业产业链；⑤浙江湖州的鲁家村（22）：以特色家庭农场集群为产业支撑，培育家庭农场、农家乐、民宿等新型经营主体；⑥浙江嘉兴的乌村（39）：布局精品农副种植加工区，完善"食住行游购娱"等服务设施

续表

类型		干预和优化方向	适用发展模式	典型案例（括号内为表7-1的案例序号）
资源衰落型	生态破坏严重	政府牵头制定规划，统筹安排村庄耕地修复、人居环境整治、基础设施、公共服务设施、土地整治、生态保护与修复等各项建设，优先耕地修复；自然灾害破坏过于严重则整体搬迁发展	"土地整治+"、生态搬迁	①广东梅州的广育村（20）：成立合作社修复耕地，发展烤烟、水稻、黑木耳等产业；②北京昌平的仙人洞村（27）：整治村容村貌，拆除私搭乱建，美化村域景观，形成了特色民宿产业；③新疆霍城的四宫村（28）：曾因砂石遍地、土地贫瘠被称为"石头滩"，后整治土地后种植薰衣草致富；④广东珠海的木头冲村（29）：开展人居环境改造提升工程，成为网红打卡点；⑤浙江杭州的下姜村（31）：依靠治环境、修公路走上"绿富美"的乡村振兴道路；⑥江西上饶的篁岭村（44）：搬迁致富
	特色资源浪费	合理利用村庄特色资源，发展乡村旅游和特色产业，形成特色资源保护与村庄发展的良性互促机制	"一村一品"、农文旅融合	①福建漳州的三坪村（19）：创新"林药模式"，打造金线莲等中药材培育养殖基地；②天津蓟州的东塔村（23）：延伸驴养殖产业链，发展驴肉产业；③山西临汾的湾里村（25）：延伸翅果种植、加工、销售产业链，制作食品和化妆品；④安徽黄山的西递村（34）：文化遗产在保护中活化利用，开发徽派传统古建筑风光；⑤河北承德的小城子村（40）：以特色满族风情为主题元素打造"皇家驿栈"
人口衰落型	人口结构不佳	"一村一策"激发人口吸附力，强化特色主导产业支撑，支持农业、乡村旅游等专业化村庄发展，充分提供就业岗位	"一村一品"、农文旅融合	①四川宜宾的新民村（4）：为贫困户提供免费技能培训及推荐就业岗位，以开讲堂、促实践、搭桥梁等方式促进就业；②新疆伊犁的园艺村（11）：以产业吸引人口，"农业+旅游"，建设旅游基地、青少年研学基地；③河南洛阳的平乐村（17）：以牡丹画产业发展为龙头，扩大乡村旅游产业规模，以特色产业支撑人口；④浙江宁波的葛家村（32）：培训提升村民的文化素养和艺术技能，发展"桂语零号乐园"等年轻化文娱产业

第七章 基于动态干预机理的资源匮乏型村庄发展模式

续表

类型		干预和优化方向	适用发展模式	典型案例 （括号内为表 7-1 的案例序号）
人口衰落型	村庄规模收缩	统筹考虑与周边村庄一体化发展，改善居住环境，可结合新型城镇化，建设农村新型社区，吸引返乡创业人群和外地游客，以人才振兴带动村庄振兴	"土地整治+"，农文旅融合，"卫星村"，互动"一村一品"	①四川成都的战旗村（1）：以股权改革推动农业发展，成立农村合作社盘活土地经营，建立现代农业产业园；②上海奉贤的吴房村（13）：引入润途、中国美院等参与片区整体设计，营造宜居宜业的"三园"空间；③福建宁德的四坪古村（41）：开展河道治理、改水改厕、污水处理等人居环境提升行动，推动医疗站建设、小学复办、文化场馆配套建设等，发展"村落文创"；④成都郫都的东林村（42）：高效盘活集体经营性建设用地、宅基地、农用地这"三块地"，实现了居住环境改善、公共服务配套提升、资产增值、收入增加的目标；⑤广东广州的莲麻村（43）：引入市场力量，吸引乡贤、本村大学生及务工村民返乡投资和创业
基建衰落型	基础设施破败	拓宽村庄基础设施建设的融资渠道，引导资本进入村庄的环境、给排水、电网等基础设施建设；对人居环境进行改造提升，促进村庄与城镇资金、技术、人才、管理等要素双向流动	"土地整治+"，农文旅融合	①四川资阳的桃坝村（9）：建设柠檬主题公园等特色景点，并修建骑行、农家乐、公共厕所等配套基础设施；②广西恭城的红岩村（18）：引入社会资本，建成了瑶寨风雨桥、滚水坝、梅花桩、环形村道、灯光篮球场、游泳池、旅游登山小道等公共设施；③上海奉贤的李窑村（36）：改建房屋和道路桥梁、疏浚河道、建设绿化配套设施，重构"农林水田路桥房"；④福建宁德的四坪古村（41）：对村庄进行整体水系和房屋修复改造，建立传统村落创意产业项目运行机制

续表

类型		干预和优化方向	适用发展模式	典型案例（括号内为表7-1的案例序号）
基建衰落型	交通不便	依托中心城区和高能级村庄联动发展，建设能够联结资源匮乏型村庄的公路网络和产业协同发展廊道，在空间上形成经济增长面和产业优化带，促进资源匮乏型村庄提质升级	"一村一品"，"卫星村"互动	①上海金山的新义村（3）：由村集体集资完善交通基础设施，租赁闲置房屋吸引创意企业入驻，发展创意农业；②浙江衢州的银坑村（6）：依托塔太线公路、杭新景高速公路融入杭州、上海城市圈，定位为"都市后花园"；③山西大同的下车河村（8）：完善旅游配套基础设施及服务，形成"有机+生态+旅游"片区联动发展链条，发展生态康养、观光、徒步等都市稀缺的文旅产业；④福建福州的月洲村（35）：加大招商引资，引进文旅企业，引入社会资本修建道路，培育"旅游+"特色业态，开展共享农庄项目建设，通过土地入股、出租等方式创收；⑤河北承德的西道村（37）：实行"公司+基地+农户"经营方式，引进社会资本建设交通基础设施，实现"美丽乡村+扶贫攻坚+乡村旅游+产业发展+农村特色文化开发+农村电商+沟域经济+城乡统筹"八合一融合发展

第五节　本章小结

本章基于村庄发展的动力机制理论和"态—势"二维视角下的动态干预机理，梳理了45个村庄振兴的典型案例，归纳出了"土地整治+"模式、"一村一品"模式、农文旅融合模式、"卫星村"互动模式、生态搬迁模式资源匮乏型村庄的5种发展模式。村庄的发展演化是受到内核推动力、外缘拉动力/外缘阻碍力和系统突变力共同作用的结果。实现村庄振兴，应首先扭转"态"，满足村民基本的生活生产需求；其次再挖掘"势"，建设村庄的特色产业。资源匮乏型村庄的 5 种发展模式各有优劣，且适用范围由资源匮乏型村庄的资源和要素的异质性决定。经过讨论，资源匮乏型村庄的 5 种发展模式适用范围、优缺点各不相同，在实践中应充分调研资源匮乏型村庄的人口结构、产业结构、历史文化等，结合资源要素异质性统筹考虑，因地制宜、分类施策，构建资源匮乏型村庄发展模式。

第八章 资源匮乏型村庄发展的保障政策及其优化

第一节 资源匮乏型村庄发展保障政策的分析思路与框架

一 分析思路

政策分析思路按照"现状如何？有何问题？如何优化？"的逻辑链条展开。首先，构建政策文本的分析框架，对村庄发展政策进行多维度的编码，从而了解政策文本特征。其次，基于政策文本的编码，从不同维度对政策文本存在的问题进行深入剖析。最后，基于现状和问题，提出村庄发展保障政策的优化思路。相关政策的覆盖面涵盖了资源匮乏型村庄，因此也可以将其界定为资源匮乏型村庄发展的保障政策。

政策现状分析是进行政策问题剖析和优化建议的前提条件。在乡村发展方面，学者以乡村产业、宅基地、乡村振兴等为研究主体，分析中央或地方层面的政策文本的现状特征。王春萍等（2021）运用三维政策分析框架对46份中央部委层面的乡村振兴政策文本进行了分析；向超等（2021）构建了政策工具和政策目标的二维框架，对19份宅基地"三权分置"政策文本进行了研究；楚德江（2021）基于政策工具性和协同性维度，对与农村绿色发展密切相关的33份政策文本展开了研究。参考相关文献，同时考虑研究主体特征，本书拟构建三维政策分析框架,从政策工具、政策目标和政策时间三个维度出发,探究与资源匮乏型村庄发展有关的政策文本的内在特征。

二 政策分析框架

本书依据政策工具、政策目标和政策时间,构建资源匮乏型村庄发展的三维政策文本分析框架。

(一) X 维度:政策工具维度

政策工具理论始于 20 世纪 80 年代,是政府为了干预市场经济和社会发展所采取的不同政治措施,其分类具有多样性的特征。Rothwell 等 (1985) 将政策工具划分为供给型、需求型和环境型;Howlett 等 (2019) 依据强制性程度将政策工具分为自愿型、强制型和混合型。

Rothwell 等提出的政策工具分类方法较多地应用于社会政策、产业政策、乡村发展等研究中,因此,本书借鉴 Rothwell 等的思想,将政策工具维度设置为三维政策文本框架中的 X 维度,其主要包括供给型政策、需求型政策和环境型政策(见表 8-1)。供给型政策是指政府通过投入各类生产要素直接促进村庄发展;根据要素投入的不同类别,考虑村庄发展的基本特征,本书将供给型政策划分为人才培养、资金投入、技术支持、信息平台、组织领导、基础设施和公共服务。需求型政策是指政府从需求端入手,通过政策采购、国际合作等方式,为村庄发展引入市场活力和资本支持,并且减少其中的不确定性因素;需求型政策具体可以分为政府采购、示范宣传、国内协同、国际合作和产业培育。环境型政策是指政府为村庄发展营造良好的市场环境和制度环境;环境型政策具体可以分为目标规划、机制保障、法制监管、财税支持和标准规范。

表 8-1 资源匮乏型村庄发展的保障政策工具的内容及其基本内涵

政策工具	二类政策工具	基本内涵	编码
供给型	人才培养	提高农民的技能素质和文化素养,培育新型职业农民;加强人才培养体系建设,为村庄发展输送各个方面的实用型人才	1-1-1

续表

政策工具	二类政策工具	基本内涵	编码
供给型	资金投入	政府通过资金划拨、政策补贴方式为村庄发展提供充分的资金支持	1-1-2
	技术支持	通过科技研发、技术投入等,攻克村庄发展中的关键难题,推动村庄产业、环境、服务等多方面的提升	1-1-3
	信息平台	通过搭建信息平台或数据中心,加快要素流通,实现不同参与主体之间的信息共享	1-1-4
	组织领导	一方面,政府各部门履行村庄发展的职责;另一方面,提高政府对村庄发展的组织领导能力	1-1-5
	基础设施	积极建设道路、水利、产业设施等基础设施,从而保障农业生产,改善农村环境	1-1-6
	公共服务	为村民提供医疗、教育、公共文化、养老等方面的公共服务	1-1-7
需求型	政府采购	政府通过财政性资金采购与村庄发展相关的货物、工程和服务的行为	1-2-1
	示范宣传	通过树立典型乡村、典型人物、典型项目,强化媒体和舆论宣传,树立村庄发展的范式,带动其他区域的村庄发展	1-2-2
	国内协同	加强不同主体之间的合作和协同发展,从而实现利益共享	1-2-3
	国际合作	实施农村产业"走出去"战略,打开国际市场,建立国家交流平台,促进农村产业的国际贸易	1-2-4
	产业培育	通过农业发展、一二三产业融合等措施来推动村庄发展	1-2-5
环境型	目标规划	为推动村庄更新和发展所制定的总体目标、具体目标、相关原则和村庄规划等内容	1-3-1
	机制保障	通过制定激励机制、标准体系、改革条例、管理办法、保障措施等方式,确保村庄发展的开展	1-3-2
	法制监管	通过制定法律法规和制度,约束参与主体的行为,对参与主体进行一定的监管	1-3-3
	财税支持	通过提供财税优惠、财政补贴、金融服务、信贷支持等方式,增强村庄发展的资金支持,拓宽村庄发展的资金渠道	1-3-4
	标准规范	通过制定行业标准规范来约束村庄发展和建设中的行为模式	1-3-5

(二) Y 维度：政策目标维度

政策目标维度是政策分析框架中经常考虑的一个方面。在已有的关于村庄发展和建设的政策文本中，付城、刘媛（2020）以现代农业政策为研究对象，将政策目标维度分为现代农业生产体系构建、现代农业经营体系构建、现代农业产业体系构建、农业科技创新四个方面。总的来说，政策目标维度的构建是充分考虑了研究对象的具体特征和国家发展诉求而设置的。

本书以村庄发展保障政策文本为研究对象，其涉及的目标范围不仅仅局限于某一方面；此外，新时代背景下提出的发展目标（如乡村振兴的总要求）并不适用于较长时间跨度下的政策文本分析。基于上述两个方面，本书以"三农"为核心构建政策目标维度。一直以来，"三农"问题是贯穿我国社会主义现代化建设的基本问题。习近平总书记曾指出，要促进农民农村共同富裕，巩固拓展脱贫攻坚成果，全面推进乡村振兴。坚持把解决好"三农"问题作为全党工作重中之重，举全党全社会之力推动乡村振兴，促进农业高质高效、乡村宜居宜业、农民富裕富足。因此，从农业、农村和农民三个方面梳理村庄发展的政策文本具备可行性和合理性。为了深刻理解村庄建设和更新政策文本的具体导向，本书基于"三农"总目标设置了六个子目标：农业发展、产业融合、农村环境、农村治理、农民增收和农民素质。其基本内涵如表8-2所示。

表8-2 资源匮乏型村庄发展的保障政策目标的内容及其基本内涵

总目标	子目标	基本内涵
农业	农业发展	保障粮食生产安全，优化农业生产的要素配置，健全农业生产的服务体系，提高农业生产能力
	产业融合	依托农业产业，大力发展二三产业，通过农村产业融合发展示范园建设、基础设施保障等方式促进一二三产业的融合
农村	农村环境	通过建设基础设施、提供公共服务、加强人居环境整治等方式，强化农村软环境和硬环境的建设
	农村治理	通过制度建设、绩效考核、监督管理、责任明晰等方式构建系统的农村治理体系

续表

总目标	子目标	基本内涵
农民	农民增收	通过推动农民就业创业、产业发展、供给侧结构性改革等方式切实增加农民收入
	农民素质	通过技术培训、职业培训、文化宣传等方式提升农民职业素质、文化素质、文明素质等多方面素质

(三) Z 维度：政策时间维度

政策时间维度的增加有助于了解政策文本的演进规律。徐艳晴（2021）在探究反贫困政策时纳入政策时间维度分析文本中高频词的演变情况；张树旺等（2020）以 1987~2017 年为研究时段，从政策时间维度探究了中国村民自治制度的演进规律；谢治菊、陈香凝（2021）按照学界对扶贫阶段的划分，从政策时间维度研究了建党 100 年以来扶贫政策的演变情况。已有研究通过纳入政策时间维度，直观地探究政策文本中不同政策工具使用的演变规律，并提出相应的政策优化建议。因此，本书将政策时间维度设置为政策分析框架中的 Z 维度。

21 世纪以来，国家对农村发展问题的重视程度逐渐提高，我国传统的村庄发展经历了重大变革。2006 年，中共中央颁布全面免除农业税这一政策条文，这极大地减轻了农民的赋税压力，对农业农村发展具有深远意义。从 2004 年中央一号文件强调加大扶贫力度到 2020 年农村人口全面脱贫，中国共产党解决了中国长久以来的贫困问题，农村发展取得了重大突破。因此，本书选择 2000~2022 年为政策文本的研究时段。同时，我国国民经济和社会发展的规划以每 5 年为一个周期，不同效力的政策文本服从于同一上位规划体系，因此，以 5 年为周期探究村庄发展政策的演变规律具有一定的科学性和合理性。此外，以国民经济和社会发展规划周期进行政策文本分析是学术界常用的划分形式。在本书的研究时间段内，2001~2005 年为"十五"时期，2006~2010 年为"十一五"时期，2011~2015 年为"十二五"时期，2016~2020 年为"十三五"时期，2021 年至今为"十四五"时期。本书基于这五个时间段对村庄发展政策文本进行属性归类，从而厘清村庄发展的脉络以及演变规律。

综上所述，绘制资源匮乏型村庄发展的保障政策的分析框架（见图8-1）。

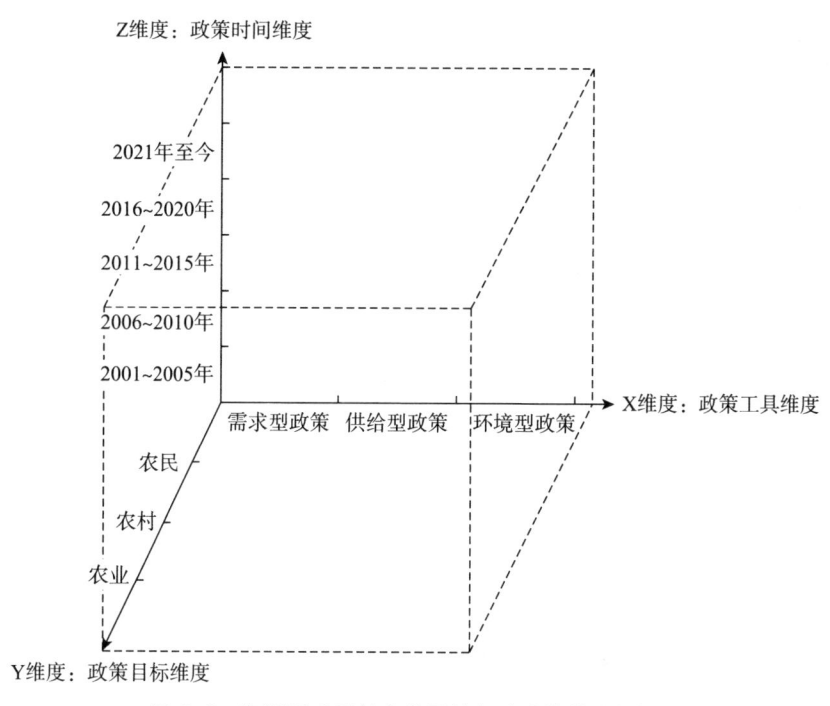

图 8-1 资源匮乏型村庄发展的保障政策的分析框架

第二节 资源匮乏型村庄发展保障政策的内容分析

一 政策文本选择和编码

本书依托北大法宝数据库和中央人民政府、农业农村部等网站对中央层面的政策内容进行全面的梳理。以村庄、新农村、乡村发展、农业发展、乡村振兴、乡村产业、村镇建设、农村整治、农村基础设施、农村宅基地等关键词收集中央政府及其相关部门的政策文本。本书涉及村庄发展政策的时间阶段为2000年1月至2022年7月。

本书按照下列原则收集涉及村庄发展的政策文本：（1）收集的政策文本仅涉及中央法规，不包括地方法规；（2）对基于关键词搜索得到的初步政策文本进行筛选，删去批复、函、解释、领导讲话等文本，删去已经失效的政策文本；（3）删去重复项和与村庄发展无关的文本。基于上述原则，最终筛选得到符合本书要求的政策文件，共计216份。

在政策文本收集完备的基础上，基于Nvivo11软件，首先，以所有政策文本为样本进行了高频词统计，发现完全匹配前500个最常见的字词，可以直观地了解政策文本的大致导向。其次，按照上述政策分析框架，从政策工具维度对政策文本进行人工编码，按照"树节点—子节点—参考点"的编码体系梳理216份政策文本的具体内容；从政策目标维度和政策时间维度赋予政策文本相关属性，为后续不同维度分析和维度交叉分析奠定了基础。

（一）X维度：政策工具维度

基于政策工具理论，本书最终形成由3个树节点、17个子节点和3763个参考点组成的政策编码体系。其具体编码范例如表8-3所示。

表8-3 资源匮乏型村庄发展的保障政策工具的内容节点编码范例

树节点	子节点	举例
供给型	人才培养	加强休闲农业从业人员培训，将休闲农业讲解员、导览员纳入职业技能培训体系
	资金投入	公共财政要坚持把"三农"支出作为重点，优先保证"三农"投入稳定增长
	技术支持	坚持以新农村建设统领农村科技工作，高位嫁接、重心下移，全面加强农村科技创新
	信息平台	面向搭建知识进村入户的信息平台，把用户终端拓展到农民，加速城乡信息资源的融通
	组织领导	各地要按照中央统筹、省负总责、市县抓落实的工作机制，抓紧制订本地区实施方案，细化工作措施，层层压实责任，周密组织实施
	基础设施	扩大休闲农业经营场所的基础设施建设，积极建设垃圾污水无害化处理等设施
	公共服务	有效整合各类农村文化惠民项目和资源，推动县乡公共文化体育设施和服务标准化建设

续表

树节点	子节点	举例
需求型	政府采购	依托农副产品网络销售平台，实现预算单位食堂食材采购与脱贫地区农副产品供给的有效对接
	示范宣传	深入总结提炼村庄建设的典型模式、成功案例和创新机制，利用传统媒体、新媒体平台等加大宣传力度
	国内协同	以重大需求为导向，促进高校、科研院所、地方政府、乡村和企业等主体协同互动，建设乡村振兴协同创新中心
	国际合作	实施农业服务贸易促进行动，促进优势农技、农机"走出去"
	产业培育	围绕拓展农业多种功能、挖掘乡村多元价值，重点发展农产品加工、乡村休闲旅游、农村电商等产业
环境型	目标规划	以推进城乡融合发展为目标，全面补齐农村公共基础设施短板，改革创新管护机制
	机制保障	加强农村交通安全隐患排查，强化安全监管，及时做好灾后重建和防治工作，提升农村防灾减灾能力
	法制监管	各级财政、生态环境部门及其工作人员存在违反本办法行为的，按照《中华人民共和国预算法》及其实施条例追究相应责任
	财税支持	对符合条件的园区企业给予再贷款、贴息支持和农业信贷担保费用减免政策
	标准规范	要加强村镇建筑队伍的技术培训工作，提高村镇建筑从业人员的素质和技能，并制定符合本地实际的农民自建住宅施工技术规程等地方标准以指导施工

资料来源：216份政策文本。

（二）Y维度：政策目标维度

本书围绕农业、农村和农民三大主要发展目标展开，从农业发展、产业融合、农村环境、农村治理、农民增收和农民素质6个方面进行政策文本归类。一份政策文本可以包含一个或多个主要目标或子目标。其具体归类范例，如表8-4所示。

表8-4 资源匮乏型村庄发展的保障政策的目标内容归类范例

树节点	子节点	举例
农业	农业发展	到2015年，东北地区粮食综合生产能力稳定在1亿吨以上
	产业融合	稳定用地、金融等政策，加强产业基础设施建设，拓展农业多种功能、开发乡村多元价值，促进农业高质高效，推动农村一二三产业融合发展

续表

树节点	子节点	举例
农村	农村环境	农村建设取得显著成效，村庄布局进一步优化，生活设施不断改善
	农村治理	党组织领导的农村基层组织建设显著加强，农村治理体系更加健全
农民	农民增收	坚持产业带动、就业创业拉动、改革驱动等多措并举，促进农民富裕富足
	农民素质	农村贫困人口实现脱贫，农民素质和农村社会文明程度显著提升，社会主义新农村建设水平进一步提高

资料来源：216份政策文本。

（三） Z维度：政策时间维度

政策时间维度按照上述划分的时间段进行编码。政策文本以发布日期为准，一份政策文本仅对应一个政策时段。

二 政策文本特征

（一） 政策文本高频词

基于Nvivo11软件的词云功能，梳理资源匮乏型村庄发展保障政策文本的高频词，从而对216份政策文本建立初步认知。如图8-2所示，词语字号越大则表明其出现在政策文本中的频次越多。

一类高频词有农村、农业、建设和发展。一直以来，"三农"问题是我国改革和发展道路上的重中之重。21世纪以来，政府对村庄建设和发展尤为重视。"新农村建设""美丽乡村"等概念的提出都体现出国家致力于统筹城乡建设，推动村庄的建设和发展。二类高频词主要有农民、推进、服务、工作、产业、农产品、医院、实施、加强、振兴、乡村和支持。三类高频词有基础、设施、规划、创新、体系、企业、组织、生产、政策、技术、制度、科技、加快和资源等。其中，产业、农产品、医院、基础设施、资源等高频词体现了村庄发展的实施维度。产业发展是推动村庄发展的重要途径，基础设施、医院、资源等要素投入是推动村庄建设、改善民生的重要保障。服务、工作、体系、规划、技术、制度等高频词强调了村庄发展的外在保障条件。

图 8-2 资源匮乏型村庄发展保障政策的文本高频词

(二) X 维度：政策工具维度

整体来看，政府综合运用了供给型政策、需求型政策和环境型政策，资源匮乏型村庄发展初步形成了较为全面的政策体系。供给型政策有 1257 个参考点（占比为 33.40%），需求型政策有 901 个参考点（占比为 23.94%），环境型政策有 1605 个参考点（占比为 42.65%），见图 8-3。这一结果和上述"规划、体系、政策、技术、制度、组织"等高频词结果相对应。由此可以看出，我国村庄发展政策以环境型政策工具为主，供给型政策和需求型政策为辅。在现有的政策体系中，不同类型的政策工具存在一定的失衡。

在供给型政策的二级政策工具中，人才培养占比为 13.13%，资金投入占比为 12.49%，技术支持占比为 11.54%，信息平台占比为

5.17%，组织领导占比为18.62%，基础设施占比为16.95%，公共服务占比为22.12%。由此可见，公共服务、组织领导和基础设施是政府常用的政策工具。组织领导政策工具的广泛运用说明政府在村庄发展中承担着举足轻重的作用，政府希望通过顶层设计来直接推动村庄发展。此外，政府在村庄发展上主要围绕生产保障和生活保障两个维度，主要提供教育、医疗、养老等方面的公共服务，以及道路设施、水利设施、产业设施等基础设施，这可能与我国村庄长期以来在公共服务和基础设施方面的相对落后有关。

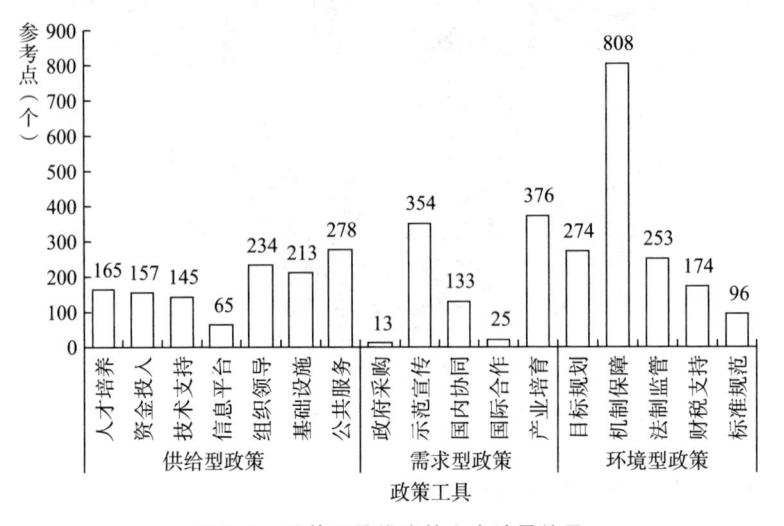

图 8-3 政策工具维度的文本计量结果

在需求型政策的二级政策工具中，政府采购占比为1.44%，示范宣传占比为39.29%，国内协同占比为14.76%，国际合作占比为2.77%，产业培育占比为41.73%。由此可见，产业培育是需求型政策工具中主要运用的政策工具。产业是村庄发展的巨大动力，产业发展与农民就业、农村发展建设等内容紧密相连。因此，政府着重以农村产业为主体，对村庄发展施加拉力。此外，示范宣传也是村庄更新与发展中最常用的政策工具之一。这是由于我国的村庄发展起步较晚且具有鲜明的中国特色，国外较为成熟的村庄建设和更新经验难以应用于实际建设过程，需要探索具有中国特色的发展路径。政府从不同发展维度强调树立一批典型的、示范的村庄、项目、人物，对其他村庄发展形成强大的示范效应，从而使先进的发展理念和精神得以推广。

在环境型政策的二级政策工具中，目标规划占比为 17.07%，机制保障占比为 50.34%，法制监管占比为 15.76%，财税支持占比为 10.84%，标准规范占比为 5.98%。由此可见，机制保障、目标规划和法制监管是环境型政策中主要使用的政策工具。机制保障是村庄发展的基础，我国村庄处于不断发展的阶段，需要构建系统全面的运行机制和基本保障来营造村庄发展的良好环境。目标规划对村庄发展具有指引作用，是政策内容制定的根本导向。而法治监管则明确了村庄发展的社会秩序。这表明政府致力于通过构建完善的政策体系，以建立长久有效的运行机制的方式来推动村庄发展进程。

（三）Y 维度：政策目标维度

如图 8-4 所示，216 份政策文本中涉及农业目标的有 101 份，涉及农村目标的有 199 份，涉及农民目标的有 61 份，因此，农村维度是村庄发展的重要目标导向。

在设置的六个不同发展目标中，涉及农业发展目标的文本有 60 份，涉及产业融合目标的文本有 41 份，涉及农村环境目标的文本有 108 份，涉及农村治理目标的文本有 91 份，涉及农民增收目标的文本有 44 份，涉及农民素质目标的文本有 17 份。因此，政策文本在总体目标设立上存在一定的失衡。其中，农村环境、农村治理和农业发展是村庄发展的主要政策目标。这三个主要目标也与以往政府提出的村庄建设目标相吻合。农村环境是村庄发展的核心，现有政策文本通过强调基础设施建设、公共服务保障、乡风文明打造、人居环境整治等方面来全面改善农村环境，从而缩小城乡差距，统筹城乡发展。农村治理是村庄发展的保障，政策文本强调从组织构建、制度建设、保障措施等维度提升农村治理水平，以此构建现代化的农村治理体系。农业是农村产业体系的基础，现有政策积极提高农业生产能力，推动建立农业发展的制度体系，积极发挥农业经济在我国经济发展中的压舱石作用。

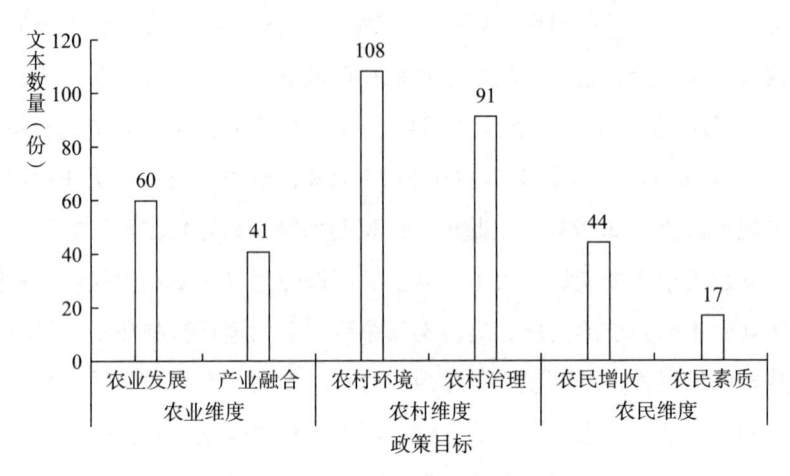

```
文本数量（份）
120 |
100 |         108
 80 |    60        91
 60 |
 40 |       41         44
 20 |                        17
  0 |__农业发展_产业融合__农村环境_农村治理__农民增收_农民素质__
         农业维度      农村维度      农民维度
                     政策目标
```

图 8-4 政策目标维度的文本计量结果

（四）Z 维度：政策时间维度

基于政策文本编码结果，村庄发展的政策呈现不断增加的趋势。如图 8-5 所示"十五"时期共计 5 份，"十一五"时期共计 35 份，"十二五"时期共计 26 份，"十三五"时期共计 73 份，2021 年至今共计 77 份。一方面，政策的时效性导致时间间隔比较久远的一些政策失效；另一方面，随着国家法律体系的逐步完善和乡村振兴战略的提出，中央和相关部委陆续发布与村庄发展相关的政策文本，政策体系逐渐完善。通过对比从"十五"时期到"十三五"时期政策文本的数量可以发现，"十三五"期间政策文本的数量有了显著提升。在这期间，国家提出了乡村振兴战略，并明确提出到 2020 年基本形成乡村振兴的制度框架和政策体系。因此，各部委相继出台相关政策文本推进乡村振兴工作的开展。"十四五"已经过半，按照政策文本数量趋势以及政府对乡村振兴发展的目标规划，"十四五"时期政策文本数量将达到新高。

（五）X-Y 维度：政策工具—政策目标维度

将政策工具和政策目标进行交叉分析，文本计量结果如图 8-6 所示。环境型政策工具在所有政策目标维度中都占据主导地位。此外，农业环境、农村治理和农民素质目标维度下的供给型政策工具占比显著大于需求型政策工具占比。供给型政策为村庄发展投入各类要素，而需求

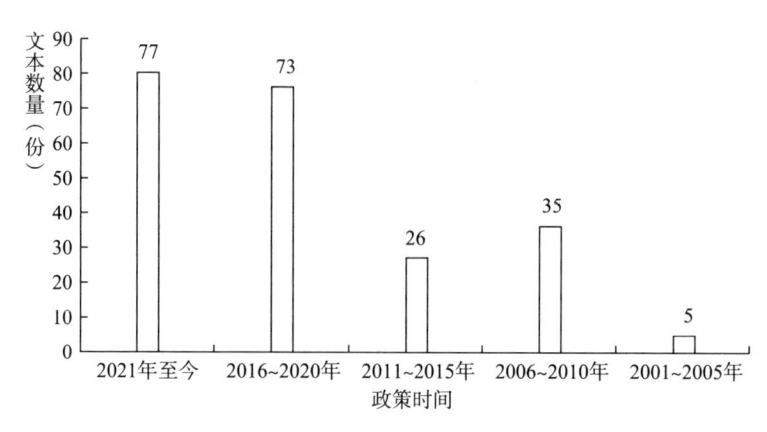

图 8-5　政策时间维度的文本计量结果

型政策为村庄发展和建设提供外在拉力。农村环境和农村治理集中于农村治理体系、社会保障等软环境和基础设施、生态环境等硬环境的建设，农民素质是农民内在文化素养、职业素养、文明素养等多方面的提升。这三个目标需要大量的要素投入来推动其发展，且它们并不是需求

Y维度：政策目标维度	供给型政策	需求型政策	环境型政策
农业发展	275个参考点（30.22%）	248个参考点（27.25%）	387个参考点（42.53%）
产业融合	161个参考点（27.95%）	165个参考点（28.64%）	250个参考点（43.40%）
农村环境	494个参考点（33.42%）	372个参考点（25.17%）	612个参考点（41.41%）
农村治理	650个参考点（33.94%）	471个参考点（24.59%）	792个参考点（41.46%）
农民增收	201个参考点（29.13%）	194个参考点（28.11%）	295个参考点（42.75%）
农民素质	83个参考点（33.07%）	52个参考点（20.71%）	116个参考点（46.22%）

图 8-6　政策工具—政策目标维度的文本计量结果

型政策很好的政策着力点。因此，涉及农业环境、农村治理和农民素质目标维度的政策文本中供给型政策远大于需求型政策。

（六）X-Z 维度：政策工具—政策时间维度

将政策工具和政策时间进行交叉分析，文本计量结果如图 8-7 所示。随着时间的演进，环境型政策工具始终是所有政策工具中的主导，但供给型政策工具和需求型政策工具整体占比呈现增加趋势。这表明政府开始倾向于通过直接作用来影响村庄的建设和更新。

Y维度：政策时间维度

	供给型政策	需求型政策	环境型政策
2021年至今	486个参考点（35.81%）	276个参考点（20.98%）	553个参考点（42.05%）
2016~2020年	319个参考点（28.46%）	356个参考点（31.76%）	446个参考点（39.79%）
2011~2015年	166个参考点（29.43%）	147个参考点（26.06%）	251个参考点（44.50%）
2006~2010年	178个参考点（35.81%）	97个参考点（19.52%）	222个参考点（44.67%）
2001~2005年	7个参考点（24.14%）	6个参考点（20.69%）	16个参考点（55.17%）

X维度：政策工具维度

图 8-7 政策工具—政策时间维度的文本计量结果

（七）Y-Z 维度：政策目标—政策时间维度

将政策目标和政策时间进行交叉分析，文本计量结果如图 8-8 所示。"十五"和"十一五"时期，农业发展、农村环境和农民增收是政策文本的总体目标。这主要与我国长期以来的城乡二元结构有关，直至党的十六大报告指出"统筹城乡发展"这一理念。然而，城乡融合发展并不是一蹴而就的事情，因此，这一时期的政策目标仍然以农村自身发展为主。"十二五"时期政策文本的总体目标为农业发展和农村治理。从"十三五"开始，政策文本的总体目标更加倾向于农村环境和农村治理。这一时期，城乡融合发展取得了显著的进步，乡村振兴战略被提出。因此，政府更加关注农村环境和农村治理目标，相继出台《农村人居环境整治三年行动方案》《关于加强和改进乡村治理的指导意见》《农村人居环境整治提升五年行动方案（2021~2025年）》等系列政策文本。

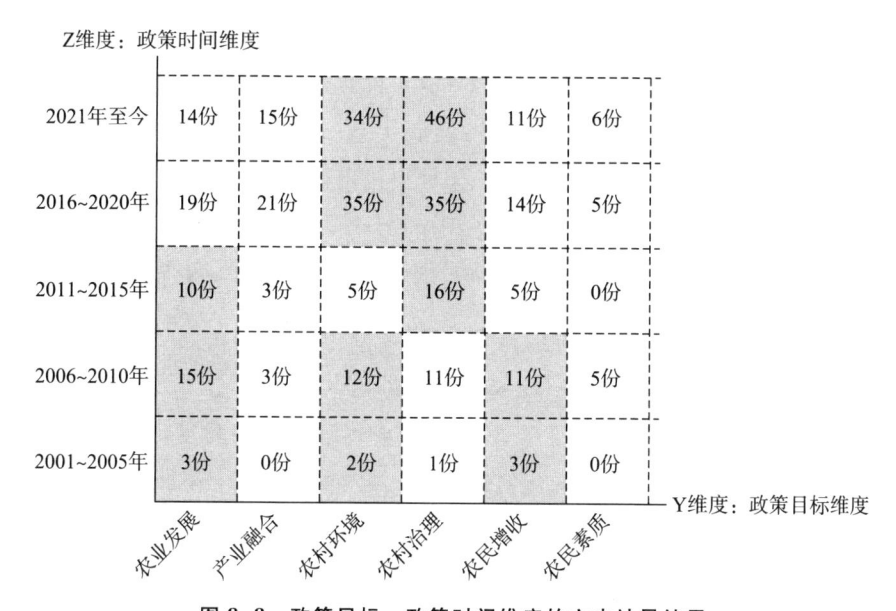

政策时间\政策目标	农业发展	产业融合	农村环境	农村治理	农民增收	农民素质
2021年至今	14份	15份	34份	46份	11份	6份
2016~2020年	19份	21份	35份	35份	14份	5份
2011~2015年	10份	3份	5份	16份	5份	0份
2006~2010年	15份	3份	12份	11份	11份	5份
2001~2005年	3份	0份	2份	1份	3份	0份

图 8-8 政策目标—政策时间维度的文本计量结果

第三节 基于村庄发展动态干预机理的政策优化目标

根据村庄发展系统演化的动力学机制可知，针对资源匮乏型村庄发展模式的动力设计应从增强内核推动力、激发外缘拉动力、抵御外缘阻碍力、减缓系统突变力的角度出发。增强内核推动力主要采用高效利用资源、赋能产业等优化资源禀赋的举措；激发外缘拉动力主要采用搭建信息互动平台、强化道路交通建设、引进龙头企业、承接外溢产业等激活城市互动关系的举措；抵御外缘阻碍力主要采用发展特色产业创造岗位和提升教育医疗水平等弥补城乡差距的举措；减缓系统突变力主要采用生态修复、生态搬迁等远离自然灾害的举措。

基于村庄发展系统的动态干预机理，结合村庄发展系统演化的动力学机制，对资源匮乏型村庄发展进行动态干预，即在"态"和"势"二维视角下判断该资源匮乏型村庄的资源禀赋是否具备安居乐业的能力和基础。对发展基础较好的资源匮乏型村庄，应首先扭转"态"，以满足村域内居民基本的生活需求，主要采用提升产业质量、拓宽收入渠道、调整资源分配、修缮基础设施等改善现有状态的方式，积累村庄发展底蕴，将其发展方向扭转到良性发展状态；其次再通过挖掘"势"，合理利用村庄的内外部资源要素，主要采用引进新产业、改变区域发展格局、开发特色资源等激发发展能力的方式，实现村庄发展阶段的跃迁。在村庄发展系统动态干预机理的指导下，资源匮乏型村庄主要包含"态—势"两个方面的优化治理目标和发展策略方案。本节在"态—势"视角下对资源匮乏型村庄发展政策的优化目标进行了分析（见图8-9），在目标确定的基础上，下一节将从政策保障的角度提出资源匮乏型村庄发展保障政策的优化策略。

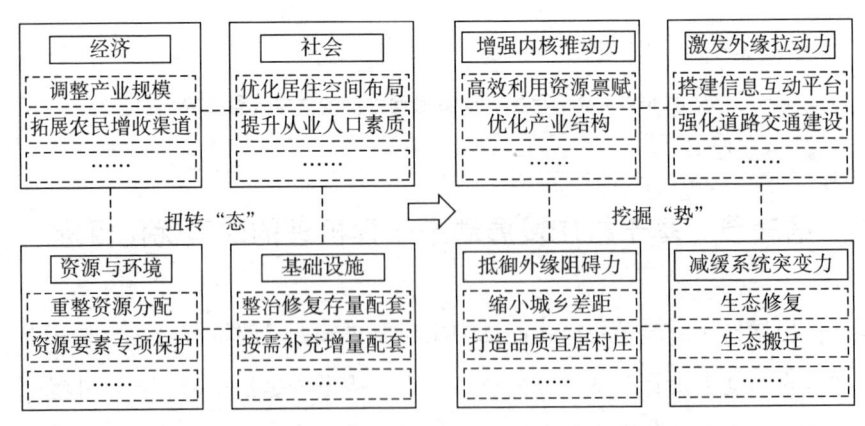

图8-9 基于村庄发展动态干预机理的资源匮乏型村庄发展政策的优化目标

第四节 资源匮乏型村庄发展保障政策的优化策略

第三节基于村庄发展动态干预机理，结合村庄发展系统演化的动力学机制，对资源匮乏型村庄发展政策的优化目标进行了概括性的描述。从村庄发展政策的文本分析梳理可知，村庄发展涉及产业、人才、基建等各个维度，我国农村、农民、农业的发展均受到各种因素的影响，因此，村庄发展政策的制定需要契合整体发展目标。虽然有关村庄发展的优化策略可以从多方面提出，但本书主要是从以政府为主体的政策保障角度出发，通过结合现有政策的特征，从"政策体系设计、具体政策设计"两个维度提出资源匮乏型村庄发展保障政策的优化策略。

一 保障政策体系

根据2000~2022年的216份涉及村庄发展保障政策的内容分析结果来看，2000~2022年我国村庄发展保障政策文本数量不断增加，政策体系逐渐完善，涉及政策主体范围广泛，类型涵盖了供给型、需求型和环境型三个维度，对村庄的发展和更新起到了推动、引导和规范的作用。通过分析2000~2022年的216份与村庄发展相关的政策文本编码结果，主要发现以下几点特征。

（一）主要特征

1. 政策工具内部结构欠缺均衡性

根据政策工具的编码和分布结果可知，政策工具内部结构欠缺均衡性，主要表现在一级政策工具与二级政策工具的内部结构不均衡。在一级政策工具方面，当前村庄发展的政策以环境型政策工具为主，供给型政策工具为辅，对需求型政策工具的重视程度不足。由此可见，我国在推动村庄发展的过程中，更偏向于创造良好的政策环境，结合政策的直接推动力来提升政策的实施效果，而需求型政策工具应用欠缺，则不利于培育村庄发展的内生动力。在二级政策工具方面，在供给型政策工具中，公共服务、组织领导和基础设施等政策工具的应用较多，信息平台、技术支持、资金投入等政策工具的应用较少。其中，信息平台政策工具的应用明显少于其他政策工具，村庄发展的信息化平台建设亟待加强。在需求型政策工具中，产业培育和示范宣传是目前采取的主要政策工具，占比显著高于其他需求型二级政策工具，而政府采购和国际合作等政策工具占比较少。在环境型政策工具中，机制保障政策工具的应用占比过半，体现出政府对机制保障政策工具的重视，但也折射出政策的不连续性。除此之外，对标准规范和财税支持政策工具的应用关注度不足。

2. 政策目标存在一定的偏斜现象

从政策目标维度来看，已有村庄发展的相关政策实现了政策目标的全覆盖，但偏斜现象严重，呈现向农村维度偏斜的政策导向，对农业、农民的关注度不足。在二级政策目标上，呈现向农村环境、农村治理和农业发展偏斜的现象，而对农民素质、产业融合和农民增收的关注相对薄弱，这直接影响了政策的实施效力。

3. 政策目标与政策工具的匹配度不足

从政策工具和政策目标的交叉分析结果来看，环境型政策工具在所有政策目标维度中都占据主导地位，体现了我国村庄发展中政府主导，强调了"自上而下"的政策偏好，而不同政策目标间政策工具的差异化使用现象不明显。鉴于不同政策目标的实施重点各异，不同政策工具的功能特点也存在差异，因此不宜采用一种模式和标准，政策工具与政策目标的匹配度有待提升。

4. 政策内容不够全面

根据政策文本的编码结果显示，现行的村庄发展政策体系主要聚焦于机制保障、产业培育、示范宣传和公共服务等方面，通过引入发展要素、规范发展环境等措施推动村庄的快速发展，缺乏风险识别类的政策内容，对自然灾害、农产品滞销等风险因素的应急机制有待完善。此外，也缺乏政策实施效果的监督与反馈机制，对政策绩效评价的内容亟须补充。

5. 现有政策体系的协同度亟待完善

在对政策文本进行编码的过程中发现，现有政策体系涉及政府、企业、农民等多元主体相互协同的内容较少，在政策目标的制定上主要聚焦于单一政策目标的实现方式，在政策工具的选择上也较少关注不同政策工具间的协同效应，而村庄发展系统是由多种要素交互作用构成的复杂系统，行为主体与发展要素间需要不断进行物质流和信息流的交换。多维政策目标间存在相互作用，多维政策工具间也存在协同性，增强现有政策体系的协同度有助于发挥政策目标与政策工具的杠杆作用。

（二）优化策略

为了更好地优化政策工具、政策目标应用的均衡性，最大化发挥政策合力，针对保障政策体系（见图8-10），本书提出了以下几点优化策略。

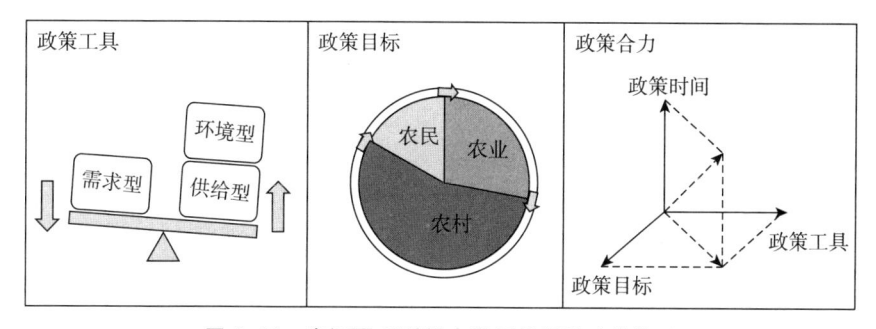

图8-10 资源匮乏型村庄发展的保障政策体系

1. 优化政策工具的内部组合结构，建立政策工具网络体系

政策工具的优化组合、科学配置对推动村庄发展具有重要作用。在乡村振兴战略背景下，政府在发挥引领作用的同时，需要鼓励多元主体的参与。一方面，继续发挥环境型政策工具的主导作用；另一方面，将政策的着力点聚焦于供给端和需求端，促使政策效力向供给型政策工具和需求型政策工具扩散，搭建政策工具网络体系。在环境型政策工具中，继续维持机制保障和法制监管等政策工具的使用，为村庄发展和更新创造良好的外部发展环境，但不宜过分依赖法制监管的政策效用。此外，适当增加财税支持政策工具的使用，向村庄发展的重点区域和薄弱环节扩大财税支持，通过财税优惠、财政补贴、金融服务等手段提供经

济激励，并建立健全金融服务和信贷支持的考核与约束机制。在供给型政策工具的使用中，持续加大公共服务和基础设施的建设力度，增加人力、资金、技术等要素的投入，发挥人才培养、资金投入和技术支持政策工具的推动作用。尤其要强化信息平台政策工具的应用，在信息化的时代背景下，加强农村信息化平台的建设，鼓励农村通过"互联网+"的方式创新农业生产与市场需求的联结方式，提高农业生产的附加值。针对需求型政策工具使用不足且内部结构失衡的问题，继续瞄准产业培育与示范宣传，加快产业成果的转化，同时扩大政府采购、国内协同和国际合作等政策工具的应用，通过政府采购相关产品和服务，以定向委托或招投标的方式积极引进国内、国际的专业服务商，建立农村产业示范园区，促进农村与龙头企业的合作，充分发挥需求型政策工具的拉动作用，强化村庄发展的内生动力。

2. 明确多元政策目标一体化定位，全面发挥各目标环节的作用

乡村振兴是一项系统性工程，是"三农"工作的重大战略部署。实现乡村振兴需要农业、农村、农民共同发力，明确多元政策目标一体化定位，实现农业全面升级、农村全面进步、农民全面发展。现有政策体系主要聚焦于农村环境与农村治理，致力于为农村发展奠定良好的硬环境与软环境基础，而对农民增收、农民素质和产业融合等政策目标的关注度不足。农民作为村庄发展的行为主体，与村庄发展的"造血能力"密切相关，注重农民综合素质的提升，为农民开展针对性的职业教育培训，拓展农民增收的可持续渠道，有助于激活村庄发展中"人"的内生作用。此外，产业融合已成为产业高质量发展的必然趋势，适当增强产业融合政策目标的推动作用，顺应农业产业的发展态势，构建农业与其他产业融合发展的产业体系。

3. 提高政策实施的时效性与连续性，防止政策断层式发展

我国目前正处于巩固脱贫攻坚成果并有效衔接乡村振兴战略的关键时期，在完善现有政策体系的同时，也应注意村庄发展政策的连续性，防止出现政策"断层效应"。在巩固脱贫攻坚成果方面，根据不同村庄

的发展状态与脱贫质量，为扶持政策设置3~5年的过渡期，保持村庄发展的相对稳定，进一步巩固脱贫成果。在乡村振兴战略实施过程中，应总结脱贫攻坚在农业增产、农民增收和农村建设等方面的政策实施经验，根据各地区的经济发展水平和社会发展阶段，确定适宜的政策时效，确保政策实施的时效性与连续性。

4. 提高政策目标与政策工具的匹配度，增强政策工具的动态性和导向性

村庄的发展具有时序演进性和动态变化性，政策工具的选择需要与政策目标相匹配，与村庄发展的演进规律相契合，因此，应增强政策工具应用的动态性和导向性。在农村环境与农村治理的政策目标上，主要发挥法制监管等环境型政策工具的引领作用，创造良好的外部发展环境，并对发展条件较差、发展动力不足的村庄重视供给型政策工具的应用，为村庄的发展注入初始推动力。在农业发展与产业融合的政策目标上，分业态、分环节强化需求型政策工具的使用，培育具有地方特色的主导产业，构建完善的现代化农业产业体系，同时注重环境型政策工具中标准规范的应用，构建统一的行业规范并创造和谐的产业发展环境。在农民增收和农民素质的政策目标上，前期主要发挥供给型政策工具的推动作用，通过完善社会保障制度、创新资金投入机制等措施实现"输血式"政策帮扶，后期侧重于强化需求型政策工具的拉动作用，围绕农民的综合素质全面提升其"造血能力"。

5. 深化政策内容体系，优化风险防控与政策绩效评价机制

我国村庄发展已进入质量发展阶段，通过系统分析现有政策内容体系发现，现行政策体系缺乏风险识别与防控的政策内容，在巩固脱贫攻坚成果的关键时期，需要建立风险识别与防控机制，对农业、农民开展风险动态评估，防止自然灾害、农产品滞销等导致的脱贫户返贫。同时，政策目标与政策工具均具有动态性和连贯性，需要及时根据实施情况动态调整政策倾向，而政策的调整与变动需要以政策实施绩效作为参考，现有政策体系对政绩的关注不足，需要从目标完成情况、执行过程监控等方面制定分级、分类的政策绩效评价机制,实现政策实施中的监督与实施后效果的评估,促进政策绩效评价成为村庄发展的常态化工作。另外,也需要完善追责问责机制,充分发挥政府监管、市场监督的协同监管作用,保障政策的实施效用。

6. 创建多元主体的协同联动机制,增强政策工具功能的互补性

现有政策体系中较少强调政府内部各部门的合作与协调,以及政府与其他社会主体的联动,政策工具间的协同性和互补性也有待开发。从政策时间维度的编码结果来看,村庄发展与更新的相关政策不断增多,而实现村庄发展的关键因素在于有效整合资源要素,这就需要依托政府各部门的合作,通过合理选择联合制定部门,协调各部门的利益,发挥各部门网络化的协同效应,实现政策合力的最大化。传统的政策管理将政府与政策涉及的其他主体视为博弈关系,而现代公共管理问题的复杂性强调政府与其他社会主体的共同参与及协同联动。村庄发展与更新的现有政策仍以政府管理为主,涉及多元主体协同合作的内容较少,而村庄发展问题涉及社会、经济、自然等多种因素,同样需要发挥政府与其他社会主体的协同作用。因此,今后政策中应加强多元主体间的协同设计与激励模式,建立健全的多元主体的协同联动机制,在整合社会利益、动员农民群众、促进经济合作等方面发挥政策效力,开发"政府+农户""政府+企业+农户""政府+科研部门+农户"等多种合作模式。此外,政策工具的运用也需顺应村庄发展的演进规律,通过多种政策工具的优化组合和科学配置,建立政策工具网络体系,提高政策工具间的互补性,发挥协同效应,防止出现功能冲突的现象。

二 具体保障政策优化策略

基于本书提出的村庄发展政策分析框架、党的二十大的最新指导思想,结合资源匮乏型村庄发展政策的优化目标以及现有政策运用存在的问题,从"供给端—需求端—环境端"提出资源匮乏型村庄发展的保障政策优化策略(见图8-11),旨在实现村庄演化过程中资源的有效利

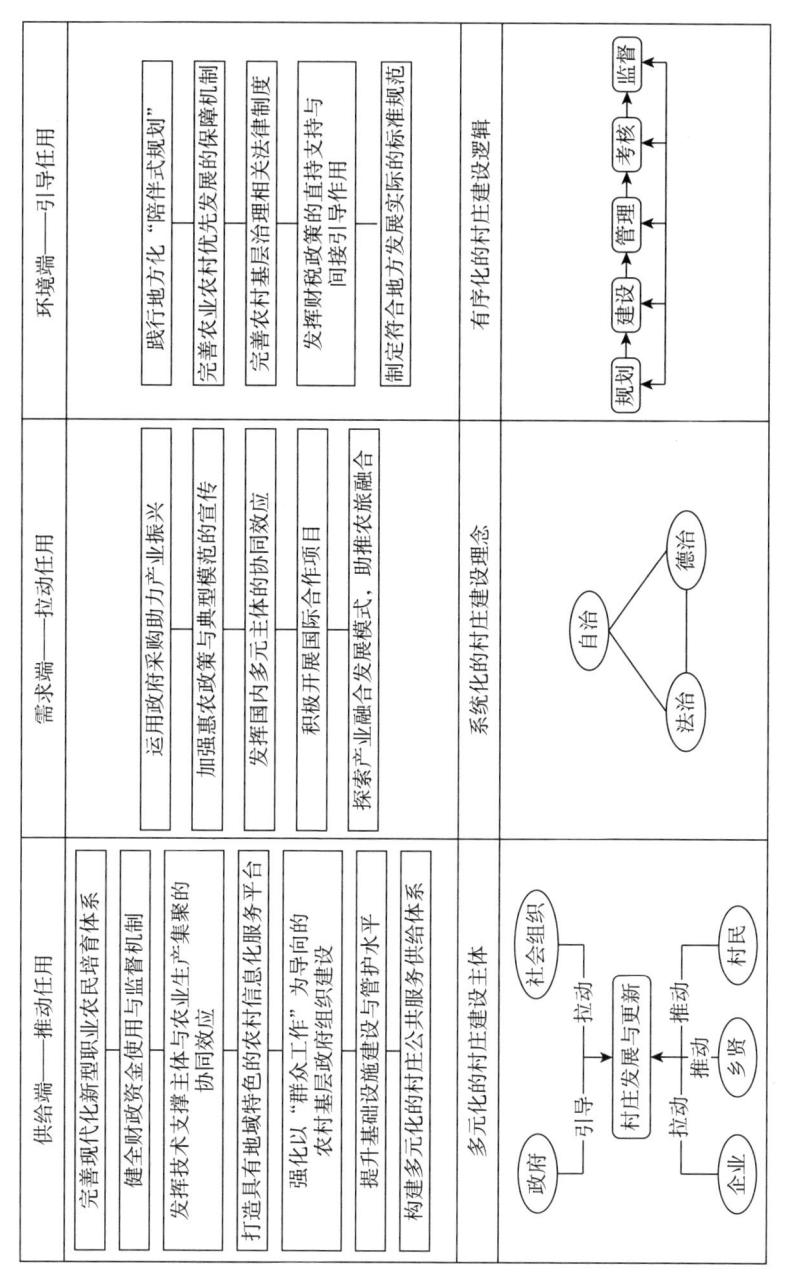

供给端——推动作用	需求端——拉动作用	环境端——引导作用
完善现代化新型职业农民培育体系	运用政府采购助力产业振兴	践行地方化"陪伴式规划"
健全财政资金使用与监督机制	加强惠农政策与典型模范的宣传	完善农业农村优先发展的保障机制
发挥技术支撑主体与农业生产集聚的协同效应	发挥国内多元主体的协同效应	完善农村基层治理相关法律制度
打造具有地域特色的农村信息化服务平台	积极开展国际合作项目	发挥财税政策的直接支持与间接引导作用
强化以"群众工作"为导向的农村基层政府组织建设	探索产业融合发展模式，助推农旅融合	制定符合地方发展实际的标准规范
提升基础设施建设与管护水平		
构建多元化的农村公共服务供给体系		
多元化的村庄建设主体	系统化的村庄建设理念	有序化的村庄建设逻辑

图8-11 资源匮乏型村庄发展的保障政策优化策略

用与环境的良性循环。

一 供给端

(一) 人才培养：培育新型职业农民，完善现代化新型职业农民培育体系

党的二十大报告提出，就业是最基本的民生。强化就业优先政策，健全就业促进机制，促进高质量充分就业。健全就业公共服务体系，完善重点群体就业支持体系，加强困难群体就业兜底帮扶。资源匮乏型村庄具有青壮年劳动力大量流失、社会主体过快老弱化的特征，直接带来的问题是种地主体数量减少，且留村从事农业生产的农民普遍存在老弱化、技能低的现象。在现代农业快速发展的背景下，资源匮乏型村庄呈现从业主体与农业发展不匹配的格局，有必要加强困难群体就业兜底帮扶。培育新型职业农民成为振兴乡村的重要增长点，是乡村振兴的关键工程。在培育新型职业农民的工作中，政府应充分发挥其主导作用，承担主体责任，在培育体系、社会保障、培育主体等方面不断完善现代化职业农民培育的支持和配套政策体系。建立分层分类培育体系，对专业种养能手、返乡创业者、农业经营主体等制订差异化的培育计划，并为职业农民制定适宜的养老、医疗保险制度。随着职业农民培育的常态化，政府需要调动多元主体参与的积极性，倡导农业部门、公益组织、社会力量等多元培育主体的共同参与，提供资金与技术的支持，以缓解政府财政压力。此外，积极培育产教融合基地，打通农业人才培育与就业的渠道，有效缓解人才供给与需求之间、理论学习与实践之间的矛盾。

(二) 资金投入：提升财政资金投入与使用的精准度，健全财政资金使用与监督机制

大规模财政资金的投入为资源匮乏型村庄的良性发展提供了基本的物质保障，但由于国家财政资金的有限性，提高资金投入方向、投入地域与分配机制的精准度，完善资金使用的效率评价机制，有助于提高财

政资金的使用效率，发挥财政资金的支持功能。目前，投入村庄发展与治理的财政资金效率未达到最优，主要原因在于政府各个部门都掌握一定的涉农资金，资金配置分散程度较高，并未发挥财政资金的规模效应，因此，首先应该积极推进涉农财政资金的统筹整合。其次，在资金的投入方向上，从帮扶地区逐渐缩小到帮扶县、帮扶村、帮扶家庭、帮扶人口，逐步实现财政资金帮扶对象的精细化。再次，在资金的投入功能上，实现"输血"与"造血"功能的并驾齐驱，对资源匮乏型村庄中部分生活困难的群体，通过"输血式"的财政帮扶解决贫困人口当下的基本生活需求，同时通过在基础设施、教育文化等方面的间接投入，提升资源匮乏型村庄的生产生活能力，实现"造血式"帮扶。最后，在资金的投入结构上，侧重于破除资源匮乏型村庄发展的限制条件，加大道路交通、电力电网等基础设施的建设力度，加大养老、医疗、住房、就业等社会保障的投入力度，切实改善村庄生产和生活的发展环境，旨在提升村庄的自我发展能力，增强财政资金投入效果的可持续性。此外，为了确保财政资金投入与使用的效用，需要健全财政资金使用与监督机制，从财政资金的来源、投入、使用、评价、监管等方面构建多层次、全过程的动态监督体系。

（三）技术支持：推动农业技术创新，发挥技术支撑主体与农业生产集聚的协同效应

党的二十大报告指出，"坚持科技是第一生产力、人才是第一资源、创新是第一动力"。乡村振兴的总体目标是实现农业农村的现代化，中国经济已由高速增长阶段步入高质量发展阶段，农业具有生产周期长、经营主体分散、不可控风险因素多等特点，与工业相比，农业实现高质量发展难度更大，农业的技术创新成为农业高质量发展的重要驱动因素，有助于强化资源匮乏型村庄发展的内生动力。一方面，通过优化农业产业布局，促进农业生产集聚，为农业新技术的应用与传播创造良好的外部环境，并促进农村与科研机构、企业的交流合作，推动技术研发与创新，增加技术支撑主体的嵌入。另一方面，政府应在降低技术创新风险、培育新型农业经营主体等方面积极发挥政策引领作用,提升农业经营主体的技术偏好,发挥技术支撑主体与农业生产集聚的协同效应,通过农业生产集聚推动农业技术的创新,由此提高的农业生产效率与效益又反过来进一步促进新技术的革新。

(四)信息平台:打造具有地域特色的农村信息化服务平台,助推数字乡村建设

随着全球化和信息化的快速发展,数据已成为重要的生产要素,在大数据的时代背景下,资源匮乏型村庄存在缺乏良好的数字基础设施支撑、数字资源未得到充分利用、信息化技术支撑数字经济发展的顶层设计不足等问题。其中,数字基础设施建设是数字乡村建设的前提,基层政府应主动承担村庄数字基础设施建设的职责,引领数字基础设施建设的战略投资。优化信息技术支持数字经济发展的顶层设计是数字乡村建设的基本保障,政府应在涉农数据采集、信息共享、信息开发等方面优化顶层设计,制定针对性强的标准规范,以政策性扶持措施引导数字乡村建设,以市场需求引领信息化技术革新。为了充分利用村庄已有数字资源,提高村庄治理效率,打造具有地域特色的农村信息化服务平台,并助推农业发展、村民医疗、村民教育等领域与信息化平台的深度融合,要在电商、农产品研发等方面鼓励信息化农业的转型,借助信息化平台发挥地方品牌效应。

(五)组织领导:强化以"群众工作"为导向的农村基层政府组织建设,充分为基层组织赋权

我国多层级的政府之间存在显著的"职责同构"现象,从中央到地方,不同层级的政府在机构设置、职能、职责等方面存在高度的一致性,加之我国实行"属地化管理"模式,对于村庄发展相关政策的落地执行工作多由乡镇基层政府承担。因此,基层政府的组织结构和组织能力与村庄发展相关政策的落实效率和执行效果密切相关。在对资源匮乏型村庄进行实地调研过程中发现,基层干部群体工作内容繁杂,且群众认同感不强,造成资源投入、基层政府组织建设与群众认同感之间不匹配，政府亟须强化以"群众工作"为导向的农村基层政府组织建设，认识群众工作在农村工作中的重要性。一方面，调整基层政府组织的工作内容结构，目前对农村基层组织而言，"对上工作"较多，文牍工作占用了基层工作人员的大量时间，对村民的实际生产生活需求回应不足，导致群众认同感不强，因此，应适当为基层组织人员减负，协调"对上工作"与"群众工作"的关系，强化"群众工作"在农村基层组织工作中的导向性。另一方面，在财政上，扩大"为民服务"的资金支持，在实际工作中切实解决群众生产生活中的难题，适当赋予基层组织管理群众的权力，并以公共资源激发公众参与的积极性。

（六）基础设施：优化村庄基础设施建设投资环境，提升基础设施建设与管护水平

党的十九届五中全会提出，要统筹推进乡村基础设施建设，加快农业农村现代化。在城乡二元体制下，农村基础设施建设长期未受到应有的重视，导致农村基础设施建设力度不足，管护水平有待提升。在乡村振兴的背景下，村庄基础设施建设是吸引人才、资金、技术等生产要素的重要保障，我国村庄目前的基础设施建设主要依靠政府主导，围绕项目获得资金支持，然而我国村庄数量众多，仅靠政府财政支持难以保障村庄基础设施建设的投入力度与覆盖面，政府应引领投资环境的优化，为社会投资创建良好的投融资环境，实现"普惠式"的资金支持。此外，我国村庄目前的基础设施建设普遍存在"重建轻管"的现象，严重影响了基础设施的使用寿命与使用质量，导致资金利用率较低。因此，政府需要提升基础设施的管护水平，推动建设与管护并重，明确基础设施的管护主体、管护职责、管护标准，并落实监督机制。

（七）公共服务：构建多元化的村庄公共服务供给体系，重构公共服务供给质量与效率的驱动机制

党的十九大报告指出，要推进城乡公共服务均等化，这说明农村地区的公共服务将会得到更多的政策倾斜。资源匮乏型村庄的公共服务供给呈现"碎片化"和"分散化"的特征，存在公共服务供给主体单一、公共服务供给质量与效率的驱动机制单一等问题，公共服务体系亟须重构。在公共服务的供给主体上，为解决农村地区公共服务供给不足的困境，仅靠政府部门的主导、财政资金的支持远远不够，需要构建多元化的公共服务供给体系，积极引入市场机制，鼓励市场、社会、村民的共同参与，吸引乡贤加入农村建设队伍，并明确各参与方的主体责任，提升公共服务供给的精准性与多元性。在公共服务供给的驱动机制上，当前公共服务供给质量与效率的驱动机制主要包括配套制度、基层组织等，而推广现代化信息技术的应用则有助于加强信息交流，打破不同供给主体以及村民之间信息沟通的壁垒，提升公共服务的质量和效率。

二　需求端

（一）政府采购：运用政府采购助力产业振兴，激发村庄发展的内生动力

许多资源匮乏型村庄拥有特色资源与特色农产品，但受制于信息不畅、缺乏销售渠道，阻碍了村庄发展潜力的发挥。政府采购可以有效地利用市场调节机制，且充分发挥了政府的监管职能。运用政府采购的方式采购村庄的农副产品，稳定的采购需求不仅推动了村庄经济的发展、农产品质量的改进、生产技术的提升，也为村民提供了大量的就业岗位，缓解了青壮年劳动力的流失，助力农民增收。同时，通过信贷支持、减免保证金等方式鼓励中小微企业积极参与到政府采购中，帮助缓解中小微企业资金运转困难的问题。此外，政府采购应积极与市场需求相衔接，充分发挥市场在资源配置中的决定性作用，关注产业发展全过程的可持续性，促进政策效能与村庄产业发展的良性互动。

（二）示范宣传：注重村庄发展中的示范宣传工作，加强惠农政策与典型模范的宣传

农业是民生产业，农村是弱势发展地区，通过示范宣传手段可以强化农业的基础地位，总结农村建设的典型模式与经验，尤其对于资源匮乏型村庄而言，村民对强农惠农政策了解不足、农村发展模式落后，政

府及相关媒体需要注重村庄发展中的示范宣传工作。随着乡村振兴战略的实施，中央颁布了一系列的强农惠农政策，政策执行效果与宣传工作密切相关，应加强惠农政策的系统宣传与详细解读，帮助农民了解惠农政策，增强政策执行的透明度，不断提升政策执行效能。随着新农村建设的推进，逐渐涌现出一批潜心钻研农业的科研工作者、用心服务人民的基层干部、建设成果突出的农村等典型人物和典型村庄，注重对典型模范的示范宣传工作，通过宣传典型人物的奉献与服务精神来弘扬精神风貌、激励人心，宣传典型村庄的发展模式来推广经验、启发思路。

（三）国内协同：发挥国内多元主体的协同效应，打造多方共治共建平台

随着乡村振兴战略的推进，多元主体参与到农村建设和治理中成为必然趋势，然而，目前农村建设与治理工作中，政府仍占据主导地位，社会组织、企业、村民等主体的参与程度较低，这不利于发挥不同主体的资源优势，多元主体共治共建的协同效应有待开发。政府应充分利用本地发展优势，打造多方共治共建的平台，以平台为多元主体沟通和合作的载体，通过举办农产品推介会、农村优势项目推介会等活动，以"政府引导+多方参与"的模式促进多元主体的协同合作，并积极协调不同主体间的利益关系，构建互助共赢的村庄发展格局。此外，政府应进一步完善保障与激励政策，制定可操作性强的政策来明确划分不同主体的权利与义务，采取相关优惠政策吸引企业、村域能人参与到村庄的发展和建设中，并制定合理的评价与监督机制，优化多元主体的合作环境。

（四）国际合作：积极开展国际合作项目，促进管理与技术经验的交流

在全球化和信息化的背景下，国外有许多成熟的技术与先进的管理理念值得农村地区学习和借鉴。政府可以在全国范围内选择试点村进行示范工程建设，充分利用农村地区的特色资源，促进国际合作项目，通过示范工程对引入的新技术、新方法和新理念进行实践与验证，形成适

（五）产业培育：探索产业融合发展模式，助推农旅融合

资源匮乏型村庄农业发展迟缓，动力不足，产业融合在一定程度上不仅可以消除不同产业间的壁垒，为跨产业间的良性互动创造条件，还可以丰富农民增收的渠道，改变农民长久以来靠单一的种植养殖方式获得收入的现状。然而产业融合需要产业间存在一定的关联性。随着城市生活节奏的不断加快，人们开始向往农村地区慢节奏的生活与贴近大自然的环境，对于大多数村庄而言，农旅融合成为经济转型的重要方式，通过农旅融合，农业的产业结构得以升级，农产品附加值提升，拓宽了农民的收入来源，丰富了农村的产业类别。产业融合的本质是通过第三产业扩大经济效益，第二产业起着链接第一产业和第三产业的作用，只有三类产业融合互动、形成闭环，才能实现产业的振兴。然而，现阶段部分农村的农旅融合只是简单地将农业与旅游业嫁接，忽视了第二产业的融入。农旅融合需要农业工业化来提高农业的生产效率，延伸农产品的产业链，增加农旅产业融合的价值。此外，现阶段许多农村开展观光型农业、生态农业、农产品销售等活动，农旅融合中科技融入程度较低，未来应该切实发挥科技创新的带动作用，在农旅产业的各个环节实现科技化和信息化，开发智慧型农旅产业发展模式，助推农旅产业的高质量和可持续发展。

三 环境端

（一）目标规划：注重村庄规划建设，践行地方化"陪伴式规划"

乡村振兴在一定程度上是乡村规划建设的系列活动与培育成果的体现，规划建设对于村庄的发展起着重要的战略引领作用。对于资源匮乏型村庄而言，规划先行尤为重要，应根据村庄的发展目标和资源禀赋，选择适宜的规划建设模式，并践行地方化"陪伴式规划"，切实保障规划落实成效。具体而言，应采取内外结合的村庄规划建设模式，充分调动村庄发展系统的内生性发展要素与外生性发展要素，统筹人力、土

地、产业三大核心要素，尊重村庄的发展现状，因地制宜、因时施策，地方政府发挥引领作用并统筹多方力量，适当降低社会组织的准入门槛，形成多元主体共建的合力。践行地方化"陪伴式规划"，鼓励技术人员提供规划建设全过程的跟踪与控制，不仅要"扶上路"，还要"多送一程"，切实保障村庄规划建设的实施效果。

（二）机制保障：完善农业农村优先发展的保障机制，实现公共资源的优先配置

目前，我国资源匮乏型村庄的发展面临许多结构性困境，存在着人口外流、经济衰退、农业发展速度放缓、城乡差距不断扩大等一系列问题，促进城乡要素的自由流动，引导市场资源合理配置，需要发挥制度和政策在公共资源配置中的决定性作用，在人力资本、财政资金、社会保障等方面进一步完善农业农村优先发展的保障机制。在人力资本培养机制上，应优先将高素质基层工作人才配置到农村建设的一线岗位上，提升农村基层组织的管理水平。同时，加强农村本土人才的培养，重点培养新型职业农民、技术与管理人才、创新创业人才等，吸引乡贤、大学生返乡创业，激发村庄发展的内生动力。在财政资金的投入上，进一步加大政府公共财政资金在农村建设上的倾斜力度，优化资金使用结构，在公共服务、环保建设、信息化建设等领域加大财政资金的支持力度，并鼓励涉农金融机构的参与。在社会保障上，深化户籍制度的改革，推动农村迁移人口的有序市民化，消除城乡人口流动的户籍壁垒，制定城乡公共服务供给的统一标准，提升农村医疗、教育、养老等公共服务供给质量。

（三）法治监管：加强农村法治化建设，完善农村基层治理相关法律制度

法治是治理现代化的重要标志，当前农村治理的法律依据较为笼统，缺乏具体操作的指引，且大部分农村基层的法治存在宣传流于形式、基层干部缺乏法治思维、法律公信力较低、法治文化供给不足等问题，农村现代化建设亟须加强法治化建设。一方面，完善农村基层治理相关法律制度，明确基层政府与村委会自治的职责、职能边界，细化村民代表大会程序，规范农村选举制度，完善农村利益表达与协商机制，制定符合地方发展需求的法律制度，同时注重发挥乡规民约等非正式法律制度的规制作用。另一方面，强化法治教育工作，对基层工作者、村民开展法治教育活动，提升农村综合法治文化水平，并通过政策优惠吸引法律工作者驻村，完善农村法律服务体系。

（四）财税支持：健全农村财税政策体系，发挥财税政策的直接支持与间接引导作用

为了扭转资源匮乏型村庄的演化方向，推动其向良性发展方向演进，前期应注重夯实村庄发展的经济基础并优化政策环境，系统、全面的财税政策起着重要的支撑作用。目前，我国村庄的财税政策普遍存在针对性不强、惠及对象有限、扶持力度较弱、碎片化现象突出等问题，健全农村财税政策体系，必须将政策的直接支持与间接引导作用相结合，形成政策合力，实现政策效力最大化。其中，政策的直接支持作用主要体现在政府直接参与符合市场需求和地方特色的产业培育，并提供财税优惠、财政补贴和金融服务；政策的间接引导作用主要体现在市场资金的引流担保方面，通过释放财税政策偏好信号，明确产业发展方向，为农村产业发展融资引流。值得注意的是，财税政策的制定需要结合地域发展目标，在政策统筹的条件下制定差异化的财税政策。

（五）标准规范：制定符合地方发展实际的标准规范，提升村庄治理水平的精细化与规范化

随着全国各地创建示范村的不断深入，积累了许多具有地域特色、符合地方发展实践需求的经验，标准规范的制定则有助于农村建设的标准化管理，实现经验成果的转化与推广。制定符合地方发展实际的标准规范需要发挥政府的引领作用，贯彻自治、法治、德治"三治"协同的治理理念，以人为本，切实解决群众关心的问题，发挥群众的能动作用，并强调因地制宜的原则，创建符合地域发展特色、发展实际且可操作性强的标准规范，同时通过项目化支撑、信息化服务、社会化协同等方式提高农村的治理水平，为村庄的发展提供定向、定量和可落地的技术指导。

第五节 本章小结

本章按照"现状—问题—优化"的逻辑思路对资源匮乏型村庄发展的保障政策的现状、优化目标、政策体系设计及具体政策设计展开研究。首先，构建政策文本的分析框架，对村庄发展政策进行多维度的编码，从而了解政策文本特征。其次，基于村庄发展动态干预机理，从"态—势"二维视角梳理了资源匮乏型村庄发展政策的优化目标。最后，根据政策文本编码结果，从政策工具、政策目标应用均衡性及最大化发挥政策合力的角度，提出了政策体系设计的优化策略；并基于本书提出的村庄发展政策分析框架、党的二十大的最新指导思想，结合资源匮乏型村庄发展政策的优化目标以及现有政策运用存在的问题，从"供给端—需求端—环境端"提出资源匮乏型村庄发展的保障政策优化策略，旨在实现村庄演化过程中资源的有效利用与环境的良性循环。

参考文献

[1] 陈玉福,孙虎,刘彦随.中国典型农区空心村综合整治模式[J].地理学报,2010,65(6):727-735.

[2] 程叶青,王婷,黄政,等.基于行动者网络视角的乡村转型发展机制与优化路径——以海南中部山区大边村为例[J].经济地理,2022,42(4):34-43.

[3] 楚德江.农村绿色发展政策文本分析:基于工具性与协同性的维度[J].郑州大学学报(哲学社会科学版),2021,54(2):14-21,126.

[4] 费孝通.江村经济:中国农民的生活[M].北京:商务印书馆,2001.

[5] 冯健,叶竹.空心村整治中的多元有机规划思路——河南邓州的实践探索[J].城市发展研究,2017,24(9):88-97.

[6] 付城,刘媛.乡村振兴视域下农业现代化政策工具选择研究——基于中央1号文件的考察[J].世界农业,2020,(9):29-37,140.

[7] 〔法〕H.孟德拉斯(Henri Mendras).农民的终结[M].2版.李培林译.北京:社会科学文献出版社,2010.

[8] 海贝贝,李小建,许家伟.巩义市农村居民点空间格局演变及其影响因素[J].地理研究,2013,32(12):2257-2269.

[9] 何雄浪,郭文秀.区域发展分异:原因与启示[J].经济学家,2016,(2):26-32.

[10] 胡学东,王占岐,童秋英,等.基于生态和社会经济约束的区域

土地整治潜力评价研究 [J]. 长江流域资源与环境, 2016, 25 (5): 804-812.

[11] 李灿, 吴顺辉, 李景刚. 村庄发展、资源禀赋认知与农村居民参与村庄建设意愿——基于575份农村居民问卷调查的实证分析 [J]. 农林经济管理学报, 2021, 20 (4): 542-551.

[12] 李培林. 巨变: 村落的终结——都市里的村庄研究 [J]. 中国社会科学, 2002, (1): 168-179, 209.

[13] 李玉红, 王皓. 中国人口空心村与实心村空间分布——来自第三次农业普查行政村抽样的证据 [J]. 中国农村经济, 2020, (4): 124-144.

[14] 梁凡, 朱玉春. 资源禀赋对山区农户贫困脆弱性的影响 [J]. 西北农林科技大学学报 (社会科学版), 2018, 18 (3): 131-140.

[15] 梁晓东. 资源枯竭型村庄发展规划策略研究——以山西省蒲县太林村为例 [D]. 北京: 北京建筑大学, 2017.

[16] 林毅夫, 沈明高. 我国农业科技投入选择的探析 [J]. 农业经济问题, 1991, (7): 9-13.

[17] 刘锐, 阳云云. 空心村问题再认识——农民主位的视角 [J]. 社会科学研究, 2013, (3): 102-108.

[18] 刘彦随, 刘玉, 翟荣新. 中国农村空心化的地理学研究与整治实践 [J]. 地理学报, 2009, 64 (10): 1193-1202.

[19] 刘彦随, 周扬, 李玉恒. 中国乡村地域系统与乡村振兴战略 [J]. 地理学报, 2019, 74 (12): 2511-2528.

[20] 〔美〕阿瑟·刘易斯. 《二元经济论》 [M]. 施炜, 谢兵, 苏玉宏译. 北京: 北京经济学院出版社, 1989.

[21] 刘永飞, 徐孝昶. 产城互融视阈下的农村"空心化"治理 [J]. 技术经济与管理研究, 2016, (5): 108-112.

[22] 龙花楼, 李裕瑞, 刘彦随. 中国空心化村庄演化特征及其动力机制 [J]. 地理学报, 2009, 64 (10): 1203-1213.

[23] 吕美晔, 王凯. 菜农资源禀赋对其种植方式和种植规模选择行为的影响研究——基于江苏省菜农的实证分析 [J]. 农业技术经济, 2008, (2): 64-71.

[24] 潘家华, 单菁菁主编. 中国城市发展报告 No.12: 大国治业之城市经济转型 [M]. 北京: 社会科学文献出版社, 2019.

[25] 祁全明. 我国农村闲置宅基地的现状、原因及其治理措施 [J]. 农村经济, 2015, (8): 21-27.

[26] 冉逸箫, 张凤荣, 张佰林, 等. 贫困山区农村衰落的特征及诊断——以重庆市酉阳县为例 [J]. 资源科学, 2017, 39 (6): 999-1012.

[27] 荣玥芳, 梁晓东. 资源枯竭型村庄发展规划对策探析——以山西蒲县太林村为例 [J]. 规划师, 2016, 32 (S2): 95-98, 104.

[28] 邵俊. 城市化背景下的村庄衰落评价与影响因素分析 [D]. 东华理工大学, 2019.

[29] 苏昕, 王可山, 张淑敏. 我国家庭农场发展及其规模探讨——基于资源禀赋视角 [J]. 农业经济问题, 2014, 35 (5): 8-14.

[30] 田传浩, 贾生华. 农地制度、地权稳定性与农地使用权市场发育: 理论与来自苏浙鲁的经验 [J]. 经济研究, 2004, (1): 112-119.

[31] 王成新, 姚士谋, 陈彩虹. 中国农村聚落空心化问题实证研究 [J]. 地理科学, 2005, (3): 3257-3262.

[32] 王春萍, 段永彪, 任林静. 中央部委乡村振兴政策文本量化研究: 基于政策工具视角的一个三维分析框架 [J]. 农业经济与管理, 2021, (3): 15-27.

[33] 王国刚, 刘彦随, 王介勇. 中国农村空心化演进机理与调控策略 [J]. 农业现代化研究, 2015, 36 (1): 34-40.

[34] 王亚华, 苏毅清. 乡村振兴——中国农村发展新战略 [J]. 中央社会主义学院学报, 2017, (6): 49-55.

[35] 王亚星, 于水. "求同"与"存异": 异质性资源禀赋视域下宅基地三权分置实现路径研究——基于典型案例的对比分析 [J].

宁夏社会科学，2022，(2)：43-52.

[36] 吴传钧. 论地理学的研究核心：人地关系地域系统. 经济地理 [J]，1991，11 (3)：1-6.

[37] 向超，温涛，任秋雨. "目标—工具"视角下宅基地"三权分置"研究——基于政策文本的内容分析和定量分析 [J]. 云南社会科学，2021，(2)：136-144，189.

[38] 谢丽君. 公共文化建设助力宜宾市新民村振兴的案例研究 [D]. 成都：电子科技大学，2020.

[39] 谢治菊，陈香凝. 政策工具与乡村振兴——基于建党100年以来扶贫政策变迁的文本分析 [J]. 贵州财经大学学报，2021，(5)：8-19.

[40] 徐艳晴. 中国反贫困政策演变研究：基于政策文本的量化 [J]. 山东大学学报（哲学社会科学版），2021，(3)：41-55.

[41] 许进龙，卢新海，滕明兰. 西部地区农村流动人口土地流转行为的决策逻辑——基于推拉理论视角 [J]. 中国农业资源与区划，2022，43 (11)：228-238.

[42] 杨永芳，刘玉振，艾少伟. "空心村"问题成因分析及解决对策 [J]. 安徽农业科学，2007，(26)：8333-8336.

[43] 叶泽熙. 农村资源禀赋与治理精英对于农村发展模式的影响 [J]. 商，2015，(5)：61+50.

[44] 于水，王亚星，杜焱强. 异质性资源禀赋、分类治理与乡村振兴 [J]. 西北农林科技大学学报（社会科学版），2019，19 (4)：52-60.

[45] 郧文聚，宇振荣. 土地整治加强生态景观建设理论、方法和技术应用对策 [J]. 中国土地科学，2011，25 (6)：4-9，19.

[46] 张富刚，刘彦随. 中国区域农村发展动力机制及其发展模式 [J]. 地理学报，2008，(2)：115-122.

[47] 张树旺，谢小兰，杨秋婷. 乡村振兴战略实施背景下村民自治制度的完善路径与演进逻辑——基于184份政策文本的内容分析 [J].

中国发展，2020，20（5）：88-92.

[48] 张小林. 乡村概念辨析［J］. 地理学报，1998，（4）：79-85.

[49] 张毅，董江爱. 集体产权、资源禀赋与农村政治生态优化研究［J］. 云南财经大学学报，2020，36（1）：14-20.

[50] 张志敏. 乡村振兴背景下空心村的形成与复兴路径研究——以Z省S县陈村为例［J］. 中国社会科学院研究生院学报，2019，（4）：98-105.

[51] 折晓叶. 村庄的再造：一个"超级村庄"的社会变迁［M］. 北京：中国社会科学出版社，1997.

[52] 郑殿元，文琦，王银，等. 中国村域人口空心化分异机制及重构策略［J］. 经济地理，2019，39（2）：161-168，89.

[53] 中共中央马克思恩格斯列宁斯大林著作编译局编译. 马克思恩格斯全集［M］. 北京：人民出版社，2021.

[54] 周剑麟. 二元经济论：过去与现在［M］. 北京：人民出版社，2013.

[55] 周扬，黄晗，刘彦随. 中国村庄空间分布规律及其影响因素［J］. 地理学报，2020，75（10）：2206-2223.

[56] 周兆安，张蕴洁. 村庄人口差异与村庄社会整合——基于2014年中国劳动力动态调查的分析［J］. 兰州大学学报（社会科学版），2018，46（04）：107-120.

[57] 朱战辉. 村庄分化视角下乡村振兴实施路径研究［J］. 云南民族大学学报（哲学社会科学版），2022，39（2）：112-119.

[58] Amin A., "Thrift N. Institutional Issues for the European Regions: From Markets and Plans to Socioeconomics and Powers of Association［J］. *Economy and Society*，1995，24（1）：41-66.

[59] Bertalanffy L. V. *General System Theory*［M］. New York: George Braziller，1976.

[60] Boeke J. H. *Economics and Economic Policy of Dual Societies as Exem-*

plified by Indonesia New York [M]. The Japan Society of International Economics, I. P. R. , 1953.

[61] Cloke P. J. An Index of Rurality for England and Wales [J]. *Regional Studies*, 1977, 11 (1): 31-46.

[62] Liu Y. S. , Yang R. , Li Y. H. Potential of Land Consolidation of Hollowed Villages Under Different Urbanization Scenarios in China [J]. *Journal of Geographical Sciences*, 2013, 23 (3): 503-512.

[63] Ravenstein E. G. The Laws of Migration [J]. *Journal of the Statistical Society of London*, 1885, 48 (2): 167-227.

[64] Rochefort D. A. Studying Public Policy: Policy Cycles and Policy Sub-Systems-Howlett, M, Ramesh, M [J]. *American Political Science Review*, 1997, 91 (2): 455-456.

[65] Rothwell R. , Zegveld W. *Reindustrialization and Technology* [M]. Longman, M. E. Sharpe, 1985.

[66] Terluin I. J. Differences in Economic Development in Rural Regions of Advanced Countries: An Overview and Critical Analysis of Theories [J]. *Journal of Rural Studies*, 2003 (3): 327-344.

[67] Zelinsky W. The Hypothesis of the Mobility Transition [J]. *Geographical Review*, 1971, 61 (2): 219-249.

图书在版编目(CIP)数据

资源匮乏型村庄振兴：路径与模式 / 周滔，王晨曦，任茂辉著. --北京：社会科学文献出版社，2024.12.
ISBN 978-7-5228-4004-8

Ⅰ.F320.3

中国国家版本馆 CIP 数据核字第 20243QQ909 号

资源匮乏型村庄振兴：路径与模式

| 著　　者 / 周　滔　王晨曦　任茂辉

| 出 版 人 / 冀祥德
| 责任编辑 / 陈凤玲
| 责任印制 / 王京美

| 出　　版 / 社会科学文献出版社·经济与管理分社（010）59367226
　　　　　　地址：北京市北三环中路甲 29 号院华龙大厦　邮编：100029
　　　　　　网址：www.ssap.com.cn
| 发　　行 / 社会科学文献出版社（010）59367028
| 印　　装 / 三河市尚艺印装有限公司

| 规　　格 / 开　本：787mm×1092mm　1/16
　　　　　　印　张：16.75　字　数：240 千字
| 版　　次 / 2024 年 12 月第 1 版　2024 年 12 月第 1 次印刷
| 书　　号 / ISBN 978-7-5228-4004-8
| 定　　价 / 98.00 元

读者服务电话：4008918866

版权所有 翻印必究